les actes de la joie

robert misrahi

les actes
de la joie

fonder, aimer, rêver, agir

encre marine

pour Colette, in memoriam
pour Judith

Sommaire

Introduction

Le Bonheur comme Préférable absolu

1. L'INCONTOURNABLE DÉSIR D'ÊTRE ET LE PRÉFÉRABLE ABSOLU

*N*OUS AVONS MONTRÉ ailleurs[1] que le sujet individuel, loin d'être définissable comme manque insurmontable ou comme tragédie de l'impossible, se constitue en réalité par son rapport à la joie. En son être le plus profond le sujet est désir de la libre joie, mouvement qualitatif vers une plénitude assez constante et assez éclatante pour mériter le beau nom de splendeur. Essentiellement, le sujet, comme sujet désirant concret, est un mouvement vers la plénitude et ce mouvement a l'intensité d'une soif : mais celle-ci n'est pas un malheur car elle n'ouvre pas sur l'insatiable ; bien au contraire, elle est l'origine du mouvement qui mène à la satisfaction ; le sujet est ainsi, comme soif de la plénitude, la source de son propre mouvement et de sa joie.

1. Dans *Lumière, commencement, liberté*, Plon, 1969 et Seuil, et dans *Éthique, politique et bonheur*, Seuil, 1983.

C'est pourquoi nous avons pu également montrer que le bonheur est l'incontournable corrélat de ce désir qui définit le sujet. La question du bonheur n'est pas une question parmi d'autres, mais la question fondamentale qui éclaire toutes les autres et dont toutes les autres découlent. Nous avons pu mettre en évidence le fait que les apories traditionnelles de la morale (dans ses rapports au désir ou à l'institution) sont toutes artificielles et ne sauraient être dépassées que par la référence à une éthique concrète : or seul le concept de bonheur est en mesure de fonder une telle éthique, située par-delà les oppositions morale/politique et désir/institution. Seul le bonheur est critère utilisable dans la détermination des valeurs qui peuvent inspirer l'action intégrale et rendre au désir l'adéquation à lui-même, aux autres et au monde.

Ainsi, une éthique peut se fonder, qui ne soit ni matérialiste ni idéaliste ; une philosophie peut se déployer qui reconnaisse au bonheur la place qui est la sienne, et qui est la première. C'est par rapport à son absence que peuvent se penser le malheur et le mal et c'est seulement par référence au bonheur que peuvent se comprendre la permanence, la vitalité et l'ampleur du mouvement du désir : le bonheur, désiré par tous, toujours, quelle que soit la forme par laquelle il se manifeste ou se cache, est l'incontournable, l'inévitable corrélat de la vie d'un sujet.

Ainsi, dans nos travaux antérieurs, nous avons pu *situer* l'importance, le sens et la portée de la recherche du bonheur ; nous avons pu montrer le lien essentiel entre désir et bonheur, ainsi que la relation constitutive entre l'éthique et le bonheur. À partir de là, nous avons également pu tirer les conséquences politiques d'une telle doctrine qui se voudrait un eudémonisme moderne, éclairant et fondant par la recherche du bonheur les tâches préliminaires de la justice sociale et de la liberté démocratique.

Nous avons également commencé une autre entreprise : celle qui consiste à décrire et à définir les contenus possibles du bonheur. Dans ce dessein, nous avons d'abord éclairé le rapport du désir à la plénitude poursuivie, révélant ainsi la véritable signification du

« bonheur » : il est, dans l'immanence du monde humain, ce qui vaut pour le désir comme le *Préférable absolu*.

Puis nous avons esquissé les figures principales de ce Préférable (les contenus généraux du bonheur, si l'on préfère) : activité réflexive de connaissance et de conversion, relation véritablement réciproque à l'autre, jouissance poétique du monde et, enfin, libre activité.

Ce sont ces figures du Préférable que nous nous proposons aujourd'hui de reprendre et d'approfondir. Nous les considérerons non dans leur rapport aux définitions et aux tâches des divers secteurs de la philosophie (morale, politique, anthropologie) mais *en elles-mêmes*.

Autrement dit, nous nous proposons non pas d'illustrer le concept de bonheur par une métaphore[1] ou de le situer dans le contexte des problèmes philosophiques de notre temps[2], mais de considérer le bonheur *lui-même*, dans la plénitude de sa vie concrète réelle et de ses significations.

Ce dont il sera question, c'est du Préférable absolu. Nous verrons qu'il se livre dans des expériences si riches et si intenses qu'elles mériteront leur référence à quelque chose qui vaudra comme l'*être* même. Non pas comme substantif mais comme verbe : l'être est la plus vive et la plus intense *activité d'être* à laquelle puisse accéder la conscience lorsqu'elle est dans la joie.

Mais cette expérience de l'être, ou plutôt cette expérience d'être par où se livre la plénitude et se comble la soif du désir, n'est-elle pas un impossible ? un idéal inaccessible ? La pesanteur des déterminismes qui sont censés lier le sujet ne constitue-t-elle pas un obstacle insurmontable à la réalisation du Préférable absolu ?

Il est clair que, même rapidement, nous devons répondre à cette objection avant d'entreprendre la description approfondie du contenu de ce Préférable. En d'autres termes, nous devons examiner les conditions de possibilité de la réalisation de l'être : il s'agira très exactement de l'examen des structures du sujet qui,

1. *Construction d'un château*, Seuil, 1981.
2. *Éthique, politique et bonheur, op. cit.*

par elles-mêmes, font de l'être non un lointain inaccessible mais une expérience réalisable et toujours possible[1].

Aussi, préalablement à la description des contenus du bonheur lui-même, devons-nous examiner rapidement dans cette introduction, les conditions de possibilité de l'avènement du Préférable, c'est-à-dire la nature du rapport du désir à la liberté.

La question du Préférable absolu est assez importante et concerne le sujet d'assez près pour que se justifie un tel détour. C'est en effet le sujet qui, selon les structures qu'on lui reconnaîtra (ou non) sera en mesure (ou croira n'être pas en mesure) de réaliser sa joie : il est donc nécessaire de rappeler les pouvoirs insoupçonnés de la liberté, avant d'aborder la description approfondie des figures de ce Préférable qu'elle est capable d'instaurer. Ce détour, ce regard réitéré sur la condition de possibilité de l'être, sera une simple introduction.

2. Le désir et les deux libertés

*L*E SUJET actif, on le sait, est fondamentalement désir, et c'est le désir qui constitue le sol primitif, antérieur à tout déploiement concret de la conscience et de l'action. Par-delà Freud, c'est Schopenhauer et surtout Spinoza qui jettent les bases d'une anthropologie qui devrait se constituer essentiellement comme science du désir. Mais il n'est pas sûr qu'une telle anthropologie doive être déterministe : nous nous proposons au contraire d'établir en premier lieu que le *désir implique de soi la liberté*.

Pour s'en convaincre, il est nécessaire de procéder lentement, avec patience, en s'efforçant de bien distinguer le sens que nous allons donner aux termes principaux, et les significations trop traditionnelles que nos habitudes culturelles plaquent artificiellement et hâtivement sur ces mêmes termes.

1. À l'exclusion bien entendu des situations de servitude matérielle, de maladie grave, de famine. Ces problèmes, nous l'avons montré ailleurs, sont du ressort de l'éthique politique.

a) *L'action comme réalité du désir*

Insistons tout d'abord sur le fait que action et désir sont indissolublement liés. La psychanalyse et la phénoménologie (nées à peu près à la même époque) ont suffisamment mis en évidence l'idée de sens pour que nous n'ayons pas à établir ce fait : toute action a un sens, et le sens de toute action lui vient par le désir. Mais cette vérité comporte plusieurs implications qu'il importe de dégager soigneusement.

Même si l'on admet en première analyse que les idées qui s'expriment dans l'action peuvent être obscures ou refoulées, un fait au moins est certain : ces désirs (ce désir) masqués, travestis, déplacés, méconnaissables ou niés restent le sens d'une action. Le désir n'est pas une chose ou un mouvement ou un réceptacle qui seraient situés ailleurs que dans l'action ; bien au contraire le désir est le sens qu'on attribue à une conduite significative qui mérite d'être posée comme action. Car le concept d'action suppose de soi une conduite affective et pratique poursuivant la réalisation d'un but, la « possession » d'un « objet » ou la jouissance elle-même, et cela dans une certaine tonalité affective et au moyen d'une organisation même élémentaire de moyens et de fins, dans un système temporel particulier ; l'action est donc toujours le déploiement même du désir, et celui-ci ne se comprend qu'en référence à une activité.

Que cette action soit ignorante d'elle-même, cela est le cas fréquent : mais c'est précisément le désir qui est censé en donner à la fois la source et le sens, que ceux-ci soient saisis directement par le sujet lui-même au terme d'une réflexion plus ou moins longue[1] ou bien qu'ils soient progressivement dégagés dans le discours de la cure analytique.

Ainsi, sans rien postuler quant à l'inconscient, sans théoriser celui-ci et sans résister à son usage, nous voyons qu'il implique de

1. Il s'agit de la réflexion philosophique sur soi-même.

lui-même (ou plutôt que la psychanalyse implique d'elle-même) que le désir soit non une chose obscure hors de l'espace et du temps, mais le sens même d'une action (c'est-à-dire aussi de ses ambivalences, de ses obscurités, de ses déplacements ou de ses négations). Le concept de désir (désignant donc par l'objet bien ou mal poursuivi la signification intelligible, c'est-à-dire le sens de cette poursuite) comporte une autre détermination : il indique aussi l'énergie et la dynamique qui caractérisent toute action. Car celle-ci n'est pas pesanteur passive, changement de formes matérielles dans l'espace inerte et aveugle, mais au contraire dépassement (plus ou moins aisé), arrachement au passé immédiat et projection dans le futur proche (qu'il soit authentiquement neuf ou purement répétitif). Dépassement, arrachement, projection (ou encore, comme disent les phénoménologues : transcendance), tous ces mouvements sont précisément rassemblés et connotés par le concept de désir.

Mais c'est l'*action* qui doit bénéficier de l'enrichissement conceptuel que comporte l'idée de désir : à la fois signification et transcendance, énergie et tonalité affective, attachement et arrachement, le désir éclaire les contenus de l'action, et ce sont ces contenus de l'action, c'est-à-dire cette *action même*, qu'il est important de comprendre si l'on s'interroge sur les finalités de l'existence, c'est-à-dire sur l'existence concrète, sur ses buts et sur son sens. On commettrait un contresens si l'on voulait au contraire comprendre le désir par l'action, au-delà de l'action, et pour lui-même. Ce serait en effet privilégier le désir lui-même comme objet d'enquête et d'interrogation, c'est-à-dire à la limite chercher à connaître un *lieu originel et obscur* qui, au cœur de l'existant, au cœur de l'action, c'est-à-dire au cœur de la vie réelle concrète, serait plus intéressant et plus précieux que cette vie même.

Si donc le désir et l'action sont conceptuellement inséparables, il importe de préciser dans quelle direction et dans quel dessein se fera la meilleure implication, c'est-à-dire la plus utile à l'élucidation des tâches pratiques : l'analyse théorique peut aller de l'action (conduite, rêves, etc.) vers le désir qui l'engendre, elle peut être régressive pour être éclairante, mais elle doit nécessairement (pour être utile et concrète) *revenir du désir vers l'action*, c'est-à-dire finalement comprendre le désir en termes de *sens* et d'*actualité* et non en termes de potentialités et d'inertie : l'analyse théorique doit donc également être progressive et aller du désir à l'activité, du présent à l'avenir.

Le désir n'est donc pour nous que le nom polysémique donné à l'action, la référence à toutes les stratifications imbriquées dans l'action : celle-ci se donne en effet à elle-même comme lumière et comme force, comme signification et comme énergie, comme poursuite et comme climat, comme saveur et comme élan.

Mais si le désir n'est que le nom de l'action pensée dans sa totalité, alors une analyse directe du concept d'action nous apportera d'autres lumières sur l'existant et son rapport à l'avenir, d'autres lumières qui s'ajouteront sans les nier aux lumières théoriques jetées sur l'action par l'analytique du désir[1].

Quelles sont donc les structures du désir, en tant qu'il est énergie affective et signification de l'action elle-même, ou encore : quelles sont les structures de l'action considérée comme totalité concrète, c'est-à-dire à la fois conduite et signification, poursuite et énergie, climat et affectivité, ces contenus étant commodément rassemblés dans le concept de désir ?

b) *L'action désirante est une attitude*

La façon la plus simple de désigner cette totalité concrète qu'est l'action est de la comprendre d'abord comme *attitude*. Ce concept implique d'abord l'idée première d'activité intense, contenue dans l'idée d'énergie ou de désir. Dans la conduite amoureuse, dans l'activité de jeu, dans le travail, dans la construction d'une œuvre ou l'accomplissement d'une tâche, je me situe moi-

---

1. Nous ne nions pas les apports de la psychanalyse : nous les interprétons et les utilisons. Mais au-delà de Freud et de Sartre, nous tentons de comprendre le sujet du désir comme sujet de l'action.

même dans une certaine perspective qualitative ; c'est-à-dire à la fois dans un mouvement et dans un climat, dans une humeur ou dans une espèce de style affectif concret qualifiant ma conduite actuelle. Il y a une *manière d'être* particulière avec laquelle je m'engage dans une relation, et cette manière d'être sera chaque fois distincte selon les personnes avec lesquelles je me mets en relation : avec tel autrui je créerai en moi et entre nous un climat de confiance, d'allant, d'ouverture dynamique, de relation active et créatrice, et avec tel autre je créerai un climat de défiance, de résistance ou d'inhibition. En outre, je pourrai, avec la même personne, créer successivement des climats différents ou même contradictoires, étant capable aussi de créer avec les mêmes personnes toujours les mêmes qualités de relation. Ainsi amours, amitiés, relations de travail peuvent être qualifiées d'une façon continue ou selon des modalités discontinues, et cela suivant les perspectives et les interprétations, les buts et les finalités que, en chaque circonstance, je mobilise en moi pour structurer et construire ma relation. Il est certain que, pour comprendre chaque climat et chaque qualité vécue de mes actions concrètes, on peut faire intervenir le système d'interprétation par le passé, par l'« inconscient » et par le désir. Mais il s'agit alors d'une analyse explicative et régressive par des « forces » passées, par les désirs précisément. Mais on ne rend pas compte ainsi du fait principal qui nous occupe et que nous voudrions mettre en évidence : le *contenu actuel et existentiel de toutes mes activités est ma propre œuvre, en tant que je me situe moi-même dans une certaine attitude.*

Que cette attitude *résulte* en moi de mon passé ou de l'histoire de mes désirs, c'est possible ; mais cela signifie qu'*actuellement* je me situe par rapport à mon passé et à mes désirs anciens d'une certaine façon qui vaut comme *mon interprétation*. Et c'est en tant que (« inconsciemment », c'est-à-dire aussi obscurément et confusément) j'interprète mon passé et le monde de telle ou telle manière (je ne suis pas aimé, je suis le préféré, je ne vaux rien, je suis le meilleur), c'est dans cette mesure que j'adopte dès lors une certaine attitude concrète dans mon activité présente. *Je me fais* alors confiant, pessimiste, fidèle, inconstant, en me situant dans une forme existentielle d'activité qui vaut à la fois comme style et comme attitude. Comme style, mon activité (active ou passive) est unifiée par moi-même, et comme attitude (existentielle, affective) elle est nourrie de l'intérieur comme humeur et comme climat.

C'est ainsi par exemple que mon rapport à *l'avenir* est une *attitude*, une orientation active de mes humeurs et de mes sentiments relativement à cet avenir que je dis être mien (ou non), ouvert ou fermé, *commandant ainsi moi-même en moi-même* soit le désespoir ou l'angoisse, soit l'allégresse ou la sérénité. Si mon rapport à l'avenir est une *attitude*, c'est qu'il est mon activité : la manière active dont j'appréhende qualitativement et actuellement cet avenir sombre ou prometteur qui est le mien. Ce n'est évidemment pas l'avenir (dont personne ne sait rien) qui produit valablement en moi telle ou telle réaction (*peur* de la guerre atomique, *confiance* dans le progrès social) : c'est le contraire.

C'est mon attitude actuelle, l'orientation ou la détermination de ma conscience actuelle comme angoisse ou attente joyeuse qui projette (le mot est éloquent de soi) sur l'avenir ses couleurs sombres ou lumineuses.

Cet exemple est destiné à mieux faire saisir ce qu'est l'*attitude* : comme l'avenir n'existe pas, elle ne peut être produite par lui ; elle est sa propre œuvre, sa propre création. L'attitude est *l'autodétermination qualitative de la conscience* quant à ses affects, ses vécus, ses sentiments, ses humeurs, ses émotions.

c) *L'attitude est une activité libre*

La détermination qualitative de la conscience (je me fais triste ou joyeux, angoissé ou allègre) s'intègre elle-même dans une continuité pratique, c'est-à-dire la relative permanence d'une entreprise ou d'une personnalité. Mais cette personnalité, ce « caractère », cette entreprise sont continus non par l'effet d'une pesanteur mais par la permanence d'une « décision ».

La volonté ici n'intervient pas. Ce qui est à l'œuvre est l'autonomie de ce que l'on pourrait appeler l'ordre psychique qualitatif. En effet, si la conscience désirante est une série organisée d'*attitudes qualitatives*, ces attitudes ne peuvent résulter d'une causalité physique, mais seulement de la cohérence interne d'un système d'interprétation et d'autoproduction. La conscience, comme la série active de ses attitudes qualitatives, est sa propre source, fût-ce par le jeu de ses ambivalences, de ses contradictions et de ses obscurités. Elle est dépassement, arrachement et transcendance. Elle est aussi l'origine actuelle de la modalité de ses arrachements. Elle constitue donc *elle-même* le contenu qualitatif et signifiant de ses attitudes, elle se fait librement telle ou telle série de vécus existentiels, c'est-à-dire qu'elle se constitue qualitativement d'une façon contingente et autonome : elle est, dans toute l'acception du terme, autodétermination et souveraineté.

Il est difficile qu'il en soit autrement s'il est vrai que la conscience désirante est intentionnelle, dynamique et signifiante. Elle ne saurait, en effet, dans ces conditions, être un pur résultat passif d'événements antérieurs : elle serait alors *répétition* et non *poursuite*. Or la détermination principale de l'action, en tant qu'elle est un désir s'exprimant, est précisément de viser au-delà du présent (ou du passé immédiat) un avenir non encore existant posé comme désirable : est donc supposée une différence entre le passé et l'avenir, et *nous appelons liberté le mouvement qualifié de ce passé vers cet avenir, c'est-à-dire l'activité même de poursuite.*

On ne pourrait parler de déterminisme que si le passage du passé à l'avenir était toujours prévisible et univoque. Or il est toujours imprévisible et plurivoque. D'un passé donné (qu'il soit défini en termes passifs de nécessité, ou en termes actifs d'auto-constitution) on peut toujours passer à plusieurs avenirs possibles, et c'est la conscience désirante qui opère le choix par le système de ses interprétations et par l'autodétermination qualitative qu'il implique. L'observation des enfants jumeaux l'établirait aisément : chacun construit une vie différente sur la base d'un passé inerte identique.

Si la conscience est désir, c'est qu'elle est le temps : mais le temps n'est pas le report du passé vers l'avenir, il est la constitution interne et affective d'un mouvement temporel fondé sur la négation et sur l'affirmation, c'est-à-dire sur l'*activité négative créatrice*. C'est cette activité que nous appelons liberté.

Elle peut fort bien se déployer comme « béance », nostalgie, angoisse ou inhibition ; elle peut fort bien être « hystérique », « obsessionnelle » ou « perverse » : il n'en reste pas moins que ces « structures » ne sont pas des armatures de fer mais des conduites signifiantes, c'est-à-dire la série organisée des attitudes affectives qu'un sujet déploie dans sa vie concrète et active. Il faut prendre très au sérieux, par exemple, le concept freudien de « bénéfice de la maladie ». Les psychanalystes se sont bien rendus compte du fait que certains patients (fort nombreux) manifestent une complaisance à prolonger la cure analytique ; cela signifie non seulement qu'ils adoptent une attitude de complicité à l'égard de leur « névrose », mais encore et surtout que leur névrose même est tout entière *une attitude*. Non pas qu'elle soit toujours spectaculaire et théâtrale ; mais parce que toute névrose est le système organisé des attitudes sincères quoique contingentes adoptées par un sujet à l'égard de son univers sexuel par exemple ou de son univers social. Le bénéfice de la maladie peut consister dans la gratification venue de la pitié, ou de la bienveillance ; il peut aussi consister dans l'expressivité même du symptôme, qui se révèle dès lors comme langage et comme appel.

Ce bénéfice affectif tiré de la névrose d'une façon médiate manifeste clairement l'*activité* dont en réalité fait preuve le « patient » ; sa maladie est, comme série unifiée de ses attitudes, un choix de maladie, une « passivité » complice et active, et comme l'actualisation parfois d'un modèle repris dans la répétition sécurisante. Quelles que soient les motivations profondes de la maladie, on doit reconnaître qu'il s'agit de *motivations* précisément, c'est-à-dire d'un système actif et contingent d'interprétations et de conduites. Parce que la névrose est de l'ordre du sens, ses fondements sont de l'ordre de la motivation, et par conséquent de la liberté.

Par cette référence à une psychanalyse moderne, notre concept de liberté peut s'éclairer : il n'a évidemment rien de commun avec la doctrine classique (d'origine cartésienne) qui attribuait à une faculté de vouloir le pouvoir absolu de décision. Si le terme de « *cogito* » doit toujours désigner, d'une façon têtue, cette doctrine cartésienne d'un sujet intellectuel et transparent qui serait la seule source exsangue de ses décisions, il est clair que notre conception est aux antipodes d'une telle doctrine.

Pour nous et d'une façon générale qui englobe tous les phénomènes d'aliénation, qu'ils soient sociaux ou psychiques, et qu'on les classe dans la normalité ou dans la marginalité, *l'action humaine est toujours libre*, non parce qu'elle serait gratuite et volontaire, mais parce qu'elle est toujours un système organisé d'attitudes et de finalités signifiantes. La liberté ainsi conçue est contenue dans l'idée même de désir, c'est-à-dire dans l'idée même d'un rapport de motivation signifiante à un avenir non encore existant ; si le futur ou l'avenir du désir était déterminé, il serait la simple transposition répétitive et mécanique du passé et il exclurait par conséquent les deux phénomènes de la *distance* et de la *motivation* qui constituent le sens et peut-être l'essence même du désir.

On le voit, la liberté est d'abord, quant à sa forme et quant à son essence, un pouvoir constituant qui déroule des attitudes, c'est-à-dire des significations, des vécus qualitatifs et des poursuites.

Il est indispensable de s'attarder un peu sur ce pouvoir constituant.

d) *L'activité libre comme réflexivité pratique constituante*

Le fait que l'activité désirante soit une antériorité affective et charnelle absolue n'empêche pas qu'elle soit aussi et simultanément une activité constituante. L'action désirante est justement la constitution d'un objet comme porteur de significations et de qualités telles qu'il devient pour le sujet objet désirable.

Ces significations et ces qualités ne sont certes pas des données objectives puisqu'un être n'est pas beau en soi, et qu'il n'y a pas de normes objectives de l'élégance « morale », de la désirabilité sexuelle ou de la beauté architecturale ; mais elles ne sont pas non plus des données subjectives, purs résultats d'une projection fantasmatique et d'un placage de l'intériorité désirante sur l'extériorité désirée. C'est en réalité sur l'objet et ses *structures réelles* que le sujet désirant actif fait porter son travail constituant, c'est-à-dire son acte créateur de sens. Et les significations créées, avec la qualité affective de désirabilité qui les accompagne, sont pour le sujet des données à la fois objectives (les choses sont bien telles, pour lui, qu'il les voit et les désire) et signifiantes (ce qu'il désire est *toujours* l'appropriation ou la réalisation d'un système complexe de biens et de significations qui dépassent le simple plaisir local de la sensation : celle-ci, toujours charnelle mais jamais matérielle, se porte toujours au-delà d'elle-même comme signe, comme élément, comme symbole ou comme condition préliminaire à l'entrée dans un plus vaste domaine)

Il y a donc bien un pouvoir constituant de l'action désirante, et ce pouvoir est reconnu en fait par toute la pensée contemporaine, dans des contextes et avec des formulations certes différentes. Le concept marxiste de *travail* insiste sur le pouvoir producteur de l'homme (en opposition à la stérilité des instincts animaux), l'idée heideggérienne d'être au monde et de transcendance insiste sur le pouvoir humain d'intention signifiante et de dépassement ; « négativité », « concept » et « figures de l'esprit » disent chez Hegel le mouvement à la fois logique et créateur de la culture ; enfin et surtout l'idée de sens (commune à la phénoménologie et à la psychanalyse) trouve son meilleur fondement dans le concept husserlien d'*intentionnalité*, concept si bien éclairé par Sartre

Ces références ne sont ni dogmatiques ni autoritaires ni répétitives et classiques : elles veulent seulement rappeler qu'il existe, dans l'ordre philosophique, des réalités assez bien cernées et analysées par les différents philosophes pour constituer non pas une simple synthèse éclectique mais une vérité si riche et si objective qu'elle est à la fois pratiquement reconnue et détectée par le grand nombre des penseurs, et analysée, saisie, appréhendée de multiples côtés, livrant ainsi peu à peu la richesse de ses perspectives et de ses aspects. Ici, la vérité consiste d'abord en ceci que l'individu humain (qui n'est ni esprit ni âme, mais, comme disait Merleau-Ponty, chair, conscience charnelle et corps psychique) est essentiellement un pouvoir constituant, et, plus précisément (au-delà de Kant), une activité désirante et, comme telle, constituante.

Tentons d'aller un peu plus loin. Il existe donc *un pouvoir pratique et constituant du désir* sur lequel *en fait* s'accorde la pensée contemporaine, et qui (non par cette convergence, rappelée seulement à titre méthodologique, mais en soi et en réalité) constitue la base ultime sur laquelle doit s'appuyer une philosophie de l'action et de la liberté.

Nous disons en outre que ce pouvoir pratique constituant est une *réflexivité*.

Il n'est pas possible en effet que l'activité désirante soit une activité totalement fermée à soi-même, c'est-à-dire opaque, aveugle et pour ainsi dire nocturne. Nous aurions affaire, en ce cas, plus à une gestuelle mécanique qu'à une activité signifiante et libre. Il n'y aurait aucune différence entre cette gestuelle somnambulique et l'immobilité catatonique qui manifeste au mieux l'absence de toute conscience.

Au contraire, l'activité désirante comme constituant un monde signifiant où se déploient les attitudes, les poursuites et les qualités est une activité consciente, c'est-à-dire une activité qui se sait comme telle, et qui se sait toujours comme telle.

La pratique ou l'action désirante étant, comme nous l'avons montré, constitutive de sens, est nécessairement une activité avertie de soi, une activité qui se saisit elle-même comme précisément le fait d'être une activité : *le sens est forcément conscience de sens*. Nous appelons *réflexivité* cette présence immédiate à soi-même que tout sujet éprouve dans son activité désirante comme l'expérience même de cette activité. Si désirer c'est agir dans un certain sens pour obtenir ou réaliser un certain désirable signifiant, alors désirer c'est en même temps savoir qu'on désire. Toute activité signifiante (travail, amour, action, création) est porteuse de sa propre dualisation, c'est-à-dire de ce doublement subtil qui la fait être et activité et conscience d'activité.

Il n'y a pas là de scission réelle entre moi et moi-même, scission qui jetterait d'un côté l'activité-désir, et de l'autre un *je*, témoin de cette activité. Ce serait là une vue artificielle qui intérioriserait ce qui est valable pour la perception d'objet, à savoir le fait que toute conscience est conscience d'un objet qu'elle n'est pas. C'est vrai pour le monde réel, extérieur, mais non pas pour la conscience elle-même : elle est simultanément activité et conscience d'activité.

On doit même être plus précis : on constate tout d'abord que l'individu est activité désirante, c'est-à-dire, on l'a vu, activité signifiante constitutive. C'est *par là*, et *ipso facto*, qu'il est présent à lui-même, et averti de soi-même comme étant précisément cette activité désirante en train de se déployer.

La réflexivité n'est donc pas une scission mais la dimension de redoublement léger attaché à toute activité signifiante. C'est par ce redoublement et par cette présence à soi-même que l'activité est « arrachement » à l'être, « transcendance », c'est-à-dire activité non mécanique qui est simultanément constitution d'avenir (non déductible), constitution de sens (non chosiste) et organisation pratique intelligible (non absurde). Créer le sens et le monde par l'activité désirante est un acte si complexe, originel et polyvalent qu'il implique toujours de soi l'immédiate présence intelligente à soi. C'est cette présence intelligente à soi-même, éprouvée par *tout* être humain actif et désirant que nous appelons réflexivité.

On peut mieux la saisir sur quelques exemples privilégiés : tout travail sur une machine implique cette réflexivité (puisqu'il suppose une décision constante et consciente qui soutient l'organisation intelligente des gestes) mais aussi toute jouissance physique (sexuelle, ludique, sportive) puisqu'elle implique *sentiment* du plaisir et *adhésion* à ce plaisir, c'est-à-dire la présence même du plaisir pour le sujet ou du sujet dans le plaisir. L'adhésion ici n'est pas une pesanteur ou une opacité : il n'y aurait, en ce cas, aucun plaisir vécu. Songeons aussi au plaisir du plaisir (ou au plaisir de la souffrance) qui manifeste clairement cette adhésion consciente du vécu à lui-même, adhésion qui se maintient et se reporte d'instant en instant. Ainsi, pour nous, *tout affect est une réflexivité*, même si toute réflexivité n'est pas un affect.

Parce qu'il y a activité, il y a réflexivité. Et cette réflexivité est simultanément travail constituant (intellectuellement poseur de significations pensables et nommables) et activité désirante (charnellement créatrice d'affects et de vécus.)

En outre, parce qu'il y a *sens* et *affect*, c'est-à-dire *ipso facto* réflexivité, il y a contingence et dépassement de l'immédiateté opaque.

Parce que l'activité est à la fois lumière et désir (conscience, affect et investissement), elle dépasse la fermeture de l'immédiat et se saisit elle-même comme la réflexivité pratique se rapportant sans discontinuer à un avenir à la fois toujours « présent » et jamais donné.

Mais la réflexivité pratique n'est pas la réflexion. La réflexivité signifie (désigne) seulement le doublement conscient de l'activité dans son déploiement signifiant, cohérent et continu. Sens, cohérence et continuité supposent l'« activité », c'est-à-dire la présence d'une conscience de soi dans l'investissement affectif et intelligent que constitue toute action : mais cette conscience immédiate de soi est pour ainsi dire phénoménale. Elle se sait seulement comme cette activité singulière et présente, et son « savoir », comme dédoublement organisateur et fondateur de *cette* activité singulière, ne dépasse pas le champ du présent et de la présence. En d'autres termes, la réflexivité comme conscience immédiate de soi est limitée à sa propre actualité active ou à son activité présente. Elle peut en outre envelopper, impliquer toutes les obscurités, les aveuglements et les ambivalences qui forment le champ où se déploie d'abord la vie affective. Mieux : cette définition de la réflexivité (comme conscience immédiate de soi) n'empêcherait pas de constituer (ou d'intégrer) une théorie de l'« inconscient » qui aurait réellement substitué le sens à l'instinct.

L'« inconscient » serait alors toute la part de sens qui échappe encore à la réflexivité constituante comme objet explicite de réflexion, mais qui est *déjà intégrée* dans *cette* part de sens posée et déployée dans l'activité « immédiate ». Le respect passif d'un chef n'est pas *explicitement* l'affirmation d'une relation au père : celle-ci peut être « inconsciente », c'est-à-dire impliquée *parfois* comme le sens même de l'attitude d'obéissance respectueuse à l'égard du chef militaire ou politique. La réflexivité pratique est la décision consciente quoiqu'immédiate de déployer une telle attitude d'obéissance, tandis que l'« inconscient » (pour reprendre volontairement une expression psychanalytique) serait le savoir explicite de l'identification du chef et du père. Nous pourrions dire que *l'inconscient du sujet n'est rien d'autre que la conscience du psychanalyste*.

Quoi qu'il en soit, seul un travail de réflexion comme redoublement et élargissement de la réflexivité peut dégager les significations obscurément enveloppées dans le déploiement concret de l'activité. Que cette réflexion soit effectuée par un observateur (tel un psychanalyste par exemple) ou par le sujet même de la réflexivité, un changement de plan s'opère puisqu'on passe à *un second redoublement*, et qu'on produit une sorte d'éclairage vif de la première lumière, ou le passage du clair-obscur à la lumière éclatante. Ce passage et ce redoublement produisent en outre un changement des structures mêmes de l'activité, puisque le savoir nouveau opérera soit l'affirmation d'une nouvelle attitude et d'une nouvelle activité, soit l'enrichissement et la confirmation de la première attitude : le sujet peut fort bien décider de maintenir son affect dans une nouvelle lumière, une nouvelle dénomination, un nouveau système de motivations. La lutte contre le rival (érotique, politique, économique ou culturel) qui est une réflexivité active peut fort bien s'interrompre dès que la réflexion (psychanalytique ou philosophique) la révèle et la nomme comme une « jalousie », mais elle peut fort bien au contraire se maintenir à un niveau redoublé, en renforçant ses motivations ou en trouvant, même dans cette « révélation », des satisfactions complices et de nouvelles justifications de son attitude pratique.

L'essentiel qu'il convient de retenir est que la réflexivité pratique peut fort bien impliquer « inconscience » et ignorance de soi, c'est-à-dire obscurité, contradictions et ambivalences. Nous avons déjà eu l'occasion de le noter : notre doctrine de la réflexivité n'est en rien l'affirmation selon laquelle l'individu serait toujours un *cogito* souverain et transparent. L'activité désirante est bien plutôt d'abord ignorance et méconnaissance des significations intégrales de ses affects.

Il y a donc lieu d'opposer réflexivité et réflexion.

Mais l'existence de la réflexion (quelle que soit la modalité culturelle de ce travail de second redoublement) n'a pas à être établie : toute la culture en est la manifestation. Ce qui faisait plutôt problème était le passage de l'irréfléchi au réfléchi, et, sur ce point, il nous semble que les doctrines sont bien évasives ou rapides. Au contraire, ce passage est rendu possible, ou en tout cas plus clair, si l'on prend en compte le fait que *dès l'origine*, dès le déploiement de la plus simple activité utilitaire ou affective, un sujet est là, qui est présent à lui-même dans une relative luminosité.

Cette lumière n'est peut-être d'abord presque rien (songeons à l'humanité malheureuse ou aliénée, persécutée ou inculte), mais elle existe comme lumière, c'est-à-dire comme ce premier dépassement de l'opacité nocturne qui définit l'animalité. C'est ce dépassement originaire et rien d'autre, que nous appelons réflexivité pratique constituante.

e) *Le désir de jouissance et les deux libertés. Aliénation, indépendance, bonheur*

La distinction rigoureuse entre réflexion et réflexivité n'est
pas seulement destinée à rendre compte de la condition intégrale
du sujet humain, c'est-à-dire à exprimer sa réalité sans réduction
ni amputation. Elle a également pour fonction de rendre compte
du phénomène le plus évident et le plus paradoxal à la fois : nous
voulons parler de l'ambivalence de la liberté.

Remarquons tout d'abord que l'idée de réflexivité pratique
constituante est aux antipodes d'un intellectualisme idéaliste (car
elle désigne le corps dans son action et ses affects intramondains)
ou d'un chosisme matérialiste (car elle désigne un pouvoir constituant, et une intelligence pratique présente à elle-même). C'est
cette structure totalisatrice du sujet actif qui permet de comprendre que, dans la réalité, l'enjeu du déploiement de l'activité
désirante soit la liberté même.

Nous en arrivons ici au paradoxe évoqué plus haut : la condition humaine la plus fréquente n'est-elle pas une condition d'aliénation, et la liberté n'est-elle pas le plus souvent un désirable lointain,
sinon même un inaccessible ? Mais, d'autre part, la liberté n'est-
elle pas effectivement désirée par le plus grand nombre, et ne se
manifeste-t-elle pas dans l'histoire des individus et des sociétés
comme cela qui, précisément, se réalise effectivement à la longue ? Résoudra-t-on un tel paradoxe en affirmant seulement que
la liberté est une présence absente ou une manifestation disparais-
sante ? Ces formules, valables pour décrire certaines expériences
singulières, sont trop allusives cependant et peut-être même trop
verbales, pour être en mesure de rendre compte du paradoxe de la
liberté.

La vérité est que ce paradoxe n'est qu'apparent. Il résulte
d'une confrontation que l'on opère entre liberté et aliénation,
confrontation si rapide, elle aussi, qu'elle exprime une opposition
tranchée entre deux réalités antinomiques. On appelle alors paradoxe l'impossibilité où l'on se met de comprendre le passage de

l'un à l'autre terme, c'est-à-dire à la fois le passage conceptuel d'une signification à son contraire, et le passage pratique d'une condition d'aliénation à une condition de liberté. Parce qu'on ne comprend plus comment il est possible de désirer ou de construire la liberté (individuelle, politique, culturelle) dans une situation d'aliénation, on dira qu'on est en présence d'un paradoxe ou que la liberté est cette réalité ambivalente qui se pose comme étant à la fois elle-même et son contraire ou comme étant simultanément la conscience des déterminismes qui nous limitent et du pouvoir de dépassement qui nous définit. Le paradoxe de la liberté consisterait bien alors dans la possibilité même de l'impossible, à savoir le combat pour la liberté effectué par un être aliéné, déterminé, et sans pouvoir. On n'atténuerait pas le paradoxe en affirmant qu'en l'homme (ou dans la société) résident comme des îlots de liberté ou des noyaux d'indétermination qu'il y aurait seulement lieu d'étendre et de relier entre eux. Car la difficulté principale subsiste : on ne rend toujours pas compte du *passage* de l'aliénation à la liberté, comme on ne rend pas compte, non plus, de l'extrême prégnance des expériences de l'aliénation *ou* de la liberté. Seule la référence à une troisième expérience qui serait celle de la liberté aliénée ou de l'aliénation libre est en mesure de lever le paradoxe et de rendre compte du mouvement même de libération en chaque homme et en chaque société.

Mais cette expérience unitaire et ambivalente ne peut être désignée seulement par des formules dialectiques jouant sur les effets de l'opposition lexicale des contraires. Nous devons examiner pour elle-même cette expérience unitaire.

Nous apercevons alors que l'expérience d'une liberté aliénée n'est possible que comme expérience libre se faisant aliénation c'est-à-dire, précisément, comme expérience librement constituante d'une condition aliénée. C'est précisément là le rôle de notre concept de réflexivité pratique constituante : c'est cette activité, dont nous avons montré qu'elle est toujours libre (parce qu'elle est choix d'attitude et constitution de sens), qui se *constitue* à l'origine comme expérience de l'aliénation. La dépendance vécue (ou aliénation) d'un individu par rapport à un autre n'est possible *que* par la constitution significative de l'un comme le maître *par cet autre* précisément qui s'éprouve dans l'aliénation. Se sentir aliéné et limité par un chef ou un rival suppose *d'abord* qu'on l'ait constitué comme chef ou comme rival et qu'on ait formulé des désirs ou déployé une action dans le cadre même de cette constitution de sens.

Il nous semble que c'est seulement dans cette perspective (c'est-à-dire sur la base de la réflexivité pratique librement constituante) qu'il est possible de comprendre les rapports de l'aliénation et de la liberté, telles qu'on les entend le plus souvent. La liberté n'est pas l'objet d'un désir, c'est-à-dire d'une poursuite qui serait effectuée par un être non libre en tant qu'aliéné. C'est là que résiderait un impossible indépassable, et c'est cette erreur de départ qui alimente toutes les fausses problématiques relatives à la liberté et au déterminisme. En réalité, la liberté ne saurait être poursuivie et recherchée que par un être qui en a la conscience, la connaissance et le sentiment, c'est-à-dire par un être *déjà* libre. C'est de *cela* dont rend compte le concept de réflexivité pratique constituante : elle est cette liberté originaire qui, dans le même mouvement, se fait librement aliénation et désire librement la liberté. Seule la liberté peut poursuivre et désirer la liberté.

Mais, dira-t-on, si l'être est déjà libre, pourquoi poursuivrait-il la liberté[1] ?

C'est ici précisément qu'intervient la différence entre la réflexivité et la réflexion ; et c'est ici qu'apparaît la fonction de cette opposition des deux moments de la conscience de soi dans l'action.

Nous avons dit en effet que la réflexivité, si elle est la source de tout sens, n'est pas forcément le savoir intégral de soi, c'est-à-dire le savoir intégral des implications de ses actes constitutifs. Cela signifie que, dans la pratique, le sujet se jette avec hâte, impatience et aveuglement dans des constitutions de sens qui déploieront autour de

---

1. À cette question, Sartre, par exemple, n'a jamais répondu.

lui toutes les trames de l'aliénation. Celle-ci peut alors être vécue comme un donné ou une situation objective, sans que le sujet actif s'avise suffisamment de la portée de ses propres actes constituants. (Il ne *sait* pas, par exemple, que la « force » de son employeur ou de son gouvernement lui vient de ses propres croyances, c'est-à-dire de ses propres actes constituants.) Mais lui-même, qui se situe dans un monde qui l'aliène, continue de s'éprouver comme le pouvoir constituant qui déploie des désirs et des significations. Ainsi, au niveau de la réflexivité jouent à la fois le sentiment de la liberté (c'est-à-dire d'un certain pouvoir) et le sentiment de l'aliénation. L'opposition est ici parfaitement pensable, puisque la réflexivité n'est pas un *cogito*, un savoir ou une souveraineté véritable. Elle est d'abord la simple conscience libre d'un monde aliénant, et, en même temps, l'ignorance que ce monde aliénant est constitué comme tel par le pouvoir même de la liberté originaire, toujours obscure, confuse et complice.

Mais comment rendre compte, dans ces conditions, du désir de liberté, s'il est vrai que la réflexivité ignore qu'elle forge souvent ses propres chaînes ?

C'est ici qu'intervient la réflexion, comme redoublement approfondi de la première réflexivité. Elle seule peut désirer une liberté qui serait plus haute et plus complète, parce qu'elle seule est en mesure de s'interroger, d'interroger, de contester et de reconstruire. Mais cette réflexion *n'est pas autre chose* que le redoublement, l'extension et l'approfondissement de la réflexivité pratique : c'est dire qu'elle a, elle aussi, le sentiment de soi comme pouvoir constituant, c'est-à-dire comme liberté.

Ainsi il n'y a pas paradoxe mais redoublement du plan de la liberté. L'opposition entre réflexivité et réflexion, comme redoublement homogène de la conscience de soi (et décision de renforcer son pouvoir par ce dont elle sait qu'elle est *déjà* capable, à savoir l'information, la critique, le jugement et la méthode), cette opposition est en mesure de rendre compte du passage de l'« aliénation » à la « liberté » : il s'agit en réalité du passage d'une forme de la liberté à une autre, ou, si l'on préfère, d'une liberté à une autre, c'est-à-dire d'une liberté originelle à une liberté seconde.

Le désir de liberté est donc ainsi rendu possible d'un point de vue logique et structurel : c'est parce que la réflexivité pratique est *déjà* une liberté qu'elle peut se proposer d'accéder à une liberté plus haute et plus étendue. C'est parce que le sujet est déjà liberté (originelle) qu'il peut se proposer comme fin la liberté (seconde).

Il reste à répondre à une autre question : pourquoi la réflexivité pratique (qui est le plus souvent aliénée) se met-elle parfois à poursuivre et à construire une liberté plus authentique et plus homogène, et cela par l'action, le combat et la réflexion (elle aussi déjà présente, on le sait, dans la réflexivité) ?

On ne peut répondre que c'est la conscience même de l'aliénation qui désire la liberté : ce serait retomber dans les apories et les impossibilités que nous avons critiquées. Nous sommes au contraire contraints de redire d'abord ce que nous venons d'établir : ce n'est pas l'aliénation, c'est la liberté (en situation d'aliénation) qui recherche une liberté seconde. Seule la liberté peut désirer la liberté.

Mais *pourquoi* ?

C'est ici que nous rencontrons le sol absolument originel de toute activité : la satisfaction, ou, si l'on préfère, la jouissance[1]. Qu'on ne voie pas là un truisme, qui consisterait à rappeler simplement que l'activité désirante est forcément, et de soi, recherche de la jouissance. Cette vérité élémentaire (au sens de fondamental) est au contraire bien oubliée dans la pensée contemporaine qui, cependant, s'accorde obscurément sur l'idée et le sentiment que, en somme, toutes les structures de la conscience et de l'« inconscient » reposent précisément sur le désir de jouissance. Parce que l'angoisse ou l'aliénation sont les données les plus fréquentes, on consacre pourtant l'essentiel de la réflexion à la connaissance directe de cette angoisse et de cette aliénation, comme si l'aliénation pouvait se

1. Nous prenons ce terme en son sens originel, c'est-à-dire large.

comprendre avant la liberté et comme si l'angoisse pouvait se comprendre avant la jouissance.

Bien au contraire, nous devons privilégier cette expérience de la jouissance dans la mise en place de toute problématique de l'action. Seule la constitution de la jouissance comme le fait fondamental de l'activité peut nous éclairer sur le problème du passage de l'aliénation au désir de liberté.

Seule en effet l'expérience de la jouissance effectuée par une réflexivité peut rendre compte du mouvement de dépassement vers la liberté. Les analystes, par exemple, s'accordent sur l'idée que toute la conduite est l'effort pour retrouver ou restaurer la jouissance antérieurement éprouvée. On ne peut que souscrire à cette vérité. Mais l'action du sujet sera encore mieux éclairée si l'on aperçoit que l'expérience ancienne, pour être répétée, doit forcément avoir été saisie d'abord comme sa propre présence à elle-même, c'est-à-dire comme réflexivité. En outre, seule une réflexivité définie comme nous l'avons fait, c'est-à-dire comme constitutive de sens et organisatrice d'expérience, peut *saisir* la distance entre le passé (comme jouissance) et l'avenir (comme la même jouissance en un *autre* temps, ou comme une jouissance analogue mais plus riche, plus intense), et seule une telle réflexivité temporelle peut saisir la distance entre le passé (comme jouissance) et le présent (comme l'absence qualifiée de *cette* jouissance).

Mais s'il est vrai que seule une réflexivité pratique peut valablement constituer la jouissance en motivation de l'action, alors on comprend aisément que l'essence de la réflexivité pratique désirante est le désir perpétuel de combler la distance entre l'expérience passée de la jouissance et l'expérience présente de son absence ou de sa détérioration. Comme la réflexivité est en outre perpétuellement en mesure de se constituer comme réflexion (c'est-à-dire comme redoublement méthodique et exploratoire de soi-même), on peut apercevoir que *le passage de la réflexivité à la réflexion est rigoureusement contemporain du désir même de plénitude* lorsqu'il s'avise de l'absence actuelle mais provisoire de cette plénitude.

Ainsi nous comprenons *pourquoi* la liberté originelle se prend parfois à désirer une liberté seconde : c'est que l'aliénation (présente dans la première liberté) n'est précisément rien d'autre que la conscience d'une détérioration de la jouissance ou d'une insuffisance de son propre déploiement. Seule la réflexivité libre peut désirer réflexivement une plus profonde liberté, et cela dans la mesure où cette réflexivité libre fait l'expérience de l'insuffisance de la plénitude (ou jouissance) actuellement éprouvée. C'est cette expérience que la réflexivité constitue comme aliénation : son désir de liberté n'est rien d'autre que la confirmation d'abord de son choix fondamental (qui est la jouissance) et ensuite de son appréciation constitutive du présent comme limitation injustifiée de ce choix de jouissance. On passe donc simultanément à la réflexion et au travail pour la liberté seconde : mais ce passage pratique n'est possible et pensable que comme le désir conscient de *recommencer à un plus haut niveau* l'expérience même de la plénitude.

Ce recommencement de la plénitude n'est pas une simple transposition répétitive puisque le sujet passe de l'aliénation à la liberté : le travail de la réflexion est ici créateur ; la liberté seconde est qualitativement différente de la liberté aliénée qui l'a rendue possible, tout en conservant avec ce premier stade un rapport d'intériorité et d'homogénéité qui seul peut rendre compte du passage de l'une à l'autre forme de la liberté.

En cette liberté-jouissance nous pouvons reconnaître le « *bonheur* », qui est l'objet de notre présente réflexion. Le contenu de cette jouissance, suffisamment signifiante pour conférer au sujet plénitude et satisfaction, est si riche et si polyvalent, son rapport à la liberté si fondamental, qu'il ne nous était pas possible d'en aborder l'examen avant d'avoir *situé* cette recherche du « bonheur » dans une plus vaste problématique de l'action et du sujet. Ce sont les structures mêmes du sujet qui conduisent à la notion de bonheur. Avant de considérer celui-ci pour lui-même, insistons sur trois faits qui nous paraissent importants et qui constituent comme un premier résultat de nos analyses précédentes.

On doit reconnaître d'abord que seule la liberté peut désirer la liberté : c'est pourquoi l'activité désirante doit être conçue comme une réflexivité ; seule une réflexivité en effet peut se constituer comme donatrice de sens, et, par conséquent aussi, comme affirmation à la fois libre et négative d'une aliénation « à dépasser ».

On doit reconnaître ensuite que seule l'opposition de la réflexivité pratique et de la réflexion seconde peut rendre compte de l'opposition des deux stades de la liberté et du passage de l'un à l'autre, c'est-à-dire de l'aliénation à l'indépendance.

On doit reconnaître enfin que seul un désir de jouissance-plénitude (c'est-à-dire un contenu qualitatif dynamique et déjà expérimenté) peut motiver le désir de liberté, celle-ci n'étant par conséquent que l'un des moyens indispensables à l'obtention d'une jouissance plus approfondie et non répétitive. C'est donc *le désir du bonheur* qui est le socle et la finalité du désir de liberté : celle-ci *n'est pas sa propre fin*. Et c'est précisément pour cela qu'il n'y a pas opposition entre les deux libertés, mais seulement rapport inverse à la motivation existentielle fondamentale qui est le désir du bonheur : l'aliénation est la libre constitution du bonheur comme le désirable absent, tandis que l'indépendance est la libre constitution du bonheur comme contenu déjà présent et concrètement actualisable.

Ainsi nous pouvons le dire : *le véritable enjeu de l'action* (et son véritable fondement) *n'est pas la liberté comme forme, mais le bonheur comme contenu*. La liberté (au sens ordinaire) n'est jamais que le moyen ou la condition d'existence et de réalisation du bonheur ; c'est la réflexion qui a un rapport privilégié à la liberté : le désir quant à lui, et depuis l'origine, ne désire jamais rien d'autre que la jouissance, c'est-à-dire la plénitude, comme satisfaction qualitative et dynamique.

Ainsi, non seulement la recherche du Préférable absolu (ou plénitude) est inscrite dans la structure même du désir, mais encore ce désir est par lui-même porteur de deux formes de la liberté : la liberté spontanée de premier niveau, qui peut se constituer comme liberté ou comme aliénation, c'est-à-dire dépendance et souffrance, manque et nostalgie de la jouissance, et la liberté réflexive qui peut se donner comme tâche la libre construction de l'accès à la plénitude ou à la joie, qui sont au-delà du réflexif. Cette tâche est donc toujours possible, et le déterminisme n'est que le nom de notre renoncement ou de notre complicité : il y a donc bien un sens à s'efforcer de dire mieux les contenus concrets du Préférable puisque le sujet est libre par nature et toujours doué d'un pouvoir qu'il lui appartient de mettre en œuvre.

3. La joie d'être et les actes substantiels

*D*OIT SE DIRE auparavant le fait majeur : la *joie d'être* ne sera pas vécue comme une masse compacte, comme un arrêt du temps qui clorait le mouvement de la conscience ou comme cela qui, sans plus, comblerait un vide. Elle ne sera pas non plus pensée comme une béance reconnue ou comme la résignation d'un désir renoncé. Bien plutôt sera-t-elle reconnue comme vie et comme mouvement. Si l'être est une masse, la joie ne sera pas l'être. Elle ne sera pas non plus l'infini sans détermination, sans forme et sans visage ; ni l'au-delà de toute pensée, de toute vie, de toute lumière, qui ne sont que manières de dire pudiquement la mort. La joie, parce qu'elle est du pays de la conscience, sera du pays du langage : parole, signification, symbole pensable, donation concrète de pensée et de jouissance, infinie possibilité de se dire d'une façon directe ou indirecte, éployée ou ramassée, lumineuse ou énigmatique, mais toujours en très grande partie élucidable. Pouvant se dire, elle se connaîtra non comme la masse aveugle et sourde de je ne sais quel Absolu, mais comme mouvement et activité.

C'est cette activité qui se dira comme bonheur même et joie d'être, se réjouissant de leur propre mouvement et de leur propre expression.

Quelle activité ? Quel mouvement ? Ce sont les questions à examiner en portant à un plus haut degré le feu qui forgera les outils, l'offrande qui proposera des réponses, des chemins et des voies.

Pour esquisser un premier repérage, on redira d'abord (à qui voudrait emprunter cette voie et accéder à sa façon à la splendeur qu'elle indique), que la joie d'être n'est pas une plénitude arrêtée, mais le mouvement des figures du préférable. Ces « figures », formes, manières d'être, activités, on les pensera comme des *actes substantiels*. On pourra dire alors que la joie d'être est le système dynamique des actes substantiels. Pour éviter les pesanteurs dogmatiques et présomptueuses, on évoquera le mouvement des activités, ou leur synthèse, leur succession, leur coexistence ; on laissera à l'initiative sa spontanéité (nullement exclusive de la lumière dorée de la réflexion, pensée heureuse, légère, délicate comme une brume de soleil). La spontanéité du lecteur choisira entre les diverses activités (rêver, agir, penser, aimer, créer), celles qu'elle fera siennes, soit tour à tour, soit simultanément. La spontanéité, le goût, le choix, le désir, la mémoire, la pensée, éliront les activités pouvant en chaque circonstance devenir suffisamment intenses et approfondies pour mériter le nom d'*acte*, et admettre la comparaison métaphorique avec ces idées si denses : la substance et l'être, ou ces expériences si fortes : la plénitude et le paroxysme. Ces « idées », ces « expériences » disent dans leur langage le plus haut degré de valeur et de consistance, de dignité et de permanence, de vérité et d'authenticité. C'est dans une intention évocatrice qu'on parlera d'*actes substantiels* pour désigner les activités d'une conscience par lesquelles elle accède à sa joie, à sa dignité, à son identité, mais aussi bien à la vivacité et à la splendeur.

D'autres paroles, d'autres termes pourraient être utilisés. Il faudra bien choisir un langage pour dire d'une façon ferme ce qui pourrait se dire autrement mais qui, pouvant se dire, ne peut se dire que d'une façon à la fois. Nul dogme ici ; seulement une doctrine qui par une sorte d'*hypothèse poïétique* dit à sa façon ce qui est le bien de tous et la possibilité de tous. Chemin faisant, poésie et philosophie seront liées dans un seul acte de langage, comme elles sont liées dans l'acte unique d'une conscience éblouie.

Cette « doctrine » (simple manière de voir et de vivre, proposée au lecteur) est aussi bien une voie. À la fois le but et le chemin. La médiation et le contenu. Mais cette voie aura la forme que le voyageur lui donnera en la parcourant : tel groupe d'actes formant système induira une certaine voie, et tel autre groupe, une autre voie. À chaque activité substantielle, sa figure et sa voix, à chaque mouvement de la plénitude, sa voie, sa méthode et sa direction, sa vibration et sa forme.

On bannira donc toute orthodoxie, tout légalisme. Rigueurs, obligations et impératifs seront en dehors de l'ordre existentiel de la joie : ce qui n'exclut pas mais implique au contraire la cohérence de la pensée et la permanence du désir et de l'exigence.

Les figures du préférable (et les actes substantiels qui les expriment) s'agenceront donc en systèmes souples, contingents et ouverts. Mais on ne craindra pas la cohérence et l'on n'hésitera donc pas à parler de système pour dire le lien entre tels ou tels actes, pour dire leur action réciproque, leur implication mutuelle, ou l'image singulière de la totalité qu'ensemble ils constituent. Simplement, chacun fera son « système » : amour-pensée-poésie, ou bien poésie-action-création, ou bien amour-action-poésie, ou bien action-pensée, ou bien autre chose, mystique, musique, contemplation, non-agir, action pure. On exclura seulement la violence et la guerre : parce qu'elles visent logiquement leur propre suppression avec celle de leurs victimes, on ne se fera ni dupe ni complice et l'on traitera à peine ici de cela qui vise la mort : seulement pour s'en détourner. La joie qui est la voie et le but est destinée à la vie et produite authentiquement par la vie. On se tiendra fermement à cette vérité simple : l'agression, la guerre et la mort appartiennent à une étape (historique ou individuelle) qui est *antérieure* au voyage de l'être qui se déroule ici.

On pourra évoquer le langage de la poésie qui, fort souvent, se réfère aussi à la splendeur. Ce n'en est pas encore le lieu. On s'efforcera aussi de prononcer calmement les mots, fussent-ils les

plus forts et les plus intenses. On dira calmement les mots, s'atta-
chant à bien les prononcer, à bien les utiliser dans la plénitude de
leur sens. On n'utilisera pas toujours la voix poétique et expressive, qui est intérieure et secrète. On s'imposera souvent la rigueur
de l'écriture employant les mots dans leur sens rigoureux et non
dans leur sens affaibli, édulcoré, sens « rapide » et de passage. Splendeur, par exemple, voudra dire splendeur : c'est la haute joie exaltée qui s'émerveille de l'objet et de soi-même, saisis ensemble dans
une grande lumière et dans une grande vivacité. Les mots auront
leur sens plein. Sans recherche inutile ils diront ce qu'ils ont à
dire pourvu qu'on les prenne dans le mouvement même de leur
intention, dans la naïveté première de leur éclat et de leur vivacité.

Sous les mots, devraient paraître l'or de la vie, la force de la
joie, la puissance singulière de la nouveauté, du commencement
et des permanences ; tout peut se dire, directement ou indirectement, tout peut se penser, tout peut se vivre. Il y faut seulement
comme une certaine espèce d'innocence.

C'est d'une tâche et d'un cheminement communs qu'il est
ici question. Seule l'œuvre commune du lecteur et du scripteur
peut susciter un langage authentique, une parole vivante qui,
disant concrètement les actes substantiels de la joie, sera capable
aussi de les créer.

I. La joie de fonder

« *J'avais résolu d'aller à l'île Juan Fernandez, pour tâcher d'y faire de bonnes observations astronomiques. Je voulais ainsi établir un point de départ assuré pour traverser cet Océan immense dont l'étendue est marquée différemment par les différents navigateurs.* »

Bougainville, *Voyage autour du monde sur la frégate du roi « La Boudeuse » et la flûte « L'Étoile », en 1766, 1767, 1768, 1769* (Éd. Nicolas, Niort, 1946, deuxième partie : « Voyage depuis l'entrée dans la mer occidentale jusqu'au retour en France », p. 15).

1. ORIGINE ET RECOMMENCEMENT

UN TEMPS VIENT TOUJOURS, pour chacun, où le temps de la vie paraît pour une bonne part comme cela qui a déjà été déployé. Un temps calme vient qui est comme le haut plateau de la vie, la grande étendue solaire et tranquille *en deçà* de laquelle s'étagent, dépassés, les combats, les échecs et les tristesses. Ce passé vaut alors comme la guerre ancienne, comme l'ancienne tristesse. Jadis, la guerre : chacun est en mesure, s'il l'a vraiment désiré, de vivre un jour cette expérience. La guerre, le heurt de l'agression délirante et cosmique, la grande clameur de la peur et de l'envie, la grande angoisse de la pénurie de pain et d'amour, tout cela un jour devient comme le passé laissé derrière soi au bas des collines, au fond des ravins, au creux marécageux des montagnes. Ce n'est pas le fruit d'un miracle, et non plus je ne sais quelle prolifération du temps qui se porterait, comme par inertie, de l'obscurité vers la splendeur. Le haut plateau de la vie n'est pas une nécessité, ni un automatisme, ni une fatalité, mais un acte rare.

On s'aperçoit, bien plus tard, qu'un *passage* s'est produit. La mémoire le rappelle en lettres de feu. Cela fut déjà dit, déjà éclairé, déjà défini comme longue déchirure et brusque renversement vers l'allégresse. Cela fut déjà vécu comme arrachement et délivrance, cela fut déjà décrit comme détournement loin de la banalité complice, loin des convoitises, des servitudes et des pesanteurs inventées, bien loin des clameurs, des jugements et des malentendus.

Des fêtes, alors, furent connues : grands éclats de lumière et de joie, existence pacifiée, exaltée, admirative du monde et des êtres, amoureuse de la vie comme d'un être. La mémoire de feu le répétera indéfiniment : il y eut là, à l'origine, comme une opération de commencement. Détourné de la nuit et des combats dérisoires, le sujet, individu singulier, est déjà passé de la misère à la splendeur par un acte qui fut comme une naissance. Parce que, dans sa nuit angoissée de persécution, de solitude et de pénurie, il était question de sa propre mort, parce qu'il était réduit à n'être plus rien que cette question de mort, l'individu le plus concret s'est un jour arraché de sa misère et fit de ce rien qu'il était cette grande allégresse assoiffée de vivre. Brusquement s'est fait le passage. Un être de passions destructrices ou de neutralité vide s'est un jour reconstruit à partir de lui-même et pour ainsi dire transmuté, du rien qu'il était, nocturne et aveugle, en un être aussi concret, fait de passions et de désirs, mais tout entier converti à l'allégresse et à la lumière naissante. Le sujet connut alors la fête de vivre. Les forteresses inutiles s'estompaient dans le lointain, laissant le voyageur architecte de sa vie construire ses blancs domaines de l'être, ses châteaux et ses demeures au fil de son voyage par le mouvement même de son allégresse, de son écriture peut-être, et de la rencontre indéfiniment neuve des proches, des lointains, et des mondes. Parce qu'il était question en lui-même de la mort même, le sujet fit un jour, du rien qu'il était, le germe de sa renaissance.

De ce germe, de cette étincelle originelle, de ce commencement d'allégresse dans la nuit, des alchimies ont pu se former et des mondes s'éveiller dans la grande clarté du jour.

Cette alchimie n'est le fait de personne d'autre, au cœur du sujet, que du sujet lui-même.

Sans doute s'expriment alors en lui des forces vives qui sont celles de tout un chacun, et peut-être aussi de la nature en chacun, et de la vaste réalité enveloppante. Mais ce vaste monde, antérieur à toute conscience, à toute misère, à toute joie n'est pas un être : seulement une pesanteur aveugle, une opacité sourde, la nuit proprement dite en son épaisseur sans souffle. En lui l'être n'est pas. L'être naît seulement en chacun, en chaque conscience, avec et par le mince fil de lumière de quoi peu à peu se tissent un désir, un individu, des passions, une misère bien souvent, une manière de pénombre assoiffée. C'est seulement de ce grain de lumière et de vie que peut-être, s'il s'en est donné lui-même le haut désir, le sujet peut faire une étincelle et un germe. Alors seulement par ses propres forces, multipliées de sa lumière, il construit au long du temps ses châteaux, ses splendeurs, et ses voyages. Parti de « rien », ayant commencé par croire qu'écrire n'est rien, il s'aperçoit chemin faisant qu'en l'écriture tout se renforce de s'exprimer : les domaines de l'être, les allégresses et les renaissances. C'est ainsi pour certains. Pour d'autres, autrement. Mais toujours, en tous, les germes sont intérieurs : les puissances élucidées ne résident pas ailleurs que dans le sujet qui s'éveille.

Par le désir de la joie un moment vient toujours en chaque vie, en chaque être, où le sujet se sort de sa nuit pour s'allier au visible. Le monde alors fait irruption dans la lumière, laissant apparaître ses splendeurs, ses musiques, ses enthousiasmes. La plénitude est accessible dans le temps même où le monde devient apparent. D'un rien de lumière, d'une pénombre assoiffée, le sujet fait brusquement surgir non seulement lui-même mais encore le monde en sa visibilité. Par l'allégresse et par la fête le monde commence : le visible en lui devient sa richesse, sa promesse tenue, ses potentialités offertes et déployées. Le monde devient alors, dans la lumière du sujet, comme l'être de la splendeur.

Le sujet aussi s'est alors déployé. L'élucidation de ses puissances, par lui-même et par elles-mêmes en lui, est le déploiement d'un être lové. Enveloppé en lui-même le sujet d'abord faisait sa nuit et la nuit du monde. Mais il était lové sur lui-même comme un germe en attente. Le grand désir de la joie est le déploiement d'un être ramassé, l'émergence de la joie hors d'elle-même, la naissance du visible par l'éveil de l'allégresse.

Tout est alors comme une fête : actions, rencontres, constructions, découvertes, voyages.

Tout se passa ainsi, un jour ou l'autre pour toute conscience, à tel ou tel moment de sa vie, en tel ou tel lieu de son voyage. Toujours, quelque part, des phénix renaissent, l'être passe au visible, la splendeur se manifeste, les fêtes, les musiques et les paroles éclatent dans l'allégresse de la rencontre, et de la nouvelle naissance et de la justification. Nulle divinité en cela[1], nul clan privilégié, nulle idolâtrie : la joie est d'ici, c'est ici *même* que les germes se déploient et que le visible resplendit.

Certes, en ces étapes heureuses de son voyage, le sujet a pu connaître le retour de l'agression, la renaissance de la clameur. Sur le haut plateau de sa vie, tout sujet a rencontré la nécessité de reconstruire provisoirement, pour une nuit, un camp retranché avec des feux contre les loups. Toute époque heureuse, toute campagne, tout jardin de la nouvelle spontanéité, tout château blanc de la splendeur et de la rencontre, ont dû lutter contre le renversement pervers. Émergence stupéfiante du malentendu, cristallisation des jalousies, bourgeonnement irrépressible de la

---

1. Sinon celle des amants, dont nous parlerons plus loin.

haine sacrée et des intérêts, prolifération du manichéisme et des projections accusatrices, retour des pesanteurs, des peurs et des clameurs chez ceux-là mêmes pourtant qui avaient dit qu'ils avaient compris.

Faiblesse et fatigue de l'être, obscurcissement progressif du monde, dépérissement du visible et affaiblissement simultané du voyageur de l'être : l'un produisant l'autre, nul n'étant en mesure de dire qui fut la première cause de la perversion de l'allégresse, le monde ou le sujet. Tous, après la splendeur, ont pu connaître le retour de la nuit, de la violence, de la solitude. Le haut plateau somptueux de la vie peut toujours se trouver brusquement parcouru de ravins et de combes, de gorges escarpées, de torrents vides.

La joie, en tous, à un moment ou à un autre de l'existence, a risqué de se pervertir et de faire virer au noir le travail de son flamboiement.

C'est que la transmutation fut seulement celle de la vie empirique, et non pas aussi celle de la pensée. Mais la vie produit aussi bien la vie que la mort. L'affect se métamorphose, il sait passer de l'angoisse à la joie : s'il reste passif il déploie l'éphémère. Sa fragilité réapparaîtra comme un souvenir. Alors, la place sera laissée à l'efficacité des mouvements insidieux de la nuit. À travers le monde et par la pesanteur du grand nombre, les consciences seront happées de nouveau par l'ignorance et par la présomption. L'ignorance fera de tout réveil naissant un pesant sommeil, un retour alourdi vers les inflations du moi, vers les susceptibilités dramatiques et dérisoires. La présomption suivra ce mouvement, viendra dans ces traces comme l'eau dans les trous des plages après le retrait de la mer, en l'absence de tout soleil. L'ignorance rétractée fera la place de la présomption et de là naîtront de nouvelles guerres, de nouvelles chutes, de nouvelles clameurs. Un voile de nouveau s'étendra sur le visible. Le haut plateau de la vie se lézardera. Les craquelures du sol desséché laisseront paraître les béances. Les ravins s'écarteront. Les vampires seront de retour, insaisissables et cruels, faussement habiles. Les présomptions se transformeront en hégémonies. Quelque chose comme une machine cosmique à sucer le sang en l'absence des victimes prendra forme dans les replis de la nuit.

Là, tous sont victimes, tous sont complices d'avoir laissé l'ignorance de chacun par tous faire son travail de fossoyeur. Tous seront vampires parce que tous furent richesse. La présomption sera le tissu du monde. Les fils se noueront qui enserreront dans leurs mailles les soubresauts de la joie.

Seul, en cette fin de monde, fut responsable le désir. Tous ont connu cette alternance issue de la spontanéité mais tous ont cru, un jour ou l'autre, que des lois d'airain enchaînaient leurs passions et leurs affects, leurs angoisses et leurs enthousiasmes, leurs violences et leurs passivités. Or seul le désir et sa lumière furent responsables de ces enchaînements hégémoniques, de ces retournements incompréhensibles, de ces chutes complices dans les abîmes de la haine et de la domination.

C'est que seul le désir avait opéré la première transmutation, le premier passage émouvant de la nuit à la splendeur. Portée par le désir, la joie ne sut pas opposer la résistance à la présomption, elle aussi portée par le désir.

Or, la présomption est immense, d'autant plus vaste et jalouse qu'elle est plus ignorante, plus obscure, plus imbue de soi. Chacun l'a nourrie en lui-même : portée par le désir elle n'est pas détruite quand simplement le désir se tourne vers un ailleurs comme la fête ou comme la joie sans avoir auparavant transformé toute la substance de son être par l'intervention de la pensée.

Tout part du désir et tout y retourne : mais la progression peut être celle d'une spirale ascendante et toujours plus libre ou bien celle d'une balançoire immobile en ses alternances. Sans l'or fin de l'esprit, les transmutations du désir sont éphémères et fragiles. Le métal ancien revient toujours quand les opérations de purification furent hâtives ou incomplètes. Le mercure retourne au plomb. Par l'impatience, l'ignorance et la présomption, la chaîne des transmutations inverse son mouvement et tandis que le plomb ou le fer font à nouveau leur apparition, la violence et la torture reprennent leur progression, tout se retourne en son contraire, toute marche devient régression, et la misère, la pénurie, les ruines et les cendres reprennent lentement leur mouvement apparemment inexorable.

L'or de la joie, la splendeur de la fête furent pourtant obtenus, parcourus, admirés. Mais seul le désir en avait préparé la venue : l'or s'estompe quand y manque l'opération alchimique de l'intelligence. Le désir à lui seul ne peut *fixer* l'or de la joie. La vie spontanée, le mouvement des affects se prenant sérieusement aux jeux du « *déterminisme* » et des miroirs ne peuvent à eux seuls *fonder durablement* la joie et par conséquent le bonheur d'être. Seule la réflexion intégrant le désir ou le désir intégrant la réflexion ont quelque chance de construire dans le roc quelque chose qui vaille comme un bonheur.

On semblera dire une seconde fois les actes de la joie. Il s'agit en fait d'aller plus loin : peut-être faut-il parler d'un second acte de fondation ou d'une seconde fondation de la joie d'être.

On s'efforcera de dire en quoi elle peut consister et l'on découvrira chemin faisant qu'il s'agit *déjà* d'un acte substantiel de la joie elle-même et non pas seulement d'une base solide pour une joie ultérieure.

Le voyageur des hauts plateaux (tout individu ayant connu l'arrachement à la détresse et découvert ensuite la menace et la fragilité où constamment se tient ensuite la vie solaire) suscitera en lui-même la seconde fois et le second commencement. Il produira de lui-même la nouvelle conscience qui fut déjà produite par d'autres, et qui fut déjà pensée, déjà dite non seulement comme choix de l'allégresse contre l'angoisse, mais comme nouvelle activité de la lumière en lui. Il découvrira qu'à changer seulement la vie celle-ci n'échappe pas aux agressions renouvelées de la nuit, et qu'il faut aussi changer la conscience, la pensée, la réflexion, la méthode (comme on voudra) pour assurer la vraie vie en elle-même, pour lui donner la solidité du roc et la légèreté de l'air.

S'il se fait existence-lumière, vie solaire réfléchie en elle-même, claire et joyeuse pensée de soi-même, il découvrira que le désir en lui est sa propre loi, quoi qu'il advienne et de toute façon. Le désir, il saura qu'il se constitue lui-même non seulement de sa propre substance-désir mais encore de sa propre pensée et de sa propre conception des choses. Le voyageur de la vraie vie s'apercevra que son désir n'est pas le mouvement aveugle de la nuit vers la jouissance, mais déjà la lumière de miel, la pensée qui travaille et met en forme le mouvement nocturne vers le monde. C'est dire en d'autres termes que la liberté n'est pas étrangère au désir, elle est en lui la part de sens et de force qui lui permet de se poser à sa façon et de se constituer ainsi lui-même en même temps qu'il donne un visage au monde vers lequel il se porte.

De cette découverte de la lumière du sens, résidant en lui comme activité permanente, le voyageur de la vraie vie fait une force nouvelle. Il inverse désormais son rapport aux choses et à cette agression que le monde semble sécréter en permanence comme une perversion interne et inévitable : il ne joue plus le jeu des passions, des nœuds, des réponses mimétiques, des jalousies induites et du mépris rendu. Il se tient librement hors du champ des « jugements », pures interprétations « mauvaises » issues seulement de la présomption et de l'ignorance, produits seulement par des désirs non encore pleinement avertis du fait qu'ils sont eux aussi porteurs de lumière et puissance d'allégresse.

Une attitude tout autre naît de là. Le voyageur de la vraie vie s'aperçoit qu'à découvrir l'opération de la conscience en son propre désir (et en celui des autres) il met au jour le véritable fondement de sa joie. Se faisant miroir de son désir et découvrant en ce désir le sens qui le constitue, il se pose (avec tous les autres) comme un nouveau commencement de soi-même. Il se prend à réfléchir les miroirs. Lui-même et les autres, lui-même en autrui, les autres en lui-même, sa propre lumière (sa pensée) dans son propre désir. Il devient alors miroir qui désire et qui pense, lumière qui, réfléchissant tous les miroirs, s'éblouit calmement de la vraie vie et du nouveau fondement qu'il vient de lui conférer.

Alors se produit dans le sujet comme une seconde naissance.

Non pas seulement le passage de la détresse à la joie, ce passage qu'il a déjà connu sur l'itinéraire de sa vie, sur la spirale flamboyante de son existence, mais encore le passage de la précarité à la permanence. Une solidité naît de là. La seconde naissance par la *réflexion des miroirs* est comme le passage d'un seuil.

Le voyageur de la vraie vie est alors libéré des dialectiques végétatives de la nuit et du jour, des successions maléfiques et fatales de l'extase et de l'angoisse, de la guerre et de la fraternité. Il entre dans la vraie joie : celle qui peut moduler sa coloration, son éclat ou sa brillance, mais non pas renoncer à son existence même.

Cette seconde naissance, qui est une métaphore dans son expression, est une réalité dans son contenu : elle est l'opération réflexive et vitale d'un être qui travaille à la *seconde fondation* de soi-même.

Ce que l'esprit réfléchissant (miroir, foyer, rayonnement) fonde à nouveau, c'est l'autonomie de sa joie en même temps que sa validité. Le voyageur *a su* cela, et il le sait encore. La joie, il a déjà établi par l'expérience de la vie et par l'épreuve de la pensée qu'elle est le seul bien véritable qui soit en mesure de le justifier lui-même avec le monde dans la magique unité de la transfiguration. Par l'alchimie de la pensée, le voyageur a également appris que seul l'esprit est capable de conférer à cette joie qui ne s'autorise que d'elle-même la permanence qui la délivrera des retours périodiques du mal. Validité acquise par son propre reflet, jouissance tirée de sa propre intériorité, réalité obtenue par la reconnaissance des autres consciences et des autres désirs, permanence gagnée par la subversion des perspectives, des références et des finalités, telle est la joie où le voyageur accède par ce nouveau travail de fondation.

Cette seconde fondation, ajoutant à la métamorphose vitale la métamorphose de la pensée, offre un double appui à l'existence et à la pensée réfléchissante, elle fonde à nouveau, simultanément, et le désir et la pensée. La métamorphose ou la transmutation de la vie est alors extrême : le voyageur s'en rendra compte. Il apercevra parfois la métamorphose comme l'accès à une forme de vie si différente et si intense à la fois, qu'elle sera vécue comme une tout autre vie. Et tout se passera dès lors, pour le voyageur éveillé, comme s'il entrait dans un tout autre domaine de l'existence. Il appellera dès lors « seconde fondation » l'entrée initiale et originelle dans le domaine du tout-autre ; ce sera comme un nouveau commencement : car jamais encore la conversion à l'allégresse n'aura été simultanément celle du désir et celle de la pensée. Par son originalité, la seconde fondation (ou la seconde fois) pourrait donc valoir comme première fois et comme premier commencement : pourquoi, cependant, doit-on continuer de nommer *seconde fondation* le nouveau travail de la pensée qui fait entrer la joie dans le domaine de la permanence essentielle, quels que soient par ailleurs les avatars de surface ?

Il y a à cela plusieurs raisons.

Tout d'abord, la seconde fondation (quel que soit son nouveau contenu) se produit nécessairement *après* la transmutation simplement vitale ou existentielle, et après que celle-ci n'ait pas réussi à surmonter la mauvaise dialectique du retour du négatif.

La seconde raison est que la nouvelle fondation est une réitération, qui, à ce titre, suppose une première fondation. Il faut qu'un passage de l'angoisse sourde au choix de la joie ait d'abord eu lieu, pour que puisse se faire jour la nécessité d'une nouvelle fondation qui, elle, serait irréversible : c'est donc seulement à titre de *moment réflexif second* que le travail de fondation peut désormais inscrire dans l'être la jouissance de la joie.

La tâche à laquelle est appelé maintenant le voyageur de la vraie vie est donc un travail de réflexion fondatrice. C'est à partir de là qu'il en saisira l'originalité véritable.

Le travail de fondation tient désormais toute sa spécificité de ce fait : parce qu'il est un retour réflexif sur le désir, sur le sens et sur leur source, et que, dans le même temps, le désir vise toujours spontanément le mouvement simplement spontané vers la joie, le travail réflexif est désormais nécessairement permanent ou perpétuel.

C'est parce qu'elle est réflexive que la nouvelle fondation est seconde, et c'est pourquoi, *ipso facto*, elle est permanente.

Le voyageur de la vraie vie, on l'appellerait volontiers le voyageur de l'être si l'on pouvait être assuré qu'aucun malentendu ontologique transcendant ne viendra se greffer sur le mot être, utilisé par Heidegger mais aussi, en des sens différents, par Sartre ou par Spinoza. Ce voyageur de l'être s'en sera avisé au cours de l'itinéraire de sa vie : le travail de fondation est une tâche permanente. Tous le savent. Non pas que tout soit toujours à refaire : cela n'est vrai que lorsque la besogne fut mal faite ou incomplète, lorsque l'ambition fut présompteuse ou impatiente. Mais quand au contraire la patience, la lucidité et la modestie ont présidé à l'élaboration des tâches, celles-ci ne sont pas à reprendre en tant que telles. Ce qui est perpétuellement en action n'est pas le recommencement de la tâche dans ses contenus empiriques, mais la réactivation de sa signification et de sa volonté réflexives.

La première fondation (pur choix vital de la joie) est fragile : elle connaît la perversion ou la dégénérescence ou la violence du monde. C'est par essence qu'elle doit être reprise et refaite, puisqu'après l'échec rien n'a été fait. Il n'en va pas de même pour la fondation seconde : appelée par le premier travail, et opérée dans le lieu même de la joie, la fondation seconde n'a pas à restaurer une joie qui aurait disparu mais à maintenir une joie nouvelle ayant accédé à un nouveau statut, et ayant pénétré dans un nouveau domaine : celui de la joie réflexive validée par elle-même, autonome et durable. C'est *ce succès existentiel et secret* qui veut être maintenu dans l'être, c'est cette structure réflexive qui veut être réitérée. La fondation devient dès lors une activité *seconde* qui est une activité *permanente*, et cela en raison même du fait qu'elle est une activité réflexive. La réflexion a pour essence (au niveau de redoublement où désormais elle se tient) d'être une activité perpétuellement réitérée ; elle est la volonté réitérée (et redoublée) de se maintenir comme réflexion et d'opérer sans cesse le redoublement pensé du désir, du sujet et du monde. Ce redoublement n'est pas spéculatif et désintéressé : il est intéressé à sa joie et au déploiement joyeux de son rapport aux autres, au monde et à soi-même. Ce redoublement est une réitération parce qu'il est une manière de « volonté » de réfléchir ou de réflexion comme désir. La réitération en exprime l'aspect simultanément pensé, volontariste et concret, puisque ce qui est réitéré c'est le désir même de la joie et les structures du monde où se déploie ce désir.

Réitération réflexive n'est pas répétition d'un contenu mais confirmation d'une activité fondatrice en tant qu'elle est fondatrice. Ce qu'elle fonde est un contenu dont nous n'avons pas encore directement parlé, mais qui s'inscrit dans l'ouverture imprévisible du temps : il s'agit de la joie même. Ce qui est répété dans la réitération réflexive n'est pas le contenu de la joie, mais l'opération qui la fonde comme expérience toujours désirable, valable et autonome.

Le voyageur de l'être sait donc (par l'expérience et par le miroir) ce qu'est la fondation seconde : c'est l'acte de *fonder toujours*. C'est la permanence activée et réitérée du travail effectif de fondation. Tout est toujours non pas à refaire, mais à faire effectivement ici et maintenant, aussi longtemps que le temps dure, c'est-à-dire toujours. Fonder vraiment (c'est-à-dire par le désir et par la réflexion, par la pensée et par le cœur, par l'âme et par le corps), c'est fonder toujours à nouveau et toujours à nouveau porter tout l'être au niveau redoublé de ses reflets et de ses flamboiements. Le désir ici se fait miroir actif et désir des désirs de la joie. La permanence de la joie dépend de la permanence d'une volonté désirante, réfléchie et réfléchissante ; la joie durable, intérieure et forte dépend de l'interaction perpétuelle de la réflexion et de la réitération permanente du travail de seconde fondation.

S'il n'en était pas ainsi, le voyageur s'apercevrait assez vite qu'il n'est lui-même qu'un résultat. Il se saisirait lui-même comme porté par un mouvement qu'il aurait jadis suscité mais qui lui serait désormais comme étranger. Il serait porté par un fleuve plutôt que fleuve lui-même. Son voyage, sa vitalité, son mouvement cesseraient d'être sa décision pour devenir son inertie : nul acte n'est un acte au passé, nulle indépendance n'est ancienne indépendance ;

changés en succession d'effets, les actes deviendraient des forces et le voyage se dégraderait pour n'être plus qu'une des transformations de l'énergie cosmique. Le voyageur alors retrouverait l'état de spontanéité affective dont la joie ne serait qu'une forme et dont la misère ou l'angoisse seraient les autres formes immédiatement possibles ou menaçantes. Le voyageur, retombé dans la spontanéité, constaterait l'allégresse en lui comme un fait et non comme un *acte*, la saisissant dès lors dans sa fragilité, dans sa vulnérabilité, dans sa condition précaire de moment dialectique ou de contingence. Pour se hausser jusqu'au niveau de l'activité, pour retrouver la saveur et la musique de la libre décision, de l'indépendance affective, de l'allégresse souveraine, le voyageur devra nécessairement se reprendre. Se déprendre des passivités en lui, des humeurs et des émotions, fussent-elles joyeuses et fussent-elles l'expression même de son libre désir : il devra redoubler le mouvement qui le fit entrer dans la satisfaction, il devra décider actuellement, c'est-à-dire à nouveau, de ne se tenir que de soi. Fonder, c'est fonder encore, fonder maintenant, et non pas avoir fondé jadis ou avoir à fonder plus tard. La seconde fondation, réflexive et non pas seulement vitale, est l'actualité perpétuellement réitérée d'un acte neuf, et non pas la pesanteur opaque d'un résultat produit jadis.

Le voyageur de la vraie vie pensera donc sa tâche fondamentale et première *non comme mémorisation* d'un choix ancien de l'allégresse mais comme *actualité de l'acte* réflexif de fondation, celui-ci étant par conséquent toujours par lui-même de second degré. Cette nouvelle pensée fondatrice décide toujours actuellement de son choix, afin de n'être pas portée ou produite par d'anciennes déterminations, d'anciennes caractéristiques apparemment essentielles, d'anciens choix apparemment originels. Le voyageur voit bien les motivations de sa détermination : la fondation réflexive est d'abord indispensable, on l'a vu, à la consolidation, à l'inscription de la joie dans la continuité de la vie, puisque seule une telle fondation peut soutenir les assauts de la contingence, de la dégradation ou de l'extériorité. Elle est ensuite indispensable par elle-même : seule une activité présente de fondation, de décision courageuse et autonome, critique et motivée, peut produire une allégresse. Nulle passivité saisie comme telle par le sujet ne saurait le réjouir pleinement et sincèrement. Le sujet, libre voyageur de la vraie vie, libre penseur du voyage de la vie, ne saurait tirer son allégresse d'une affectivité passive qui se déploierait en lui sans lui pour seulement avoir été décidée jadis, fût-ce par lui-même. C'est de sa propre activité présente que le libre voyageur, perpétuellement, tirera sa joie.

2. LA JOIE DE FONDER

*U*N RENVERSEMENT ou une nouvelle lumière peuvent se produire : parce que la durée et la qualité de la joie en supposent l'autonomie, c'est-à-dire la fondation par le sujet, celui-ci peut inversement faire une joie de cette fondation réfléchissante. Pour que la joie soit inscrite dans une espèce de permanence, il fallait qu'elle s'appuie sur un acte permanent et réitéré ; de là elle découvre que l'opération de fonder est *elle-même* une allégresse puisque joie et liberté seconde sont indissociables.

Le voyageur, au cours de sa montée itinérante vers le haut plateau de sa vie, au cours des « épreuves » initiatiques ou salvatrices que l'existence impose toujours aux partisans de la joie, au cours de cette progression en spirale qui élève l'existence à un degré d'intensité toujours supérieur, le voyageur apprendra peu à peu que la réflexion fondatrice n'est pas seulement la condition de l'allégresse mais aussi *l'une de ses formes*.

Qu'en est-il plus précisément ? En quoi l'acte de fondation véritable (c'est-à-dire réitéré, réflexif et constamment actuel et désiré) est-il par *lui-même* une joie ? Pourquoi faut-il, dès lors qu'on se propose de s'instaurer soi-même dans une allégresse ou une satisfaction qui formera le tissu de la vie, pourquoi faut-il commencer par l'acte de fondation non pas tant comme on procède aux préparatifs d'un voyage *avant* de s'embarquer, mais comme on jouit déjà de ce voyage en pourvoyant au bon fonctionnement de ses moyens : par le gréement des navires, l'alimentation et l'entretien des véhicules ou, plus simplement, la nourriture du randonneur. La fondation n'est pas seulement la préparation à la vraie vie, elle en fait déjà partie. C'est pourquoi le voyageur de la vraie vie approfondira toujours plus la connaissance qu'il a de son propre acte de fondation de soi, dans la mesure où il sait qu'il est *déjà* entré dans le voyage de l'allégresse lorsqu'il s'efforce d'en être le miroir ou la condition. Désirant toujours plus l'allégresse et son itération, il éclairera toujours plus cet acte de fondation par où déjà sa joie s'exprime.

Pourquoi en est-il ainsi ? Pourquoi « fonder » est-il une joie ? Pourquoi la joie peut-elle même consister d'abord à « fonder » le sujet, son action, sa relation au monde ?

Fonder c'est construire un socle ou dégager une base suffisamment résistante pour supporter la charge qu'on leur imposera. Cette charge bien ancrée sur ce fonds en acquerra la stabilité qui lui permettra de s'installer durablement dans ses propres forces de cohésion. Demeure, château, ouvrage public, voie de communication, pont, théorie ou doctrine, tout agencement, toute construction, toute médiation et toute voie, pourvu qu'ils soient assez « graves » et lourds de sens pour valoir par eux-mêmes, pourvu qu'ils aient en eux assez de force de cohésion pour résister aux forces de dispersion et de nivellement entropique, seront établis sur la solidité de ce fondement, seront garantis par sa permanence et par sa résistance. Tout se passera comme si l'être de la demeure ou la nature de la voie, ou la structure de la théorie, ou la forme de l'existence recevaient leur vie du fondement qui les porte. La condition comme support acquiert la valeur et le sens de cela qu'elle porte, comme inversement le conditionné acquiert sa permanence et son existence de cela qui le porte. La fondation de la route en acquiert la dignité, même si l'on voyage sur les routes et non sur leurs fondations.

C'est donc par rapport à l'édifice que se mesurera le socle : l'ampleur, la « gravité » et la signification de ce qui est à construire se répercuteront dans la signification et la nature du soubassement. Celui-ci se mesurera en référence à celui-là.

Il en va de même pour la préparation d'un voyage : dresser les cartes, pourvoir aux équipements, préparer les itinéraires, les rencontres et les étapes, prévoir les ressources, envisager l'imprévu et les modifications, équilibrer l'organisation et la contingence, rendre toujours manifeste la signification et la visée du voyage (joie, découverte, édification, apprentissage, jouissance, éblouissement) – tous ces préparatifs qui font déjà partie de la joie du voyage acquièrent leur signification et leur importance de l'enjeu même et de l'ampleur du voyage.

Il faut y ajouter cependant une signification supplémentaire : la condition est existentielle. Aussi significative que le conditionné, disant le même sens et la même visée, elle en est *en outre* la condition d'existence et de permanence : à établir cette condition naîtra une joie singulière, celle dont nous sommes en train de parler.

Pourquoi *dès maintenant* la joie ? Mais parce que la fondation seconde est l'établissement du soubassement sur lequel s'appuiera l'édifice de la joie. Le travail de fondation se saisira donc lui-même comme la construction présente d'un avenir dont elle se fait le reflet anticipé quant au sens et à la permanence. Insistons-y : l'édification de la joie s'anticipe donc elle-même dans l'édification de ses *conditions* ; le voyageur-architecte de la vie mesure la fondation à l'ampleur et à la gravité de l'édifice à supporter : parce que celui-ci n'est rien de moins que la joie d'être, c'est-à-dire l'enjeu absolu, la fondation elle-même, apparemment simple préparation et préliminaire, sera cependant déjà saisie comme la joie même.

Ainsi, le voyageur-architecte apercevra dans le travail de la seconde fondation une double raison de se réjouir.

Il se réjouira d'abord de la certitude d'accéder à son but (au moins en partie) par le soin et la patience avec lesquels il en fabrique les conditions : l'exactitude des mesures et des proportions, l'adéquation et la qualité des matériaux, l'éventuelle reprise des travaux préparatoires, l'expérimentation de la résistance des premières structures et le long travail de connaissance et de reconnaissance des techniques, des styles et des formules de fabrication des soubassements, le conduiront progressivement à la certitude sinon que le but sera atteint dans toute sa plénitude, du moins qu'il sera atteint. Tout l'humainement possible (dans la science des fondations) aura été fait pour y accéder : c'est de cette certitude que naîtra une joie, partie intégrante de la joie globale qu'il est ici question de décrire et d'édifier. La confiance dans la qualité des fondations vaudra comme certitude de l'avènement de l'édifice : cette confiance et cette certitude quant au *lien* du travail présent et du résultat futur confèrent à ce travail la dimension d'allégresse intrinsèque qui le fait déjà valoir par lui-même comme élément de la joie.

Le voyageur aura une seconde raison de se réjouir d'une manière apparemment anticipée : il éprouvera déjà son aptitude à la joie, il se saisira déjà lui-même dans l'élément de la joie. C'est que le travail préparatoire de fondation est par lui-même une activité où le sujet se réjouit de lui-même comme aptitude technique : voyageur, architecte, bâtisseur, écrivain, métallurgiste, le sujet assuré du lien entre les fondations et les œuvres futures aperçoit dans l'établissement même des fondations la manifestation de son savoir technique, l'expression de ses dons, la projection de son être à la lumière du jour. Déjà le sujet peut se réjouir de son œuvre : non seulement elle prépare sa joie future, mais elle manifeste son pouvoir actuel de création, de réflexion et d'anticipation. Il n'y peut éprouver que de la joie. Ici, le « narcissisme » (universel) est bon. L'amour de soi comme existence et comme sujet est la première vertu[1].

C'est selon cette double satisfaction que désormais le sujet se saisit lui-même dans ses travaux de réflexion philosophique. Et parce que fonder la joie c'est se saisir dans cette double allégresse,

---

1. Cet amour de soi n'est pas l'égoïsme, exclusif d'autrui, mais l'adhésion à soi qui permet seule l'amour authentique.

le sujet sera justifié dans sa volonté de réitérer constamment l'acte fondateur, puisqu'il éprouve déjà cet acte comme un élément présent d'une joie globale qu'il pensait d'abord comme un simple avenir.

Le voyageur comprend mieux désormais pourquoi il identifiait le but et le chemin, la visée et son itinéraire. Préparer la joie c'est déjà s'y mouvoir, emprunter le chemin c'est déjà accéder à son terme : la voie est sa propre médiation, sa propre finalité.

N'y a-t-il pas, cependant, une grande hâte à se réjouir du but avant d'y avoir accédé pleinement ?

C'est beaucoup plus à la patience qu'il faudrait se référer : songeons à l'effort de rigueur et au long travail de fondation.

Quant au narcissisme, il n'est ici qu'un vocable impropre. Le voyageur de la vraie vie comprendra au contraire qu'à se réjouir de soi dans la préparation philosophique de la joie d'être on exprime simplement l'option pour la vie, l'amour de la vie se disant à travers l'adhésion du sujet à lui-même. C'est le contraire de cette adhésion à soi qui sera considéré comme l'une des figures du mal : la haine de soi.

Loin d'être Narcisse, le voyageur-architecte se fait le reflet de tous les autres miroirs ; attaché à lui-même (comme tout un chacun, mais le disant), il se fait le catalyseur secret de tous les réfléchissements et de toutes les transmutations qui produiront sur sa route des phénix et des soleils, lui-même incessamment nourri de leurs reflets et de leurs renaissances.

Alors, voyageur, architecte et navigateur, le sujet découvrira la multiplicité de sa joie : elle sera présente dans tous les actes substantiels qui forment la joie d'être.

C'est ainsi qu'à entrer dans le jeu positif des miroirs, dans l'éclatante relation des sujets et des voyageurs de l'être, le voyageur apercevra que *l'amour aussi doit être fondé*, appuyé réflexivement sur une fondation seconde, permanente et réitérée. Il devra reprendre cette découverte, la réfléchir encore et toujours plus, la porter toujours plus haut et plus loin. Il en va de même pour tous les autres actes : le rapport au monde lui-même, comme nature transfigurée par exemple ; *la transmutation poétique du monde* se référera, elle aussi, à cet acte fondateur par quoi tout commence, sans pourtant s'y réduire. Et l'action en général, l'activité productrice ou la création devront aussi être conçues comme spécificités par où s'exprime la joie et comme structure commune par laquelle elles sont toutes des actes fondés en eux-mêmes : autonomes et libres, réitérés et réfléchis, miroirs actifs et fondateurs de leur propre existence.

L'absurde, ici, sera un bon raisonnement : si les actes substantiels qui forment les figures du bonheur (réflexion, amour, poésie, activité) n'étaient pas en même temps des actes fondés par le sujet qu'ils expriment, ils ne seraient pas des actes mais des processus. Dépendants et produits, ils perdraient leur tonalité d'allégresse créatrice et par conséquent leur qualité substantielle. Non fondés par eux-mêmes et en eux-mêmes ils perdraient à la fois leur chair et leur sens. Ils seraient des produits, des données constatées, et non plus ce mouvement autonome de l'allégresse qui seul peut se réjouir de sa substance et de sa liberté.

Ainsi, tous les actes substantiels auront un rapport à l'acte réitéré de fondation, ils seront aussi bien les figures du préférable que les facettes et les actes de la seconde fondation. La joie se dira simultanément en ses diverses figures concrètes et en son acte fondateur et philosophique omniprésent.

Une immense circularité cheminera ainsi dans les actes du bonheur : non seulement le but sera le chemin, mais les actes fondés seront fondateurs, les activités secondes seront essentielles, elles se réfléchiront les unes dans les autres (la poésie dans l'amour, la philosophie dans l'activité…), toutes se feront autonomie singulière dans une figure choisie et activité fondatrice partout présente. Toute action exprimera tout le sujet et sera l'opération d'un sujet.

Mais le voyageur n'est-il pas alors emporté par l'imagination ? Ne rêve-t-il pas sa vie et son voyage ?

Il n'en est rien : que serait une vie, une action, un voyage qui ne seraient pas d'abord envisagés au-delà de la réalité matérielle immédiate ? Anticipation, interprétation, construction, imagination sont les conditions de l'existence heureuse : hors d'elles, l'opacité des pierres. Fonder, c'est fonder au-delà, se réjouir de fonder, c'est se réjouir de créer en soi, au-delà de l'immédiat, les fondations et les supports d'une allégresse jamais donnée de prime abord. Tout commence au sujet : c'est-à-dire que tout commence par lui hors de lui, par lui-même tel qu'il se tient de soi et non tel qu'il croit se constater d'abord.

Fonder est une joie parce que le sujet s'instaure ainsi dans l'être comme existence et comme autonomie. C'est la liberté qui est ici concernée, c'est elle qui se réjouit de se poser.

La joie de fonder comporte une autre dimension : « *épistémologique* », et non pas seulement existentielle. Le voyageur de la vraie vie s'en aperçoit chaque fois qu'il se fait pensée réfléchissante ou qu'il se réfère aux textes théoriques. La connaissance qui rend compte produit d'elle-même une joie spécifique, qui ne se confond pas avec la satisfaction de pouvoir utiliser ultérieurement les résultats de cette connaissance ; si toute connaissance comporte une visée existentielle ou pratique, n'étant jamais que le moyen d'une fin plus haute qui est la joie même, elle comporte cependant une dimension intrinsèque d'allégresse. Et, pour certains, le plaisir de comprendre n'est pas inférieur au plaisir de vivre, il n'en est même pas séparable : la joie de fonder s'exprime ici comme joie de connaître.

Pourquoi une telle joie est-elle possible, pourquoi est-elle quasi universelle, malgré les efforts complices de la volonté d'ignorance ? C'est que la connaissance (comme la décision réfléchie) est un acte fondateur. Mais il ne fonde pas comme on crée ou comme on instaure, il fonde en tant qu'il *fournit la validation* de ce qui se fonde. La connaissance fondatrice est forcément surréflexive : elle redouble pour la valider la seconde fondation, où le sujet se posait par la considération de lui-même et de son action.

Disons pour simplifier que la connaissance (scientifique, par exemple) est, elle aussi, une seconde fondation qui suscite la joie spécifique de la validation.

Connaître c'est comprendre, et par conséquent valider. En quoi ?

Cela ne peut certes se dire de toute connaissance, mais seulement de ces connaissances qui se préoccupent de l'originel et du fondamental. La connaissance qui procure la plus haute joie est la connaissance dite « métaphysique », ou « ontologique », ou « critique », ou « structuraliste », ou « métapsychologique », ou « transcendantale ». Toutes ces connaissances se proposent de valider l'empirique et le contingent par la référence à un domaine situé *au-delà* de cette empiricité apparente et contingente. Que ce domaine soit défini comme transcendance, ou comme être, ou comme inconscient, ou comme catégorie, ou comme « fond », ou comme intentionnalité, toujours à la limite il s'offre à la fois comme accessible à la pensée qui le pense, et comme condition de l'apparence immédiate. Cette condition (être, fond, catégorie, inconscient, structure, ou acte) est toujours pensée comme source d'existence et de validité, c'est-à-dire comme origine et fondement de la vérité même d'un individu ou d'un monde. Le fondement ontologique (condition et source de l'existence) est saisi comme fondation épistémologique de la vérité : le sujet ou le monde se saisissent eux-mêmes dans la vérité profonde de leur surgissement ou de leur opération.

On ne s'étonnera pas que soit vécue en ce processus une très haute joie : comprendre c'est s'identifier à la source et à l'origine de l'être que l'on comprend, c'est élucider à la fois sa fondation et sa validité. La lumière de la connaissance devient lumière de la justification, le sujet connaissant accédant aux « premiers principes » ou aux commencements véritables, adhère à l'être qu'il saisit et transforme la modalité fonctionnelle des êtres en justification véritable et dernière de leur être même. Comprenant pourquoi et comment les choses sont ce qu'elles sont, le sujet se réjouit non pas tant de pouvoir anticiper l'avenir que de pouvoir actuellement donner son double consentement à l'être qu'il connaît et à la connaissance qu'il en a.

Connaître est alors comme le geste d'une seconde création ou l'on justifierait le monde que l'on crée en le connaissant ou en le reconnaissant. On comprend dès lors pourquoi la jubilation de la connaissance est si grande : elle confère au sujet une dimension ontologique. La joie épistémologique de connaître rejoint, ou symbolise, la joie existentielle de créer. Fonder l'objet dans sa vérité, c'est se fonder soi-même dans l'être : fonder par la connaissance peut procurer alors une jubilation aussi haute que celle qui résulte de la décision autonome et de la seconde fondation.

Il suffira au voyageur de l'existence de savoir que la connaissance, lorsqu'elle se veut originelle et souhaite élucider les conditions de possibilités, les éléments fondamentaux ou les actes principiels, est toujours une entreprise de fondation : il n'est pas indispensable de dire ici *quel* fondement est choisi comme probable ou évident. Le propos est de lier la connaissance en tant qu'elle est fondatrice et la joie qui résulte toujours d'un tel savoir : à partir de là, et sans autre spécification, le voyageur de la vraie vie conclura aisément : dans le voyage de la joie l'acte de connaissance philosophique est un acte substantiel, une des figures du préférable, et cela en tant qu'il est fondateur au même titre que la décision d'autonomie. Il en est même, le plus souvent, la condition de validité, établissant ainsi une réciprocité entre l'instauration du sujet dans son autonomie et la validation philosophique et ontologique de cette autonomie. Théorie et pratique sont liées ; vérité et liberté sont réciproquement créatrices et fondatrices, suscitant ensemble la grande joie spirituelle de la seconde fondation.

Il en va ainsi pour *toute* philosophie, toute science, toute doctrine, toute morale concrète, pourvu seulement qu'elles aient pour visées l'être et non la mort, la vie et non la prédestination.

Pourvu aussi qu'elles soient suffisamment de bonne foi pour reconnaître qu'elles prennent en réalité un très profond *plaisir* à déjà se déployer comme théories fondatrices, avant même qu'on songe à en tirer des implications pratiques.

Il s'agit toujours ici de la seconde fondation. Car la joie de connaître peut n'être qu'une joie nocive si elle s'abandonne au mouvement de la présomption.

Il menace partout, même dans le domaine de la connaissance. Celle-ci produit alors la satisfaction narcissique proprement dite, non pas l'adhésion à soi-même comme existence autonome et choisie, mais l'estimation de soi comme supérieur dans la relation aux tiers qui ne seraient pas encore entrés dans ce domaine de la connaissance ou qui n'y seraient pas entrés les premiers. La joie de la connaissance fondatrice ne résulte plus alors d'une maîtrise de son propre destin ou de sa propre place, mais d'une antériorité sociale. La joie mauvaise résulte de la comparaison : celui qui se croit « le premier » et « le fondateur » se réjouit de soi contre les autres et tire de leur ignorance prétexte à sa propre adulation. Plus que la connaissance des fondements premiers importe alors le fait qu'on est le premier à les connaître. Comme, inversement, l'objection faite à autrui selon laquelle il n'est pas « le premier » à avoir reconnu telle vérité, défriché tel domaine, exprimé telle doctrine, provient le plus souvent de la résistance de celui qui, dépité de n'y avoir pas lui-même songé, nie qu'il y ait eu là un réel travail de découverte ou d'invention. Celui qui a imaginé et celui qui n'a pas imaginé sont alors pris dans les filets de la plus mauvaise des dialectiques intersubjectives : c'est le retour de la misère et de la nuit qui s'annoncerait là si la conscience vigilante, le voyageur de la vraie vie, n'opéraient pas le brusque dépassement de ces conflits dérisoires. Le voyageur exigeant entrera décidément dans le domaine réflexif de la seconde fondation. Il fera naître autour de lui et en lui-même la tranquille lumière de la certitude et de l'offrande.

Il y aura donc lieu de choisir parmi les formes de la joie qui résultent de la connaissance et de la fondation. Seront bonnes les joies non compétitives et mauvaises les joies de la comparaison : c'est que les premières sont cohérentes dans leur visée d'autonomie (source ultime de toute allégresse) tandis que les secondes, prétendant résulter d'une activité fondatrice, n'en sont pas moins soumises à la considération des tiers, des premiers et des derniers.

Le voyageur exigeant songera aux problèmes de la diffusion des idées. Il apprendra à distinguer les entreprises de la présomption et les entreprises authentiques. Celles-ci seront issues de l'amour de la vie et d'une espèce d'amour de soi, poétique et généreux, valable pour chacun et pour tous, désireux de voir éprouver l'allégresse originelle par les autres et non pas seulement par soi-même, avec les autres et non pas seulement en soi-même. Ici, la joie issue de l'acte fondateur (existentiel ou philosophique) implique une autre joie, celle d'une relation vive. Fonder n'est pas séparable d'*aimer* ; les différentes figures du préférable sont bien réciproquement liées comme on l'avait pressenti, les divers actes substantiels de la joie renvoient bien les uns aux autres dans un échange circulaire de reflets et de flamboiements.

On dira mieux plus loin les choses de l'amour dans leur rapport à la joie. Poursuivons d'abord l'exploration du domaine de la fondation.

De l'acte pur de fonder une seconde fois (quels que soient sa nature et son contenu) il résulte une allégresse authentique. Inversement, la joie réfléchie peut être par elle-même fondatrice. Elle se fait alors source et motivation de l'activité, nourriture de la vie qui peut ainsi combattre l'éclipse éventuelle du soleil. Source énergétique, amplitude et mouvement, elle est aussi critère. Bien élucidée, bien épurée de son narcissisme par la réflexion, la joie peut devenir comme finalité suprême et constante le critère de l'action. Elle permet, on le sait, de résoudre les antinomies de l'action, de réunir la politique et la morale, de dépasser les alternatives et les manichéismes artificiels. Comme principe de discernement et comme finalité, la joie devient alors source de lumière, forme de la souveraineté, et à ce titre elle vaut aussi par elle-même comme principe fondateur. Elle n'est pas seulement l'accompagnement qualitatif ou l'harmonique des activités fondatrices, elle est aussi *par elle-même* opération de fonder. Elle instaure le sujet dans sa plénitude, elle lui ouvre les portes du temps.

C'est que la joie est la motivation ultime et souveraine : *elle ne se justifie que de soi*. Lorsqu'elle est l'accompagnement qualitatif de la fondation, elle a déjà présidé à cette activité comme sa finalité : on fonde l'existence ou la connaissance pour obtenir la joie par l'autonomie. C'est pourquoi la joie est déjà par elle-même fondement du fondement, source et visée de toute activité originelle. Lorsqu'elle se fait immédiatement son propre motif réflexif (et non sa motivation différée), la joie est restaurée dans sa vérité qui est sa fonction fondatrice. Elle est restituée à sa vraie place, qui est la première : c'est en vue de la joie d'être que l'on fonde l'être et le savoir, c'est la joie même de fonder qui nourrit le déploiement de cette activité fondatrice, mais surtout c'est l'évidence première de la joie comme étant sa propre et ultime justification qui rend possibles toute vie, toute pensée, toute recherche, tout désir.

3. La fondation et le voyage

*J*E M'ARRÊTE aujourd'hui sur les pensées précédentes. Je déroule en moi-même, à nouveau, le fil de ces pensées et je vois bien quelle exaltation joyeuse les a produites ; j'aperçois bien, aussi, quelle expérience simple et modeste du bonheur de penser, de se penser, antérieure à toute autre activité, a pu se dire aussi à travers les rythmes alternés de la sérénité et de l'intensité. Ma pensée aujourd'hui plus « pensante » n'est pourtant pas moins joyeuse de s'exprimer par l'écriture, de se dire à nouveau elle-même tout en contemplant le fleuve mauve, les falaises de craie dorées par le couchant, et ces merveilleuses mouettes qui déploient leur tendresse ou leur vivacité dans le ciel de ce novembre bleu et or.

D'hier à aujourd'hui demeure et demeurera la même joie de « fonder », la même joie de penser des choses qui sont certainement décisives pour moi qui les pense, pour le devenir de mon travail et de ma vie, même si je n'ai pas la présomption de croire qu'elles puissent être aussi décisives pour d'autres que pour moi. Cette joie de fonder, qui prend plaisir à l'établissement de soi-même dans une pensée lucide, joyeuse et (je l'espère) féconde, est la même aujourd'hui qu'hier. Et elle se nourrit de la même vérité : l'activité de fondation ou cette *préparation* de la pensée à son futur déploiement, ou du sujet à son expérience future, est une activité sans cesse renouvelée, toujours activée, par où la conscience tente perpétuellement d'accéder au plus haut et au meilleur d'elle-même. Et cette vérité encore la nourrit : la préparation de la pensée et du désir, qui doit les rendre disponibles pour vivre toute la joie dont ils seront capables, cette préparation des conditions de la joie est elle-même une joie, déjà là, actuelle et présente.

Pourtant, il me semble que je maîtrise mieux en moi, aujourd'hui, ce que je disais ou apercevais hier. J'ai souvent connu cette expérience : ayant le sentiment de l'extrême ou du meilleur possible, je découvrais les jours suivants que l'intensité de la pensée ou de la joie peut toujours être portée plus haut, au-delà d'elle-même. D'où provient ce phénomène ?

Le fleuve est un miroir de bronze lumineux réfléchissant des collines de cuivre et des falaises d'or. Une péniche passe, brisant le miroir du monde mais, parce que le couchant flamboie, elle ramasse tout l'or du ciel sur le château arrière. Elle devient la barque du soleil et elle traverse les mondes.

La question que je me posais tout à l'heure s'éclaire étrangement : et si l'activité fondatrice incessante, celle qui doit rendre la joie possible et qui est déjà en elle-même une joie, et si cette activité avait la structure et les vertus secrètes d'un voyage ?

Pourquoi ne pas tenter l'épreuve, pourquoi ne pas prendre le risque de considérer comme un voyage toute la préparation de la joie et peut-être aussi bien tout son déploiement jusqu'à la mort ?

Il s'agit bien d'un voyage et non d'un transport : je n'utilise pas les moyens ordinaires de communication, selon les habitudes de la banalité quotidienne, pour me déplacer empiriquement à l'intérieur d'un espace limité, homogène et familier. Dans un tel espace rien ne « se passe », tout se prolonge dans sa propre inertie, et le temps peu à peu se ronge d'un cancer qui est celui du temps perdu. Le voyage est tout autre.

Il est d'abord à ses propres yeux un départ et un arrachement à la banalité. Par lui se produit d'abord une rupture dans le tissu ordinaire du temps, et il ne vaut comme voyage que s'il est exceptionnel, exaltant et joyeux. Non qu'il soit joyeux d'être exceptionnel : il doit être l'exception de la trame quotidienne pour être voyage et non routine, affaire ou nomadisme ; c'est ensuite de son être de voyage que se tire la joie que tous connaissent et que tous se promettent d'un grand voyage qu'ils entreprennent.

Il en va de même pour l'acte de fondation. Il est la grande activité réflexive, exceptionnelle et prometteuse qui devrait conduire le sujet, ce voyageur, vers quelque chose qui vaudra pour lui comme un *nouveau monde*[1].

Un voyage *se prépare* : on dresse des cartes ou des itinéraires, on choisit les moyens de transport, on rassemble les équipements, on règle ses affaires et, seul, à deux ou à plusieurs, *on part*. C'est ce départ qui opère la rupture avec l'ancien monde, comme l'activité de fondation opère la rupture avec la pensée spontanée et, par une espèce de conversion intellectuelle, ouvre les portes d'un nouveau monde, les modalités d'une nouvelle existence. Pourtant, le départ ou la conversion ne sont pas exactement premiers ou immédiats : tous deux *se préparent* par le rassemblement et la mise en œuvre des moyens, des méthodes et des médiations.

Comme l'expérience de la préparation d'un voyage et celle du départ lui-même sont connues de tous, et susceptibles d'être vécues par tous, pourquoi n'en serait-il pas de même pour l'expérience plus intérieure du *nouveau départ* dans l'existence, qui correspond métaphoriquement à ce que j'appelais activité de fondation ou conversion ?

Il ne suffit pas de préparer un voyage pour s'embarquer effectivement : non seulement des événements extérieurs peuvent se produire, mais encore il est possible de changer l'itinéraire et les voies, ou même de suspendre le projet. C'est pourquoi un voyage (plus qu'une activité banale habituelle) met bien en évidence le fait que la *réactivation* du projet doit être constante. Le voyage

1. Disons-le encore, une seule fois puisque la discrétion nous incitera à ne pas le redire : il n'y a pas contradiction entre l'ampleur d'une ambition poétique et philosophique et la saine modestie à laquelle la réflexion conduit tout individu.

découle d'abord d'une décision neuve et non d'une inertie ; mais cette décision de voyager ne se réalise comme décision que si elle est perpétuellement reprise et réactivée. Le projet réel de voyager est une dynamique qui ne saurait se constituer d'une pesanteur : toujours doit être présente et active, vivante et éveillée la décision d'entreprendre le voyage et d'en agencer la préparation.

Il en va de même *après le départ* : seul un voyage qui se poursuit au-delà du premier mouvement est un voyage véritable. Voyager c'est donc *décider constamment et à neuf* de poursuivre le voyage, c'est-à-dire de voyager encore. La décision première, pour être « réelle », doit être reprise en permanence par un voyageur qui est un *sujet actif* à chaque instant présent, et dans la perspective permanente du moment prochain et lointain. Si le voyage est un arrachement exceptionnel qui déchire la trame de la banalité, il déploie ensuite par la réitération de la décision cohérente un espace et un temps qui deviennent son propre champ ou son propre domaine. Le voyage déploie son propre domaine et se déploie lui-même dans ce domaine d'une façon unique, et comme activité d'unification. Tous les événements qui surviennent, prévisibles ou imprévisibles, sont intégrés au champ du voyage, et sont unifiés par le voyageur pour constituer cette unité existentielle, ce lieu dynamique, cet « être » à la fois vécu et cosmique auquel convient enfin la belle appellation : *un voyage*.

Il en va de même pour l'activité fondatrice opérée par la pensée et par le désir : elle est, comme conversion, un acte radical qui a valeur de commencement, et s'oppose à tout le champ existentiel ordinaire ; mais, dans son déploiement, dans la réitération et la réactivation perpétuelle de la décision de commencer tout à soi dans la seule perspective de la joie, cette activité fondatrice devient domaine et champ unifiés : tout se pense et se désire par elle, dans sa perspective et selon sa lumière.

Comme le voyage, c'est un monde unifié que déploie désormais l'activité de la pensée fondatrice. Ce monde unifié et *parcouru* par une opération neuve est aussi un monde neuf, comme le voyage déploie par son mouvement même un autre univers qui peut avoir parfois valeur de *nouveau monde*.

Lorsqu'il en est ainsi, le voyage est une joie. Sans qu'il soit encore parvenu à son terme, sans qu'il ait encore pénétré dans le domaine qui forme son but et sa justification, le voyage est déjà par son propre mouvement une allégresse et une joie. Événements imprévus, rencontres précieuses, découvertes inouïes, forment une trame assez somptueuse parfois pour conférer au voyageur une joie de qualité comparable à celle qui sera atteinte au terme même du voyage. Le voyage profond, le long voyage, le véritable mouvement de dépaysement itinérant donnent au voyageur exigeant la joie même, étrange et forte, qu'il se proposait de connaître en décidant ce voyage et en fixant son but. Fort souvent, la joie même du voyage s'ajoute comme de surcroît à une expérience tout orientée d'abord vers son terme et la jouissance qu'elle en escompte. La jouissance du parcours, comme celle des préparatifs, s'ajoute à la joie finalement atteinte au terme du voyage. Les voyages seraient moins nombreux et moins désirables s'ils devaient se limiter à ne jouir que des promesses finales, but, terme et fin du voyage.

Il se trouve d'ailleurs que, fréquemment, le projet de voyage se constitue d'un itinéraire circulaire de découvertes ou explorations constantes qui n'ont guère besoin, pour être exaltantes, de se rapporter à un terme final qui vaudrait comme but suprême et ultime étape. Le voyage, alors, se constitue de son propre mouvement. La joie s'y inscrit dans sa trame comme le mouvement dans celle du temps.

Mais il peut aussi se faire que le voyage parvienne à se déployer selon les deux dimensions du présent et du futur, de la jouissance actuelle du chemin et de l'accès futur à son but. J'aime parcourir de grandes régions fabuleuses de forêts et de landes, constamment surpris et réjoui par les rivières, les lacs et les torrents, les landes violettes et les lochs scintillants. Et, dans le même temps, dans le même voyage, j'aime parvenir à ce qui peut se dévoiler brusquement comme l'étape ultime de ce parcours, au bord septentrional de la côte, en ce lieu final d'une baie si éclatante de lumière et de calme, de perfection et d'audace, que j'en éprouve comme la joie métaphysique d'être *enfin arrivé là même où je souhaitais parvenir*[1]. La surprise est alors totale. La joie est une grâce. L'étonnant est la réalité même, mais transmutée dans la forme paradoxale de l'impossible réalisé. Alors je me réjouis de l'être et du monde. Alors je constate par ma joie que je sais bien que l'être est. Alors mon voyage actif et patient, exigeant et modeste, tous mes efforts et toutes mes peines se trouvent merveilleusement justifiés ; alors, tous les fabuleux spectacles, qui m'ont déjà si souvent jeté dans l'admiration et la stupéfaction, je vois bien qu'ils m'annonçaient en réalité le terme qui les dépasse infiniment, constituant rétroactivement toutes les étapes et tous les grands lieux du voyage comme un itinéraire orienté mystérieusement vers cette apothéose, vers ce terme ultime et cette justification finale que forme la Grande Baie Scintillante et Parfaite parmi les Montagnes du Nord.

Mais je dois poursuivre mon voyage pour que la joie s'en perpétue, pour que le terme fabuleux qui me haussa au-delà de moi-même et me confirma dans la certitude de la joie et dans la validité de sa quête poursuive en ma mémoire son existence absolue et confère à ma vie, désormais, sens et justification. Que je m'installe au bord de la Grande Baie du Nord, que je me fasse pêcheur ou commerçant, et me voilà chassé du Voyage et perdu pour l'être.

Le voyage peut donc fort bien unifier le chemin et le but, trouvant sa joie à parcourir l'un et à découvrir l'autre, faisant parfois du chemin le but, et du mouvement sa propre fin, ou dépassant tellement le chemin par le but que le voyage se réoriente lui-même dans son progrès. Tout cela est possible et peut se faire ; mais une condition est requise : le voyage doit rester voyage.

Cela signifie pour moi que l'activité fondatrice, conversion intellectuelle et affective orientée par le désir de la joie et du nouveau monde, doit être perpétuelle. Le retour réflexif à soi et au

1. Nous songeons, par exemple, à la côte nord-ouest de l'Écosse. La brusque découverte des murailles de Dubrovnik ou de Jérusalem procure une joie comparable.

plus haut désir doit être constant. Non pas seulement durant un certain temps, le temps d'un voyage de l'esprit et du cœur, et tout le temps nécessaire pour que ce voyage se maintienne et se déploie ; non : le Voyage de la pensée fondatrice et de l'existence tout autre doit être permanent, définitif, et ne s'achève qu'à la mort. C'est à cette seule condition que le *voyageur de l'être* (on comprend mieux maintenant ce nom) accomplira véritablement son voyage.

Le « chevalier de la foi », disait Kierkegaard, ne se distingue apparemment pas des bourgeois de Copenhague : il porte chapeau et parapluie. Et pourtant il ne s'identifie pas à eux, il est « ailleurs ».

Il en va de même du voyageur de l'être dont nous parlons ici, et dont nous disons le voyage en reflétant son déroulement. Il est intégré à la société civile, il accomplit ses tâches quotidiennes, il jouit d'un statut social et de droits qui le rendent capable de déployer une action ordinaire au sein de la substance sociale. Et pourtant sa vision active des choses et du monde est tout autre, décentrée par rapport à la banalité quotidienne des tâches et des fonctions. Ce décentrement, cette manière de libération intérieure par rapport aux normes et aux banalités, constitue le *lieu autre* dans lequel le voyageur de l'être accomplit son périple : c'est ce lieu autre qui doit être *constamment* maintenu à l'être pour que le Voyage puisse s'y déployer[1].

Or la réactivation perpétuelle de ce lieu autre ne peut s'opérer que dans l'opposition à la vie quotidienne, dans la différence rigoureusement maintenue, au sein de la vie sociale objective, entre la vie quotidienne utilitaire et le lieu autre où se déploie le voyage de l'être. Tout le temps de la vie ne doit pas être consacré aux voyages si l'on veut que les voyages gardent leur pouvoir d'enchantement ; dans le même temps, c'est pour la vie entière que cette « vérité » est vraie, c'est dans la vie entière que toujours doivent

---

1. À l'objection qui trouverait insuffisante cette modification intérieure de l'existence, et qui croirait qu'elle tourne le dos aux réalités sociales extérieures, nous pensons avoir répondu dans notre *Éthique, politique et bonheur*.

s'opérer ces décentrements que sont les voyages. Il en va de même pour l'activité intellectuelle de fondation et de décentrement : elle ne concerne pas toute l'apparence objective de la vie quotidienne, et cependant elle est opérée et perpétuellement réitérée pour la durée entière de la vie.

Certes, la vie quotidienne s'en trouvera comme éclairée et modifiée : mais il s'agit d'une lumière intérieure qui pourra fort bien n'être pas aperçue de l'extérieur. Ce qui importe n'est pas l'affiche sociale et la manifestation publique de la transmutation intérieure : sauf à quelques-uns, il n'y a pas lieu de donner à voir les opérations intérieures du travail de fondation. Le travail de conversion perdrait en authenticité ce qu'il gagnerait en publicité, puisque sa finalité risquerait de se changer, l'accent se portant non plus sur les opérations intérieures de la splendeur, mais sur le discours que les autres (cloîtrés pourtant dans leur quotidienneté) seraient susceptibles de tenir à son propos.

Que l'opération de la fondation se situe à côté (ou au cœur, au fond) de la banalité quotidienne ne signifie pas cependant qu'elle lui soit parallèle. Le propre de la quotidienneté est sa pesanteur : inerte, sans souffle, elle se reproduit telle qu'elle est, se constituant comme la reconduction spontanée de ses gestes. La banalité quotidienne est répétitive comme certaines passions qui cherchent dans leur propre reproduction une certaine espèce de sécurité. Il en va tout autrement de l'opération intérieure (intellectuelle et « désirante ») qui accomplit comme voyage de l'être la nouvelle fondation de la vie : cette opération n'est pas répétitive mais progressante.

C'est que le Voyage ne *double* pas la vie ordinaire, il constitue un *tout autre lieu* : or, l'une des originalités de ce lieu autre est qu'un mouvement s'y déploie. Le travail de fondation, parce qu'il est permanent et non pas chronologiquement antérieur, peut s'enrichir de sa propre opération, se nourrir et s'élever de son propre mouvement.

Le voyage empirique est lui aussi une progression : non pas mouvement spatial par quoi le sujet approche d'un but, mais

modification intérieure de ce sujet tout au long du voyage et surve-
nant par les contenus mêmes de ce voyage[1]. Le voyageur « apprend » : une langue, un pays, des mœurs, une culture, des
paysages, des lieux. Il apprend plus ou moins, mais il apprend. Et
plus le voyage s'avance, plus le voyageur est capable d'« apprendre ».
Si la progression se fait d'une manière assez profonde, l'apprentissage devient « formation », comme on dit très bien à propos des
romans allemands du XVIIIᵉ siècle. Quand le voyage empirique est
profond, authentique, le sujet se modifie en se construisant par
les expériences mêmes qui l'ouvrent au monde, à l'imaginaire, à
la différence, à la stupéfaction, à l'éblouissement. Le voyage devient alors la progression spirituelle et affective opérée par la décision permanente d'un voyageur de laisser agir en lui les puissances
du monde, du temps, de « l'inconscient », et de sa propre pensée.

Il en va de même du travail réflexif de fondation : il se constitue comme sa propre progression. Sur la base d'une décision
permanente toujours reprise et réitérée comme la décision de tout
rapporter à l'opération des sujets et à leur joie, le voyageur de
l'être se modifie par le mouvement même du temps qu'il rend
possible, par la nouveauté même qu'il instaure dans ses opinions
intellectuelles et ses attitudes affectives. La transmutation réflexive
qu'il opère d'abord en lui le rend disponible pour toutes les pro-
gressions, pour tous les enrichissements, pour tous les avènements
intérieurs : sa personnalité affective peut s'en trouver changée,
modifiée, passant par exemple de la fermeture à l'ouverture et à la
maturité. Mais plus importante est la modification progressive de
l'exigence d'être. Elle s'affine, se renforce avec le temps, se fait à la
fois plus lucide, moins présomptueuse, plus disponible en acte à
l'égard des grandes expériences dont elle sait déjà, et de plus en
plus, le prix et la valeur. C'est du rapport à la joie qu'il s'agit ici.
Le voyageur de l'être, par la réitération incessante de son travail
itinérant, accède peu à peu à des degrés toujours plus élevés et
toujours plus solides de la joie.

1. Et aussi par l'action de l'autre. C'est longuement que nous parlerons plus loin de
   l'action de cet autre.

Par exemple, le travail de fondation peut d'abord exiger que le sujet se retire du monde et n'établisse avec lui que des relations de guerre et de conflit. Mais l'expérience et ses apories, la conversion et ses effets, le désir et son mouvement, peuvent alors conduire le travail de fondation vers une tout autre option qui est celle de la jouissance et de la fête de vivre. La logique interne de la réflexion nourrit et accroît la maturation de la personnalité et du désir ; la conversion fondatrice se fait progression en même temps qu'elle rend possible la maturation de l'expérience. Parce que le travail de conversion et d'arrachement perpétuel est celui de l'ouverture et de la réflexion, il ne se borne pas à être arrachement, il se fait création. La fondation est créatrice parce qu'elle est à la fois progressive et temporelle : active et mémorisable. À la lumière de la réflexion exigeante, le sujet ne se borne pas à être la pure liberté de rupture et de réflexion, il ne se borne pas, par exemple, à renoncer à la violence comme instrument et comme valeur : il se hausse vers une nouvelle positivité, sa réflexion de rupture toujours en acte le conduit à quelque chose de plus, à un déploiement par exemple de la jouissance d'aimer et du bonheur de vivre, qui s'opposent comme tels aux vécus antérieurs. Pour cela des relations nouvelles avec le monde devront être inventées, tournant le sujet vers l'avenir, mais elles seront inventées à la fois sur la base des expériences anciennes d'échec et de maturation, et sur la base d'une invention radicale ne se référant à rien de ce qui fut jadis connu. Et plus le mouvement et la vie progressive, plus le temps et la maturation (l'âge et la mort) s'avancent, plus le sujet « apprend » en un mot, et plus son travail réflexif se fait efficace et novateur. Par exemple, au-delà du choix de l'amour fête, et après de nouvelles maturations, peut s'opérer quelque chose de plus haut, de plus subtil, quelque chose comme une relation régénérante avec le monde, comme une renaissance à soi, aux autres et aux choses qui ouvrirait les sujets à la splendeur et à l'éclat.

D'autres itinéraires pourraient être envisagés. Ce qui importe ici est de noter que l'acte réitéré de la fondation n'est pas une simple rupture réflexive, ni une opération formelle et instanta-née. Il s'agit plutôt d'un acte simultané de rupture et d'invention, d'arrachement au passé et de construction de soi, c'est à la fois un instant originel et une progression itinérante parcourant des éta-pes, franchissant des degrés, construisant progressivement une existence neuve nourrie à la joie et se réjouissant de se construire.

Comme dans le voyage empirique, le Voyage de l'être réalise la synthèse du mouvement et du but. Le voyage de l'être est ce mouvement autocréateur qui accède à cela qu'il poursuit par le mouvement même de le poursuivre : poursuivre la joie devient une joie, et cette joie comme lieu et moyen de la progression existentielle permet d'accéder à de plus hautes formes existentiel-les, à de plus hautes joies qui valent comme but. Et celles-ci à leur tour se font le moyen (la force et la ressource) de nouvelles pro-gressions joyeuses, vers de nouvelles formes de l'être et de la splen-deur. La spirale est infinie. L'unité de la fin et des moyens perpétuellement repris dans un mouvement ascendant, est à la fois instrument, tâche et résultat.

Tout, vraiment, se passe à la fois comme si le Graal n'était rien d'autre que la quête qui le poursuit et comme si, pourtant, cette quête, devenue voyage de l'être et itinéraire de la conscience, accédait à un Graal qui la dépasserait en l'accomplissant.

4. ITINÉRAIRE OUVERT ET DÉLIMITATION DU LIEU

N'EST-CE PAS maintenant l'itinéraire de ce voyage de la joie qui reste à fixer ? Les cartes et les tracés du chemin ne sont-ils pas l'ultime élément qui manque à la bonne préparation de cette entreprise ?

Il semble bien qu'il en soit ainsi. Mais comment faut-il l'en-tendre ?

Je ne crois pas que les tracés objectifs et extérieurs puissent exister et s'imposer au sujet. Le mouvement du désir vers sa plus grande joie sensible et réfléchie n'est pas contraint de parcourir un tracé préétabli, de franchir des étapes affectives qui s'enchaîneraient automatiquement comme celles d'une maturation involontaire. La formation de moi-même par le voyage de mon désir n'est pas le déploiement obligé et universel de certaines étapes ou de certains stades par lesquels nécessairement devrait passer le sujet. Il n'y a pas à mon sens d'étapes préétablies sur le chemin de la vie ; les stades et les phases de la vie affective ou spirituelle, s'ils existent, sont beaucoup trop abstraits et arbitraires pour rendre compte du cheminement singulier d'un individu dans son existence.

Il est vrai en revanche que le temps de ma vie et le déploiement de mon désir s'agencent d'une façon circulaire et paradoxale qui peut bien être désignée comme un itinéraire. Je considérerai chaque moment de mon existence comme une *manière* de vivre mon désir et ma joie, manière enrichie et modulée par ma relation au monde : et chaque manière d'être, chaque forme globale de mon désir en un temps donné, me révélera à moi-même des possibilités non encore accomplies, des voies non encore empruntées ; chaque « étape » sera le lieu non d'une production automatique et passive de l'étape suivante, mais le lieu où mon désir et ma liberté se restructureront, se reprendront pour se porter plus loin vers une autre manière d'être qui sera l'œuvre de mon invention ou la réitération de ma propre voie.

Je ne tenterai donc pas de faire une psychologie de la maturation affective : je déploierai plutôt la libre succession des figures que, tour à tour, mon désir donnera à mon existence. Il ne s'enfermera pas dans les dialectiques apparemment nécessaires qui, en enchaînant des stades et des étapes, enchaîneraient plutôt le désir à la pseudo-logique de l'Idée, ou aux pseudo-mécanismes de la *libido* ou à la pseudo-éducation sentimentale. Par exemple le passage existentiel du désert à la fête, puis de la fête à la reviviscence profonde et à la joie n'est pas pour moi la maturation involontaire et nécessaire qui ferait évoluer un individu de la solitude agressive de l'adolescence à l'épicurisme de la maturité et à la sagesse de la vieillesse. L'agression ou l'isolement comme attitudes « psychologiques » sont des possibilités permanentes de tout individu, à tout âge, et elles sont issues non de mécanismes inconscients mais de choix personnels, idéologiques, culturels, etc. Napoléon et Koutouzov, si différents quant à leur personnalité et leur culture, ont fait, tous deux, le choix de la guerre comme forme de vie et comme solution existentielle et sociale : l'idée d'un « stade » psychologique ou libidinal n'éclairerait pas ces choix qui ont à être examinés en eux-mêmes, dans leur signification singulière et globale et non dans leur pseudo-mécanisme général. Le concept général d'agressivité n'expliquerait pas la signification singulière de la violence pour Nietzsche ou pour Marx.

Il en va de même pour toute psychologie de la « maturation » : ce concept masque l'activité réfléchissante du désir dans la succession et le choix de ses manières d'être à l'égard de la sexualité, de l'autre et du monde.

C'est pourquoi je n'utiliserai pas le terme *itinéraire* en un sens psychologique, beaucoup trop passif à mes yeux pour rendre compte de l'enrichissement progressif que connaît le sujet lorsqu'il est activement présent dans la construction de sa joie, à chaque étape de cette construction. L'*itinéraire*, ici, aura un tout autre sens : il pourrait désigner ces moments existentiels dont la libre succession et la libre invention peuvent dessiner, peu à peu, l'une des multiples figures possibles de la joie en mouvement, ou l'une des formes possibles de la découverte de la joie à travers le mouvement de la vie.

Chaque forme existentielle (comme la jouissance poétique du monde ou le déploiement d'un tout autre amour) peut certes être découverte, fondée, construite en des moments différents de la vie du sujet ; une force, une disponibilité spécifiques sont sans doute requises pour l'instauration solide et délibérée d'une manière d'être, c'est-à-dire d'agir : le déploiement d'un amour ou d'une œuvre écrite n'implique pas la même qualité d'investissement que celui d'un combat politique ou d'une entreprise pratique. Mais la distinction de ces manières d'être et de « s'investir » n'implique pas qu'elles s'inscrivent dans un ordre préétabli où elles seraient nécessairement produites l'une de l'autre selon un ordre logique qu'on appellerait dialectique et qui ne serait que dogmatique. Il n'y a pas dans la vie individuelle des *âges* fatalement prédéterminés à telle ou telle forme existentielle ; chez Kierkegaard la succession des stades érotique, éthique et religieux sur le chemin de la vie est en réalité le récit d'un choix existentiel, la tentative faite par un sujet vivant pour rendre intelligible à ses propres yeux la libre succession qu'il a lui-même instaurée entre ses divers choix, et l'analyse approfondie des motivations personnelles par lesquelles, en chaque étape, il s'est lui-même convaincu de la « dépasser » vers une autre étape qu'il définit librement. On pourrait d'ailleurs concevoir *une autre* succession des stades existentiels kierkegaardiens (par exemple : stade religieux, stade érotique, stade éthique, ou bien : éthique, spiritualiste, érotique…) ; on pourrait concevoir aussi une autre dénomination des stades existentiels ou d'autres contenus pour ces stades.

Parce qu'il n'y a ni stades de la vie préétablis, ni enchaînement dialectique et nécessaire de ces stades, ni définition *a priori* de tels stades « psychologiques » ou « existentiels », je vois bien que l'*itinéraire* par quoi je désigne la *construction temporelle, réflexive et délibérée* de ma joie, ne saurait être conçu comme le repérage d'une voie méthodique et nécessaire qui existerait antérieurement à moi-même et qu'il serait indispensable d'emprunter pour être en mesure d'accéder à mon être.

Bien plutôt verrais-je dans mon itinéraire un choix singulier, perpétuellement réaffirmé comme le nouveau commencement de moi-même à moi-même : plus simplement, comme l'adhésion toujours neuve et active de ma pensée à mon désir, lui-même toujours « réfléchi », parcouru de pensée et d'invention, source de lui-même dans sa substance et sa visée.

Si le temps (intérieur et social) est nécessaire à l'élaboration de mon désir et à son déploiement, ce n'est pas qu'une dialectique « objective » doive être respectée, c'est qu'une expérience, un désir, un sujet ne peuvent *s'aviser* d'eux-mêmes, s'approfondir et se distinguer, exprimer leurs meilleures « potentialités » et leurs propres choix sélectifs parmi leurs possibilités multiples, que dans et à travers le temps. La conscience désirante est telle que c'est le long du temps, dans et par le temps, qu'elle se construit en s'apprenant, et qu'elle s'apprend en se construisant. Il y a, pour la conscience, une fécondité du temps : *mais c'est la sienne propre*. Elle est due à l'enrichissement progressif de cette conscience (qui s'approfondit en même temps qu'elle s'étend, et s'élève en même temps qu'elle s'étoffe) et non au respect obligé d'une dialectique dont le contenu et la place des moments seraient fixés à l'avance. Évitons d'appliquer à l'individu cette caricature post-hégélienne de la doctrine hégélienne.

J'inventerai donc moi-même les diverses formes existentielles de ma joie. Qu'il m'ait fallu « temps » et « souffrance » pour les comprendre comme mes choix, pour les comprendre comme ce qu'elles sont en elles-mêmes, et pour les intégrer dans le parcours de ma vie comme un voyage ou comme un itinéraire, ne signifie pas qu'il y ait là le tracé ou le dessin d'une ligne unique, faite de stations distinctes, obligatoires et bien enchaînées.

Bien au contraire : la fécondité du temps en moi (temps repris perpétuellement comme décision réflexive et comme poursuite de mon désir) me rendra capable du miracle temporel par excellence : la simultanéité.

Les étapes de l'itinéraire eudémonique auront certes été découvertes, inventées et *définies successivement* : nous décrivons d'abord et décrirons la fondation philosophique de la vie, puis la construction d'une tout autre forme de l'amour, puis l'accès à la jouissance poétique du monde, puis le déploiement de l'activité d'écriture, puis l'expérience intemporelle du temps. Mais ce que la fécondité du temps produira c'est de rendre le sujet capable de *vivre simultanément* ces étapes.

Ainsi, en un certain âge de la vie, l'individu devient capable d'intégrer et d'actualiser dans un grand présent continu ces étapes existentielles d'abord distinctes et successives. Elles cessent alors d'être comme des perles de nacre sur un fil d'or, ou comme les stations d'un chemin de croix : elles deviennent les diverses modalités intenses de sa vie, les diverses figures de son « bonheur », c'est-à-dire de sa joie et de son être.

Je suis en train, par l'écriture présente, d'établir et de déployer la *première* figure de l'être, je décrirai plus loin les quatre autres soleils. Mais il est clair à mes yeux que j'aurais pu *commencer* par telle ou telle autre figure : par l'amour tout autre, par exemple, ou par mon rapport à la nature. Je pourrais donc bien constituer en « système » ces cinq soleils de l'être : ce système, c'est-à-dire l'agencement des cinq formes de l'être, pourra toujours être différent. Tel lecteur instaurera pour lui un ordre de description donné, et tel autre, un autre ordre. En outre, tel pourra désirer le déploiement simultané de toutes ces figures, et tel autre pourra n'actualiser que quelques-unes d'entre elles, ou même en inventer de nouvelles qui répondront mieux à son imagination et à sa disponibilité.

Ainsi, la *voie* concrète que je parcours en l'inventant, ce libre mouvement existentiel de la vie qui, en un moment donné, se rassemble comme une synthèse polyvalente, itinérante et simultanée, n'est un itinéraire qu'en un sens très *ouvert* : la voie que j'indique ici est le chemin qui, par lui-même et au-delà de lui-même, conduit vers le Haut Pays pour se complaire enfin au tournoiement lent sur lui-même et à la présence simultanée de toutes les manières d'être de la joie *se reflétant* réciproquement les unes dans les autres.

Ce à quoi l'on accédera de la sorte est un *haut lieu*. À son apogée, l'itinéraire ouvert conduit à la simultanéité tournante de toutes les figures de l'être, la philosophie se reflétant dans l'amour, la poésie se reflétant dans l'activité, celle-ci se contemplant dans l'amour ou dans la philosophie. Cette simultanéité des faces brillantes d'un même être se donne à la fin comme un *domaine* plus que comme un chemin, comme une *demeure* plus que comme une route. Étrange domaine, certes, que ce domaine de l'être et de la joie. Il est à la fois le chemin vivant à travers lequel se succèdent les figures de la joie tour à tour découvertes, et le lieu stable où coexistent harmonieusement toutes ces figures en action réciproque. Le *domaine de l'être* est à la fois le chemin qui y conduit, les terrasses qui en scandent le parcours et le haut plateau vers lequel ainsi le désir est conduit.

Aussi, faire l'itinéraire de ce voyage est en vérité pour moi en dessiner le domaine. Préparer avant le départ les cartes qui éviteront de se perdre signifie pour moi cette tâche préalable d'explicitation par laquelle un sujet s'annonce à lui-même les principes (ou les « *forces* ») au moyen desquels il s'est *lui-même* constitué comme ce désir qu'il est et qu'il déploiera précisément dans *certaines* figures de la joie et non dans d'autres. La « psychologie » n'est plus en mesure d'éclairer ce désir qui se constitue lui-même de se désirer : c'est bien plutôt à la considération de soi-même que l'on doit procéder. Se poursuit ainsi le travail de fondation qui, ici même, est en train de se développer comme l'établissement d'une assise, comme le parcours qu'elle rend possible, et comme le domaine vers lequel il conduit.

Dans ce travail, je ne suis pas pour moi-même un objet.

Ma réflexion doit bien plutôt rendre intelligible l'adhésion où je suis à l'égard de ce désir que je me suis fait être ; et ce désir, source souterraine que j'ai nourrie moi-même de mon être et de mon mouvement, se réfléchira pour l'essentiel dans cette lumière que je suis et ce domaine que je construis. Par mon regard sur moi-même, regard éclairé par mes plus lointains et mes plus audacieux projets, je forme mon être et je structure ainsi le mouvement qui me porte grâce au dédoublement même que je lui confère, et grâce à la finalité où je l'inscris.

En entreprenant ce voyage vers le Haut Pays, je dois d'abord bien m'aviser de mon être et descendre en mes souterrains. Préparer les parchemins, les cartes et les instruments, rassembler mes provisions, mon équipement et mes livres, c'est une manière rigoureusement exacte pour moi (quoique déplacée vers le symbole) de dire la nécessité où je suis de bien « savoir » quel je suis au tréfonds de moi-même. Quel je suis : quelles sont mes limites et mes forces, quelles sont en moi les ressources dont je dispose pour réaliser dans toute sa force le projet même qui me constitue et que je forme sans cesse à un niveau toujours plus élevé de la spirale de ma vie. Quel suis-je donc pour former tel projet, parcourir tel itinéraire, construire tel domaine de l'être, et me reprendre à neuf en chaque moment du parcours ?

J'inscris mon être dans la question même que je lui adresse. Le fait même de m'interroger sur mon désir, l'existence même de la tentative où je me jette de reconnaître les fondations qui me constituent, me conduisent tout naturellement à découvrir que c'est dans la bipolarité de la lumière et de la force, ou bien de la réflexion et du désir, que je dois me « définir » et me poser comme cet être que je me fais être. Que mon désir soit d'abord obscur et toujours « pulsionnel », je le reconnais sans peine grâce à la forme d'attention que la psychanalyse écrite a suscitée dans mon propre regard, devenu désormais plus perspicace devant les rêves ou le langage symbolique de mes « pulsions », la signification voilée de mes actions. Mais l'utilité même que je vois dans la psychanalyse est bien évidemment pour moi de l'ordre de la réflexion puisque c'est en un langage bien structuré et selon une argumentation toujours exigeante qu'elle me transmet ses messages au travers d'une littérature psychanalytique écrite. C'est donc toujours finalement par et dans la plus étroite dialectique entre mon désir et ma réflexion que s'effectue pour moi la délimitation de mon être, c'est-à-dire l'invention de son sens par l'affirmation de ses buts.

Je suis donc à l'égard de moi-même un peu comme l'observateur scientifique moderne à l'égard de son sujet : il le modifie en l'observant. L'objet et le sujet ne sont pas plus séparables à mes yeux dans l'ordre de la nature que dans l'ordre de l'existence. Ce n'est d'ailleurs là qu'une image qu'il n'y a pas lieu de prendre trop à la lettre, puisque, en ce qui concerne l'existence, c'est le regard même que je porte sur mon désir qui en constitue la signification et par conséquent l'orientation principale ; c'est ma réflexion qui, devenant dès lors cela qui tire mon désir de sa nuit, le porte dans la lumière en lui conférant et sa forme et son sens. Parce qu'il se laisse parcourir par ma réflexion, mon désir accède à une certaine espèce de transparence et parce qu'elle est nourrie de mon désir cette réflexion qui me fait être un peu lumière est en même temps la force de ma soif et l'énergie de mes projets. La splendeur sera un grand feu et une grande lumière.

Que j'en parle, ici même, aujourd'hui, devant le haut fleuve hivernal passant à vive allure au pied des falaises enneigées n'est évidemment pas sans effet : de le considérer, je constitue à neuf mon désir. La connaissance que j'en prends n'est pas seulement comme la délimitation statique d'un objet arrêté qui serait en moi sans moi, mais comme la restructuration d'un matériau élémentaire qui changerait de nature par le fait même d'être éclairé d'une lumière qui, ainsi, acquerrait le magique pouvoir de modifier ce qu'elle décèle et de créer à neuf cela qu'elle croyait simplement illuminer.

Le voyageur ici s'aperçoit qu'avant même de s'embarquer et parce qu'il sait bien qu'il transmet à l'écriture d'ici le soin d'exprimer le mouvement même d'un voyage qui pense son propre mouvement et le constitue de le dire, le voyageur s'aperçoit bien que le tracé de l'itinéraire ouvert qu'il se propose de suivre et du Haut Pays qu'il a décidé de parcourir n'est pas de l'ordre de la connaissance objective. Parce qu'un livre ici déploie le récit réfléchi d'un voyage, il apparaît, dans une lumière de plus en plus vive, que le sujet de ce livre, c'est-à-dire le voyageur lui-même qui s'y inscrit, ne saurait se réduire à une nature déterminée qui serait celle d'un inconscient réceptacle. L'« inconscient » serait plutôt, pour moi, l'obscurité première du sens. Parce que l'itinéraire du voyage se déploie comme l'écriture qui en dit le mouvement tout en se constituant elle-même du fait de se dire, le sujet qui se symbolise de ce voyage ne saurait non plus se donner ni se saisir comme une chose faite. La délimitation cartographique du nouveau monde à parcourir et à explorer doit donc se comprendre ici comme une activité bien singulière dès lors qu'elle est accoudée à cela qu'elle symbolise et qui est le sujet même de l'écriture ou si l'on veut, le voyageur qui parle lui-même de son propre voyage. Cette délimitation n'est pas le trait qui souligne un domaine existant déjà pour lui-même et comportant déjà ses paysages, sa nature et ses frontières. Bien au contraire, et parce que la cartographie symbolise autant la réflexion sur soi d'un sujet qui s'apprête à vivre selon son nouveau désir, qu'elle est symbolisée en retour par la réflexion préliminaire d'un sujet qui s'apprête à découvrir de nouveaux mondes en lui-même et hors de lui-même, on doit lire cette délimitation de soi comme *la création itinérante de son propre domaine*. Elle n'est en rien le dénombrement, le recensement et le constat des pièces déjà là qui seraient censées constituer la machinerie du « sujet ».

Je me fais de me dire, je me construis de m'explorer. Le regard préliminaire que je jette sur moi-même avant de m'embarquer dans le récit de mon plus haut désir n'est pas de l'ordre du bilan, mais de l'ordre de la poésie. Je me crée de me réfléchir à travers la lumière de mon nouveau projet.

De là seulement peut naître la joie de voyager.

La délimitation « cartographique » de moi-même, avant mon nouveau départ, n'est donc pas la reconnaissance exploratoire d'un moi qui, d'abord obscur et soumis à un inconscient, viendrait peu à peu à la lumière sans être cependant changé en son essence. Les préparatifs de voyage ne sont pas pour moi symboliques d'une évaluation entomologique de ma finitude, mais d'une *détermination* de mon être comme cela qui *se délimite et se définit soi-même* par la poursuite et la réalisation de son désir ; et celui-ci se confère la forme, la saveur et la couleur singulières que lui donne précisément le regard réflexif qu'il jette simultanément sur le monde et sur lui-même.

À la « finitude » s'oppose pour le créateur itinérant, la détermination, la dé-finition. C'est pourquoi la double délimitation des régions qui constituent le monde que je vais parcourir, et du sujet itinérant que je suis, ne saurait être comprise comme la psychanalyse de moi-même par moi-même.

D'abord je n'y serais sans doute pas compétent ; ensuite cette tentative est peut-être en soi contradictoire. C'est pourquoi, avant de m'embarquer pour le voyage de l'allégresse, je n'ai pas à procéder à une auto-analyse. Je n'ai pas à évaluer les réserves, les ressources et les forces qui résideraient en moi sans moi, dans cette nuit obscure de mon inconscient qui serait ma propre vérité ou le mot ultime de la vérité sur moi-même. La délimitation de moi-même n'est pas le tracé de mon involontaire finitude ni le calque pris sur la forme de mon inconscient, c'est-à-dire sur la forme inconnaissable de cela qui, au fond de moi mais sans moi, conférerait à mon désir son style et sa démarche sans qu'il participe en rien à l'élaboration de cette forme.

L'auto-analyse qui me transformerait en monde souterrain sur l'obscurité duquel j'établirais mes campements et mes feux serait en réalité le contraire de ce pour quoi elle se donnerait. Loin d'être la connaissance distanciée de l'histoire et du destin de mes pulsions, connaissance qui, par son objectivité, dirait de quels processus je suis aujourd'hui le résultat, cette auto-analyse serait bien plutôt un système de lecture et comme une grille arbitrairement appliquée au déroulement de ma vie. Que ma mère ait disparu de mon horizon tandis que j'avais sept ans m'a sans doute fait entrer dans le cercle de ces sujets dont les analystes disent qu'ils ont eu une vie familiale discordante ou perturbée ; mais cela n'explique évidemment pas les modalités de ma réponse à cette situation et par conséquent l'orientation et le contenu que j'ai moi-même donnés à mon désir de vivre, non pas seulement en ce temps-là mais tout au long de mes jours. Une auto-analyse découvrirait peut-être en cet événement l'origine d'un Œdipe non liquidé, mais, ce faisant, elle oublierait de noter la spécificité et la multiplicité indéfinie des réponses individuelles et par conséquent des réactions créatrices qui définissent d'une manière chaque fois différente le mouvement singulier du désir. Chaque individu répond à sa façon à l'absence éventuelle de sa mère dans son enfance, et les pseudo-lois objectives que l'ancienne psychanalyse invoquait avec l'assurance d'une science mathématique ne sont en réalité que des résultats statistiques concernant d'ailleurs seulement des sujets se posant eux-mêmes comme en deçà de la normalité affective. Pathologie du symptôme et comparaison avec une pseudo-norme risqueraient vite de devenir, dans une auto-analyse, les grilles *a priori* qui s'imposeraient à ma mémoire pour transformer en objet reconnaissable mais étranger à moi-même ce désir que je fus et que je suis encore comme sujet de moi-même.

En souhaitant aller plus loin que l'Œdipe, pour tenter de cerner et de limiter de plus près la spécificité de mon désir, je ne procéderais en réalité qu'à une nomenclature maladroite qui diluerait dans l'abstraction cette dynamique, cette couleur et cette tonalité du déploiement concret de mon désir qui le font unique à mes yeux, c'est-à-dire à la réflexion qui le traverse ou qui l'exprime. Parce que j'aurais nommé « obsession » la fermeté de mes projets, ou « hystérie » l'intensité de mes relations, j'aurais sans doute satisfait par là à mon souci « scientifique », je n'aurais pas fait avancer le moins du monde la description et la compréhension des actes par lesquels mon désir se constitue effectivement lui-même comme une manière d'être et par lesquels mon regard s'inscrit concrètement dans une attitude, un projet, une œuvre ou un sentiment. Une nomenclature mise au service d'une biographie n'est que la cristallisation d'une théorie générale de la personnalité pathologique et non pas l'appréhension du sens individuel qu'un sujet confère d'abord lentement à son désir, puis affirme ensuite avec plus de force et plus de lumière au point de parvenir enfin à ce stade où le désir se crée de son propre mouvement et se constitue de sa propre lumière. Tous les enfants sans mère ne tombent pas dans l'autisme mutique ou le délire paranoïaque ou la démence maniaco-dépressive. Tous les enfants sans mère ne deviennent pas philosophe, poète, professeur, écrivain, père.

J'aperçois donc qu'une éventuelle tentative d'auto-analyse, loin de rendre clairs à moi-même le désir que je suis et le pouvoir créateur qui, dans ses limites, est pourtant à coup sûr le moi propre, aurait plutôt pour résultat de m'interdire l'accès à moi-même : elle me définirait à l'avance comme le jeu et le résultat de certaines forces obscures, anonymes, que j'aurais simplement pour tâche de déceler en moi en les nommant, alors qu'il me faut au contraire délimiter et définir mon être en tant qu'il est un pouvoir, une force, une disponibilité : me connaître et me définir ce n'est pas dire ce que je suis mais comprendre ce que je veux être, ce que j'ai voulu devenir.

Une tentative d'auto-analyse m'apparaîtrait donc comme une espèce d'épreuve pipée puisque, *avant même* de connaître les résultats de mon enquête sur moi-même, j'aurais défini *a priori* les concepts et les significations qui seuls seraient tenus pour éclairants, et les structures globales qui seules pourraient fournir un cadre à la nomination de mon désir et à la connaissance de mon inconscient. À me lancer dans une telle tentative j'aurais plus le sentiment de vérifier sur moi-même une théorie que de dessiner et reconnaître dans la surprise et la familiarité ce domaine d'existence où je me constitue moi-même comme le mouvement de mon désir et comme le sens de ce mouvement.

En outre, cette investigation soupçonneuse de moi-même comme d'un étranger ne me procurerait bien évidemment aucune joie, puisque je m'y interdirais de reconnaître ma liberté en m'imposant de me soumettre à ma finitude.

C'est bien pourquoi je ne dois pas confondre mon projet de détermination et de délimitation de mon être, avec une tentative scientifique de repérage de ma finitude et de ses mécanismes ; ce serait d'ailleurs là, en réalité, une tentative métaphysique pour dénoncer cette « finitude » que j'aurais dès lors à vivre non seulement comme une prison ou une pesanteur, mais encore comme une angoisse et une culpabilité.

Or, il s'agit de ma joie. Je ne prépare ce grand voyage que dans une perspective déjà fort bien définie et qui est le déploiement incessant de ma joie d'être. Comment l'auto-analyse pourrait-elle me conférer la moindre joie, elle qui se constituerait en fait comme la science des déterminismes étrangers à moi-même ? Comment, avec ses concepts et son lexique, pourrais-je dire cette joie qui intègre et dépasse le plaisir, cet éblouissement à la naissance de ma fille ou encore l'émerveillement érotique et amoureux ?

Mais si la joie ne peut être liée à l'investigation soupçonneuse de moi-même et à ma propre mécanisation, elle peut être liée à cette entreprise de délimitation de mon pouvoir que je symbolise par la lecture inventrice de mes cartes. C'est parce que, tout au long du voyage que j'organise, je suis promis à une grande joie que je dois accorder la préparation de mon *libre itinéraire* à la joie que j'envisage. C'est à cette nécessité que répond la définition bien précise de mon travail actuel : en délimitant mon être et mon domaine je ne les réduis pas, je ne les soumets pas, je les pose au contraire dans la force lumineuse de la *détermination*.

Je veux dire par là que, dans le nouveau monde où déjà je suis entré, la forme singulière de mon être ne sera pas à mes yeux une finitude ou une limitation, mais une affirmation expressive. Il ne me suffit pas de reconnaître que mon désir, comme celui de tout sujet, me constitue comme un être unique et singulier, incomparable. Je dois en outre m'aviser du fait que cette unicité est la condition indispensable pour que je sois un être, un sujet, un individu. Être, c'est être quelque chose, ceci et non pas cela, de cette façon et non pas de telle autre. La fondation de moi-même par laquelle je me fais être le désir que je suis est en outre la joyeuse adhésion à ce que je me fais être : elle est donc en même temps la reconnaissance du fait que tout être existe comme singularité. Mon corps, mes manières d'être, mes humeurs empiriques ou mes gestes, mes « conduites » ou mon discours, mes projets et mes entreprises, mes rêves et mes choix, non seulement expriment le désir par lequel je me constitue et me crée mais en outre forment le dessin par où mon être s'affirme en se délimitant. Cette délimitation de moi-même par moi-même je la concevrai donc non pas comme la privation de ce que je ne suis pas ou n'ai pas (forces ou facultés, pouvoirs ou talents, biens ou prestiges) mais, à l'inverse, comme l'affirmation de ce que je suis. Mon « émotivité » est ma « vibration », mon insatisfaction est ma soif et mon mouvement, ma faiblesse est ma rêverie, ma force est ma confiance ou ma certitude. Dans l'éthique qui est désormais la mienne, je n'ai plus à utiliser les grilles de lecture que sont les « défauts » et les « qualités », je n'ai plus à me soumettre à la comparaison morale avec les normes et les modèles préétablis ; et, surtout, je n'ai pas à m'enchaîner à la nostalgie fantasmatique de n'être pas ce que je ne suis pas. Ma singularité bien délimitée n'est pas privation et non-être, mais affirmation existentielle réelle : est réel seulement ce qui est déterminé, délimité, défini.

C'est donc un élément primordial de ma joie que cette reconnaissance de moi-même par moi-même. Cette joie, cette adhésion à moi-même (par-delà la brise légère de mes humeurs et de mes déceptions), je ne la considère pas comme une *assomption*. Je n'ai pas à m'assumer (comme disait Sartre), à m'accepter ou à me résigner (comme disaient les stoïciens), j'ai à reconnaître que je me construis. M'assumer serait d'abord connaître mon être tel qu'il est en fait avant que je n'intervienne (inconscient, nature, psyché, caractère, destin), puis m'accepter courageusement dans la résignation. Mais je reviendrais alors aux intentions de la psychanalyse ou du stoïcisme et à une conception de moi-même comme le produit nocturne de quelque chose qui ne serait pas moi. Bien au contraire la reconnaissance de moi-même est la reconnaissance de ma détermination comme définition créée par elle-même.

Être un sujet, c'est non seulement être tel individu singulier spécifique et délimité, mais encore être l'origine de cette détermination. Ma singularité est l'expression de la perpétuelle détermination de moi-même par moi-même. Et détermination prend ici trois sens ou trois dimensions : elle est ma définition, ma liberté, ma fermeté.

Le domaine que je délimite joyeusement comme le sujet que je suis est donc simultanément marqué au sceau de la cohésion bien définie, au sceau de la liberté autocréatrice comme désir et au sceau de la fermeté du projet et de la décision.

C'est d'ailleurs la force même de mon désir qui, interprété par moi-même et reconstruit, anime la détermination de ma volonté et l'autonomie de mon mouvement.

Ici s'exprime aussi une dimension nouvelle : ma responsabilité. Elle est la ferme détermination de porter avec moi, tout au long de ce voyage par lequel je me construis et me réjouis, toutes les conséquences de mes projets et de mes affirmations. Ma définition est aussi celle de mes responsabilités : tâches, engagements et destins d'autrui qui dépendent de mon être et de ma vie.

Ma responsabilité n'est pas mon devoir : j'ai rejeté la morale. Elle est, beaucoup plus profondément, la reconnaissance du lien qui me lie aux autres, ce lien ayant été tissé, et continuant d'être tissé par moi dans le mouvement même du désir qui me définit. C'est dans ce mouvement que s'inscrivent les tâches professionnelles, les responsabilités familiales, les exigences du travail bien fait : ce sont ces liens, aussi, qui définissent le domaine que je construis par mon voyage.

C'est de là que naît la joie du voyage que j'ai entrepris et que je prépare aujourd'hui avec mes cartes et mon équipement. Nul prométhéisme en tout cela, nulle illusion de toute-puissance, nulle volonté de je ne sais quelle surhumanité. Ma liberté créatrice de moi-même comme *nouveau* désir de singulière et claire détermination, je sais bien qu'elle est humaine et limitée : doutes, angoisses, échecs, déceptions, jalonnent mon parcours comme celui de tout un chacun. Mais au moins, je n'ai jamais la nostalgie de n'être pas un autre que celui que je suis. Si la seconde fondation est la nouvelle délimitation de moi-même comme le domaine où se déploiera ma liberté seconde et lumineuse, joyeuse et cohérente, il ne faut voir là aucune présomption mais seulement la lutte contre les illusions inverses de la « finitude » et de l'humilité.

Le bonheur commence par la joie d'être celui que l'on est, en comprenant que l'on s'est fait soi-même celui que l'on est grâce à cette liberté lumineuse qui s'est tirée elle-même hors de la confusion et de l'obscurité des premiers temps. Il y a donc d'abord à lutter contre l'idée même de *finitude*, c'est-à-dire la conviction selon laquelle l'homme singulier ne serait que privation, amputation, limitation misérable torturée par l'infini, chute pécheresse ou échec inéluctable. Bien au contraire je n'ai pas à me lamenter d'une détermination qui, loin de manifester ma faiblesse, marque au contraire le lieu de mon nouvel être et de mon nouveau pouvoir.

Ainsi l'affirmation joyeuse de moi-même comme triple détermination (définition, autonomie, fermeté) se révèle au cours de mon voyage comme la délimitation du lieu où je me reconnais moi-même comme être et comme joie, en harmonie avec le monde, c'est-à-dire avec cette partie ou cet aspect du monde que je constitue comme mon univers.

C'est mon voyage, le mouvement de ma vie et de mon désir, qui produisent la délimitation du lieu qu'ils se proposent de parcourir. Le *domaine de l'être* est le *lieu* de mon nouvel être. Comment peut-on l'entendre ?

Ce n'est pas, bien entendu, d'un espace qu'il s'agit. Le lieu désigne ici la forme d'une existence si joyeuse et libérée qu'elle se rapporte au monde, aux autres et à soi-même comme à un lieu immobile qui serait vécu comme *substance* et comme vie. C'est le haut lieu déjà évoqué. Le domaine ou le lieu de l'être est ce temps vivant et *tout autre* où le sujet se reconnaît dans les êtres et dans les actes comme la jouissance même de la joie déployée au cœur d'une substance lumineuse. C'est la substance du monde qui devient le LIEU et le domaine de l'être. Il n'advient qu'à un *certain moment du voyage* ; il est une existence tout autre où se déploient et s'enchaînent dans l'*unité d'une musique* les différentes figures de la joie que nous allons continuer de parcourir et d'unifier.

C'est la délimitation de ce LIEU que nous allons continuer de dessiner ; cette délimitation permettra de définir à la fois les figures diverses, unifiées et réfléchies du nouveau monde, et les étapes d'un itinéraire ouvert à travers lequel et par lequel se pose dans l'être la figure singulière d'un sujet. Car c'est le sujet qui est ici posé par lui-même. Mieux : c'est sa propre détermination et la définition qu'il donne de son désir et de ses joies qui le conduisent vers ce haut lieu de l'être. C'est lui-même qui s'éclaire dans

97

l'exploration tournante des trois régions de la joie. Sa vocation est son désir. C'est par lui-même et non par un autre en lui-même qu'il est appelé à parcourir les domaines existentiels du nouveau monde.

5. Voyage au Pays du Réel : sur Victor Segalen

LE DÉSIR ici n'est-il pas emporté hors de lui-même par l'imaginaire ? Cette question ne fait que redoubler le scepticisme de ceux qui feignent de ne plus croire aux voyages, mais qui, les accomplissant, nous en découvrent malgré eux quelques richesses et quelques fécondités[1]. La délimitation d'un lieu substantiel et ouvert qui vaut comme domaine de l'être et comme Haut Pays pourrait à son tour faire l'objet d'une semblable dénégation. Nous pourrions, pour la dépasser, évoquer toute la réalité de l'histoire, tout le devenir historique : on montrerait aisément que les institutions, les cultures et les modes de vie sont toujours d'abord des rêves qui dépassent le réel avant de s'incarner. Désigner comme imaginaire les projections du désir qui orientent et nourrissent son mouvement créateur, c'est en nier la nature la plus profonde. Appeler fantasmes toutes les productions imaginatives du désir, sans distinction ni discernement, c'est tenter d'en nier le pouvoir le plus essentiel qui est celui de l'action créatrice. Il y a là comme une volonté de châtrer le pouvoir d'agir. Cela ne signifie pas qu'il n'existe pas de réels fantasmes : ils disent la complaisance du désir, parfois, à son inaction, ou à sa lucidité profonde, et non pas l'impossibilité de dépasser le réel par un imaginaire qui se fera source de plus hautes réalités. Réduire toute l'imagination aux fantasmes, c'est en réalité méconnaître la nature véritable du désir et de l'imagination dans leur rapport au réel.

1. Nous songeons, par exemple, à Lévi-Strauss (*Tristes Tropiques*), Julien Gracq (« La route », in *La Presqu'île*).

Nous pourrions prouver la vérité de cette idée en nous référant simplement à l'immense documentation apportée par Ernst Bloch dans son ouvrage fondamental[1].

Il montre avec force comment toute l'histoire et la culture sont portées par l'imagination rêveuse ou utopiste s'incarnant progressivement dans des œuvres réelles. Au fondement de cette imagination se trouve une structure catégoriale du sujet : le principe espérance. La dimension anticipatrice de la conscience et du désir est une condition même de la vie, celle de la conscience et celle de l'être entier. L'anticipation et l'espérance, structures présentes du sujet, sont difficilement séparables d'une activité imaginative capable de susciter des agencements nouveaux, des formes neuves, des êtres culturels, sociaux ou individuels jamais encore rencontrés. Il faudrait pouvoir méditer longuement Ernst Bloch pour enrichir une philosophie du bonheur, pour en établir toujours mieux la validité, la possibilité, la réalité. Ce serait un autre travail, qui vaudrait comme illustration et confirmation et pourrait se déployer comme la réjouissance d'une rencontre ou la reconnaissance d'une source souterraine.

Ce travail par lui-même serait un bonheur, mais il serait trop considérable ici. C'est pourquoi nous choisirons une voie plus modeste, un détour par de jolis sentiers plutôt que la route vaste et directe. Pour établir la *validité réaliste* de notre voyage, le réalisme de son propos qui consiste à dessiner en le parcourant le Haut Pays substantiel de la joie d'être, nous nous bornerons à évoquer l'œuvre de Victor Segalen.

Nous pourrions, certes, nous référer à notre propre expérience[2]. Mais la preuve serait subjective et ne concernerait que les lecteurs existentiellement en consonance avec cette expérience d'une plénitude à la fois poétique, réelle, dynamique et immanente. Pour étendre la validité de cette preuve[3], pour mieux établir l'objectivité

1. Ernst Bloch, *Le Principe espérance*, Paris, Gallimard, t. I, 1976 ; t. II, 1982.
2. Celle qui fut métaphoriquement décrite dans *Construction d'un château* (et notamment dans sa troisième partie), Seuil, 1981.
3. Cette preuve, on s'en souvient, fut conceptuellement analysée et proposée dans notre ouvrage *Éthique, politique et bonheur*.

de notre propos « métaphysique », il peut être intéressant de se référer à un auteur que nous ne connaissions pas en commençant et qui semble bien être situé, par sa condition d'officier de marine breton, aux antipodes du lieu qui nous définit nous-même comme philosophe sédentaire originaire de l'Orient. Il est des rencontres fabuleuses.

Comme Victor Segalen est en outre le Voyageur par excellence, quelle meilleure caution pouvions-nous choisir ? Quel meilleur guide et quel meilleur avocat ?

Notre propos n'est pas d'amener « du nouveau » sur Victor Segalen : ce n'est pas dans cette perspective qu'il convient de lire ces pages ; bien plutôt voulons-nous redire à notre façon et dans notre perspective ce que les critiques ont aperçu et ce que Segalen lui-même a affirmé, suggéré, signifié[1]. Ces réflexions sur Segalen n'ont de « nouveauté » que par leur insertion dans le propos global qui est le nôtre : mais il est possible que, intégrées à une philosophie dynamique du bonheur, elles revêtent une signification différente. Elles doivent en tout cas valoir à nos yeux comme illustration et comme validation de notre démarche.

Dans *Voyage au Pays du Réel* (titre que nous commenterons plus loin et qui éclairera notre propre mouvement), Victor Segalen écrit :

> « Il faut que ce Voyage enferme tous les Voyages. Mes voyages. Il y aura le Départ et l'Arrivée. Je suis voyageur[2]. »

Segalen n'est pas un voyageur ordinaire qui, selon la tradition des littératures de voyage, développerait sous les yeux du lecteur la découverte d'un monde empirique dont tout l'intérêt résiderait dans la diversité picturale et dans l'exotisme. Sur le simple plan des images du monde, Segalen dépasse leur multiplicité en la pensant à l'intérieur d'une esthétique qu'il appelle l'esthétique du

1. Cf. notamment Kenneth White, *Victor Segalen, théorie et pratique du voyage*, Lausanne, Alfred Eibel, 1979. Remarquable bibliographie.
2. Victor Segalen, *Voyage au Pays du Réel*, Le Nouveau Commerce, 1981. Il s'agit du sixième cahier de « Feuilles de route », qui devait être publié en 1929 sous le titre de *Équipée* ; V. Segalen y désigne lui-même son parcours comme voyage au pays du réel.

Divers, et il dépasse même cette esthétique par la mise en évidence de l'*unité* : les analogies, les métaphores et les synesthésies que le regard du Voyageur peut dégager de la multiplicité des apparences permettent de saisir quelque chose qui est comme l'unité profonde du monde, comme son essence intérieure.

C'est notamment ce qui fut visé *et atteint* par son voyage à Tahiti poétiquement reconstruit et relaté dans *Les Immémoriaux*. Segalen a cherché et exprimé la réalité même du peuple et du pays, au-delà des apparences pittoresques, au-delà du dépaysement empirique et géographique. Et cette essence, cet au-delà du « réel », cette véritable réalité profonde que Gauguin avait tenté de dire, c'est la *joie même*. Pour Segalen, il s'agissait de dire et de communiquer l'expérience bouleversante de la *Polynésie heureuse*. Ce n'était pas le Graal impossible et imaginaire : V. Segalen, né catholique, s'était libéré du catholicisme et, d'autre part, sa conception très élaborée des rapports de l'imaginaire et du réel lui permettait d'éviter les embûches de l'illusion. La Polynésie de Victor Segalen, première étape et lumière constante de son Voyage métaphysique, est une réalité : ce sont les Européens, commerçants et missionnaires, qui détruisent cette civilisation du bonheur, mais celle-ci, au temps peu éloigné de l'origine et de l'authenticité, était bien réelle. La Recherche de Victor Segalen n'est pas la quête infinie d'un impossible mirage ou d'un Graal légendaire, elle est le voyage réel qui découvre quelque chose qui est de l'ordre de la réalité et qui pourtant la dépasse en la transmutant. Il s'agit de la joie. L'essence unificatrice, à la fois évidente et secrète de Tahiti, c'est la joie. Le récitant, dans *Les Immémoriaux*, s'en fait le témoin, le garant et le défenseur. Et les sages, expression de la tradition, sont les « *maîtres du jouir* » qui inspirent le récitant en même temps que les chants populaires :

> « Nous allons en maîtres ;
> en maîtres de joie, en maîtres de vie ;
> en maîtres de volupté ! Aue ! E ![1] »

1. V. Segalen, *Les Immémoriaux*, Paris, Union Générale d'Édition, 1972, p. 103.

Victor Segalen décrit ainsi le passage des prêtres de la joie, lors d'une grande fête :

« Ils passaient lentement, certains de leur sérénité. Autour de leurs ombres, invisibles mais formels, les esprits de la paix et du jouir peuplaient le vent environnant... Joyeux et forts, en pouvoir de toutes les sagesses, ils promenaient à travers les îles leur troupe fêteuse et magnifiaient les dieux de vie en parant leurs vies mêmes de tous les jeux du corps, de toutes les splendeurs, de toutes les voluptés... En fuite ! en fuite l'autre dieu, le subtil et lumineux Oro resplendirait désormais sans contrainte[1]... »

Ce pays de la joie fut réel et le goût du bonheur est le sens réel de cela que le Voyageur découvre. Mais il faut aller plus loin : la joie vive est l'expérience *actuelle* du Voyageur lui-même, accomplissant son voyage et sa découverte, écrivant son hymne à la joie. Victor Segalen écrit à un ami :

« Je t'ai dit avoir été heureux sous les tropiques : c'est violemment vrai. Pendant deux ans, en Polynésie, j'ai mal dormi de joie. J'ai eu des réveils à pleurer d'ivresse du jour qui montait... j'ai senti de l'allégresse couler dans mes muscles[2]. »

Dans *Équipée*, récit du voyage en Chine, Victor Segalen parlera d'une « joie substantielle » et dira qu'elle est

« *la vie sur la terre promise*, mais conquise par soi, et que nul dieu ne pourra escamoter : un moment humain »[3].

On le voit, le souci existentiel de la réalité, l'expérience affective de cela qui est désigné comme joie et substance sont constants chez Segalen. Ce serait un contresens de réduire à l'imaginaire pur ce contenu qui fait tout le sens de son voyage et de sa démarche.

Mais il est clair que le réel dont il s'agit (aussi bien comme monde que comme expérience) n'est pas réductible à la matérialité empirique du pittoresque ou du plaisir.

1. V. Segalen, *Les Immémoriaux, op. cit.*, p. 105.
2. *Ibid.*, p. 353, citée par Henri Amer, auteur d'une très belle postface.
3. Cité par Kenneth White, *op. cit.*, p. 85, n. 11. Notons au passage la rencontre entre le vocabulaire de Segalen et le nôtre lorsque nous désignons par « substance » (ou par « être ») l'expérience de la plénitude heureuse.

Parce qu'il est le Voyageur, Segalen ne se contente pas d'être géographe, ethnologue ou archéologue, il est en outre et surtout le poète. Il est le Voyageur métaphysicien parce qu'il est poète : ce fait pose immédiatement le problème du rapport entre le réel et l'imaginaire, entre le voyage et la poésie, entre le mouvement du désir et les créations du désir. Segalen conçoit ce rapport d'une façon totalement neuve.

Écartons d'abord les références contemporaines à l'opposition supposée entre imagination (fantasme) et imaginaire (champ du symbolique). Ce seraient là, pour Segalen, des distinctions purement formelles. La question véritable est de saisir la nature de ce pouvoir unique, créateur d'images et de symboles, et porté par le désir : tourne-t-il par essence le dos à la réalité ou la rejoint-il ?

La réponse de Segalen est audacieuse et simple : non seulement l'imaginaire ne s'oppose pas à la réalité, mais il l'instaure. Et une Réalité, perçue dans la profondeur de toutes ses dimensions, *dépasse* l'imaginaire.

Car, au-delà du passé polynésien qui disait le règne de la joie, le voyageur Segalen découvre le présent de la Chine qui, en un sens, manifeste l'Absolu. Or, la Chine « est le pays du réel réalisé depuis 4 000 ans ». Segalen n'a pas rêvé une Chine fabuleuse et mythique qui, au long de son voyage, aurait comblé sa nostalgie d'absolu : il n'est pas un voyageur empirique ou un romancier banal porté par le pittoresque et le « fantasme ». Il est le Voyageur : il recherche la plus haute Réalité. Mais celle-ci ne réside pas ailleurs que *dans ce monde-ci*, lorsqu'il est perçu par le poète métaphysicien capable de transmuter le réel sans le supprimer. L'œuvre la plus marquante de l'imagination consiste ici à percevoir le réel dans sa Réalité, c'est-à-dire dans tout son sens et dans toute sa richesse, dans sa splendeur, pourrait-on dire.

De ce processus réalisant de l'imagination, Segalen est parfaitement conscient. Dans ses « Feuilles de route », il écrit :

« 3 mai 1914. Tch'engtou.

C'est la seule ville que je rencontrerai… Je n'appelle pas ville ces agglomérations au bord du chemin… Je n'y suis pas encore. *Voici comment je l'imagine* : populeuse et myriadaire ; ni trop ordonnée, ni trop compliquée ; des rues dallées assez peu larges où les maisons de vente dégorgent incessamment leurs cellules noires ; des paillotes tamisant la pluie du ciel, et doucissant la trop grande lumière…
Voici ce que je trouve : une ville populeuse et myriadaire. Ni trop ordonnée ni trop compliquée ; les rues dallées de ce grès velouté gris violâtre, doux aux sabots et aux semelles, des rues assez peu larges, où trois hommes bras étendus barrent la rue… où les riches maisons de vente dégorgent incessamment leurs cellules noires ; les paillotes tamisant la pluie du ciel et doucissant la trop grande lumière. Le fortuit des formes est incessant… »

Et Segalen poursuit pendant une longue page cette description poétique-réaliste de la rue chinoise qui déborde de tous côtés, par sa richesse, sa précision, sa nouveauté, sa dynamique, sa couleur, le schéma exsangue que l'imagination anticipatrice avait pu concevoir.

« Pignons aux reins cambrés, chaussures de soie, cordes de tabac, œufs rouge garance, bijoux de plumes bleu turquoise émaillés d'argent, calots de soie mauve, coupons de soie dense, dure et précieusement riche, dans les bleus gris ardoisés, les verts et les grenats. À côté, des écheveaux affadis du rouge au rose blanc laissant glisser le son comme une corde de luth dont on détourne la clef[1]. »

Ce Réel déborde l'imaginaire, c'est à lui que reviennent la densité, l'éclat et l'existence dont l'imagination ne pouvait donner qu'une idée fantomatique. Le Voyageur qui part toujours à la recherche de l'absolu, le rencontre parfois s'il sait le reconnaître dans la Réalité même. C'est le grand enseignement de Segalen : les Voyages existent, ils sont féconds, ils donnent ce qu'ils promettent et même au-delà.

1. *Voyage au Pays du Réel*, Le Nouveau Commerce, 1980, p. 9.

« Ceci a donc tenu beaucoup plus que son imaginé… la victoire du Réel sur l'Imaginaire, non point par grossière emprise, mais par richesse surabondante[1]. »

Segalen, le Voyageur, n'est pourtant pas un reporter ou un explorateur : le Réel qu'il découvre et qu'il « trouve », il l'a inventé par le regard poétique et métaphysique, par la langue poétique du voyage métaphysique.

Il écrit en effet, à propos de ses « Feuilles de route » :

« Ne pas craindre d'en faire une *Connaissance de l'Est* en voyage. Et de la même densité… Péripéties : moi, parti pour le Réel, j'y suis pris tout d'un coup et ne sens plus que lui. Peu à peu, très délicatement les battements éclosent d'un arrière-imaginaire. Au bout de quelque temps jeu alterné. Puis triomphe de l'Imaginaire par le *souvenir* et *nostalgie* du réel[2]. »

L'alternance du réel et de l'imaginaire n'est pas le mouvement qui conduirait de la fuite imaginaire au réalisme quotidien. Le « jeu alterné » consiste bien plus dans la transmutation interne que l'imaginaire fait subir au réel et que le réel à son tour fait subir à l'imaginaire. Un *autre monde* est alors suscité, au cœur même du Réel. C'est l'acte poétique, disons-le, qui est à l'œuvre ici, dans l'accès du Voyageur au but de son Voyage, dans le mouvement et le récit de son Voyage. Segalen écrit en effet :

« Forme à donner à ceci : les Annales d'un voyage, avec la chronique quotidienne, et, pour commencer, le décret d'une Ère nouvelle sous forme d'un Avant-propos du fond du Palais de Porcelaine.
D'un *édit* avant-propos. Puis :
Premier jour du Premier mois[3]. »

Ce Palais de Porcelaine ou la Cité Violette des *Stèles* ne sont pas des fantasmes : ils sont la réalité de l'absolu saisie par Segalen dans sa forme poétique. Lorsque René Leys[4] transmet au narrateur Pierre les échos ambigus de la Cité interdite, symbole de cela

---

1. *Voyage au Pays du Réel, op. cit.*, p. 10.
2. *Ibid.*, p. 11.
3. *Ibid.*, p. 12.
4. V. Segalen, *René Leys*, Paris, Gallimard, 1978.

qui est à découvrir et à attendre, l'auteur du roman ne procède pas à la critique facile de l'imagination populaire ou religieuse, il manifeste au contraire la présence de plus en plus vive, dans le récit poétique, de cet Absolu apparemment lointain.

Que l'Absolu soit symbolisé par le Nom et l'on apercevra la doctrine de Segalen exactement exprimée dans l'un des poèmes de *Stèles* :

> « *Nom caché.*
>
> Le véritable Nom n'est pas celui qui dore les portiques, illustre les actes ; ni que le peuple mâche de dépit. Le véritable Nom n'est point lu dans le Palais même, ni aux jardins, ni aux grottes, mais demeure caché par les eaux sous la voûte de l'aqueduc où je m'abreuve.
> Seulement dans la très grande sécheresse, quand l'hiver crépite sans flux, quand les sources, basses à l'extrême, s'encoquillent dans leurs glaces, quand le vide est au cœur du souterrain et dans le souterrain du cœur, où le sang même ne roule plus – sous la voûte alors accessible se peut recueillir le Nom[1]. »

Le Nom, l'être sont accessibles au cours même du Voyage, par la forme poétique qui les exprime en se référant à la Réalité qu'ils sont ; ils deviennent alors une invitation à la vie et non à l'ascèse. Depuis *Les Immémoriaux* Victor Segalen est fidèle à lui-même : le haut langage poétique du Voyage est le véhicule qui conduit à l'être par le Nom : c'est-à-dire à la joie par l'expression, la perception, et la saisie du Réel.

Mais ce Réel qui comble le Voyageur et se nourrit de son voyage même, n'est pas extérieur : le plus lointain périple, on le sait, est un voyage en intériorité. Novalis le disait :

> « Le chemin mystérieux va vers l'intérieur. »

Et Segalen, dans l'avant-propos de *Stèles*, écrit :

> « La lumière qui… marque [ces nouvelles stèles] ne tombe pas du Cruel Satellite et ne tourne pas avec lui. *C'est un jour de connaissance au fond de soi* : l'astre est intime et l'instant perpétuel[2]. »

---

1. V. Segalen, *Stèles*, Gallimard, 1973, p. 134.
2. *Ibid.*, p. 23. C'est nous qui soulignons.

Le long voyage conduit ainsi à une sorte de Sur-réel éternel et présent où se fondent ensemble l'expérience d'un monde transmuté par l'imaginaire et celle d'une conscience illuminée par la vie. Segalen le dit avec force :

« Le transfert de l'empire de Chine à l'empire du soi-même est constant[1]. »

Dans une autre lettre Segalen est également explicite :

« Moi, si anti-catholique pur, mais resté d'essence amoureux des châteaux dans les âmes et des secrets corridors obscurs menant vers la lumière[2]. »

Il n'est pas étonnant que Segalen se situe exactement entre Claudel, le poète de la joie intérieure (pensée ici sans sa référence au catholicisme) et Saint-John Perse, le poète de la joie terrestre et cosmique.

Segalen en effet opère la synthèse de l'intériorité et de l'extériorité, le Voyage itinérant se faisant le chiffre allégorique de l'intériorité tandis que l'intériorité se déploie comme lumière du monde et comme accès à la haute Réalité.

Comme Claudel et Saint-John Perse, Segalen évite la chute dans le solipsisme, mais en haussant la Nature au niveau d'une nouvelle intériorité. Ce à quoi accède le Voyageur est ainsi une espèce de *Réalité tout autre*, à la fois proche et lointaine, et que seule une « vision ivre » est en mesure de percevoir en son tréfonds. C'est l'ineffable, l'invisible et l'inouï que saisit le Voyageur en son voyage paroxystique. Mais cet inouï n'est pas ailleurs qu'ici même, cet ineffable n'est pas extérieur au monde qu'il illumine ni au poème qui le dit, cette Cité Violette n'est pas différente du monde que le Voyageur suscite en le parcourant. L'être n'est pas ailleurs qu'en ce domaine que le Voyageur délimite en le construisant par son mouvement et par sa parole.

1. Victor Segalen, dans une lettre à Henri Manceron (citée par Henri Amer, *Les Immémoriaux*, Postface, Paris, Union Générale d'Édition, 1972, p. 362).
2. *Ibid.*, p. 365.

Pour Segalen « la quête à la Licorne » n'est pas un irréel fantasmatique. Apôtre de la joie, il est le Voyageur du monde possible, le Voyageur du monde Réel qui n'est pas moins réel parce qu'il est suscité, au cœur même de ce monde, par le regard poétique et par le haut désir.

Nous pouvons poursuivre, Voyageurs du nouveau monde, notre périple « métaphysique » : c'est ici même qu'il peut se déployer, c'est ici même que réside le plus lointain, au cœur même du domaine de la présence.

Ce que Victor Segalen met aussi en évidence c'est l'essence intime du vrai voyage, du *voyage profond* que seuls peuvent accomplir les voyageurs de l'être, ces poètes philosophes qui ensemble, ont le pouvoir de créer les nouveaux mondes. Leur voyage, accordé à l'éternité et à la profondeur du Réel, a comme une signification ontologique. Ici la découverte se fait instauration. Et ce que le Voyage instaure en le fondant et en délimitant, ce nouveau monde Réel et tout autre, est celui-là même de la joie : Victor Segalen évoquant sa propre expérience parle, on s'en souvient, d'une « *joie substantielle* ». C'est ce domaine de la joie substantielle que nous allons continuer de parcourir et d'instaurer selon notre propre voie.

II. L'amour

« *Le Paradis terrestre est là.* »

Christophe Colomb, cité par Michel Lequenne
dans sa Préface au *Journal de Bord*, 1492-1493,
Paris, F. Maspero, 1979, p. 20.

« *Tout objet aimé est le centre d'un Paradis.* »

Novalis, *Pollens*, 51.

1. Le travail de fondation
et l'instauration de l'amour tout autre

Où l'on évoque un lien entre la réflexion et l'amour,
c'est-à-dire entre un certain amour et la pensée.

LA DÉLIMITATION par moi-même du lieu de mon être ne fut pas légère activité de connaissance. Le domaine qu'on se propose d'habiter et sur lequel doivent se construire les demeures de l'être, il a fallu durement le défricher ; puis un labeur pénible et long de terrassement permit seul d'accéder jusqu'au roc et d'y établir à neuf les fondations de la future demeure. Le déroulement des travaux, laborieux, concerna parfois des volumes de terre et de roc si considérables, des quantités de matériaux si énormes qu'on se demanda souvent si la tâche était réalisable par celui-là même qui était en train de faire émerger, avec les fondations de l'être, ses limites. La délimitation comprise comme création de l'être réel est bien une œuvre exaltante et joyeuse, elle n'en reste pas moins un dur labeur : non pas celui du négatif destructeur auquel on se réfère souvent mais celui de l'affirmation créatrice. Elle travaille d'abord dans un matériau lourd et rebelle : la roche grise de la résistance intérieure, la lourde terre noire de l'ignorance de soi. Fonder de nouveau le sujet en le commençant à soi-même est une joie dynamique, la justification, on l'a vu, du travail de seconde fondation. Mais cette joie n'apparaît dans tout son éclat qu'après l'évidence du travail et la réalisation de ses buts : en cours d'opération, le travail de délimitation fondatrice et d'affirmation de la liberté seconde est parfois un douloureux labeur. « Sacrifices », « déceptions », effondrements et ravages de la solitude et du malentendu, corrosion véritable des « échecs », imaginaires ou sans importance, fatigues et épuisements des ambitions pourtant illusoires et renoncées, forment le matériau brut sur lequel travaille le sujet : l'affirmation nouvelle se fait avec la chair de la vie, consumant l'illusion qui est d'abord le vif, pour construire le nouvel être qui, par son voyage et son labeur, se posera comme le vivant véritable et joyeux.

C'est que ce dur labeur de fondation de soi, à travers les crises et les angoisses d'un sujet vivant, consiste à rejoindre d'abord le roc fondamental. Sur ce roc se construit la demeure, et le matériau de construction est comme une matière originelle, première, fondamentale et fondatrice comme la *materia prima* des alchimistes. Substance primordiale, *fons perennis*, fontaine d'eau vive et Mercure, évoquent pour moi non l'inconscient mais le désir en sa force vive, le désir comme eau centrale de la vie et comme soif primordiale d'accéder à l'être par son propre mouvement. C'est cette substance primordiale que le travail du sujet sur lui-même met en évidence au premier plan de son être, dans ce temps du voyage qui est aussi travail de terrassement, dans ce cheminement qui est aussi construction laborieuse du chemin, établissement « matériel » de la Voie et du Domaine.

Mais la substance primordiale de l'être n'est pas seulement atteinte et définie par un travail pénible de défrichement. Celui-ci vaut aussi comme travail de « purification ». La délimitation joyeuse du domaine de l'être se fait aussi par le travail purificateur et douloureux des flammes.

On purifie par le feu du renoncement à l'accessoire la substance primordiale de son désir. On s'écarte de l'inessentiel, on brûle le dérisoire. Après avoir extrait et broyé l'or fin du désir, après avoir réduit, détruit et dissous les éléments secondaires de la soif (ambitions, jalousies, présomptions, narcissismes, colères, angoisses), on commence la condensation et la sublimation de son plus haut désir, on le fixe dans sa détermination et dans son lieu, on l'amène à l'évidence lumineuse de sa forme. Mais c'est par les flammes que l'on parvient à la lumière : on brûle les mouvements élémentaires et frustes de son moi pour accéder à la haute conscience de son désir, pour entrer dans les Hautes Terres du domaine de l'être.

Ce sont là comme des épreuves. Ce qui subsiste du sujet dans les grands bouleversements du sacrifice et de l'angoisse, ce qui subsiste, lumineux et solide, après les grandes rafales de vent, après les attentes de la nuit, et les combats du désert, il en fait la substance de son être. Le Haut Désir épuré, vivace et transfiguré par son propre feu, se manifeste alors dans la grande évidence du matin, sur le chemin de lumière et de corail qui délimite le Domaine en le parcourant.

D'une épreuve véritable sort ou la mort ou la vie tout autre. Par l'épreuve intérieure du feu, se forme la naissance du nouvel être, le désir de braise se fait Mercure et or fin. La seconde fondation, je le vois bien, est une manière de conversion.

Je veux considérer celle-ci de plus près. Certes, je me suis converti à un tout autre régime existentiel, à une tout autre manière d'être. Mon voyage fondateur de moi-même est un voyage qui me transforme et me régénère. Mais que veut dire ce désir qui se transforme et se restructure par le feu purificateur de la souffrance et de la réflexion, que me dit cette parole joyeuse de mon désir qui, à travers l'épreuve et le travail du feu intérieur, accède à une joie si haute ? Quel est ce nouveau désir qui trace la figure de sa joie en dessinant les limites exaltantes de son Domaine ?

C'est de l'amour qu'à l'évidence il s'agit. C'est la relation d'amour qui est ici concernée comme l'une des figures de l'être, la deuxième ici.

Ce qui s'est fondé sur soi-même dans la joie d'un voyage difficile et exaltant c'est le désir : c'est-à-dire le sujet désirant, moi-même me rapportant à l'autre comme au pôle attirant de moi-même. Les épreuves, les combats, les angoisses et les morts que l'on subit parfois en s'embarquant pour le voyage de l'être ce sont aussi les épreuves et les angoisses de l'amour. Mais ces épreuves on ne les a pas traversées comme on traverse un orage, attendant passivement qu'il s'achève, le reconnaissant dans la forme immuable qui est censée être celle d'un orage. Mon épreuve du feu je l'ai traversée comme un travail d'alchimiste : c'est moi-même qui me consumais, me réduisais, me purifiais activement pour extraire de ma gangue affective l'or vif de ma force et de ma joie. Je ne pouvais accomplir ce travail, parcourir ce chemin que si j'avais le pressentiment de parvenir ainsi au Domaine du Haut Désir : seule la référence à un être aimé pouvait donner au feu sa lumière, et au chemin sa destination, son sens et sa plénitude. En travaillant, fût-ce dans la souffrance, à l'établissement joyeux de ma liberté, ce n'est pas à une solitude ascétique et faussement grandiose que j'aspirais. Je savais bien, durant les préparatifs du voyage, vers quel domaine vaste je me dirigeais : je visais aussi une tout autre forme de l'amour[1].

1. R. M. Rilke pressentait ce nécessaire mouvement : « Un tel progrès transformera la vie amoureuse aujourd'hui si pleine d'erreurs (et cela malgré l'homme, qui d'abord sera devancé). L'amour ne sera plus le commerce d'un homme et d'une femme, mais celui d'une humanité avec une autre » (*Lettres à un jeune poète*, VII, *Œuvres*, 1, Prose, Éd. du Seuil, 1972, p. 337).

Ce domaine bien délimité, produit de mon travail de terrassement et d'alchimie, c'est à la fois le lieu ouvert et délimité de mon désir, sa spécificité singulière, et la forme nouvelle, elle aussi ouverte et délimitée, de ma relation d'amour à la conscience de l'autre. Il faut que l'autre soit pour que je me mette en marche. Il faut que l'autre soit une source et une force pour que je puisse moi-même me faire substance primordiale et mercure originel. Alors seulement je comprends la plénitude de ma joie lorsque je fonde à nouveau l'être et l'étoffe de mon désir : c'est que, déjà, je pressens que la forme de l'autre est à mon horizon, et que, avec moi, elle accomplira ce voyage vers le Haut Pays. C'est par elle et pour elle que, désormais, j'ai la force et le goût de parcourir le domaine de la joie.

Je l'éprouve avec la vivacité des grands matins d'été : le travail de la réflexion charnelle, travail qu'on peut appeler conversion ou seconde fondation, est *en même temps* un travail de transformation de l'amour. La transmutation de moi-même qui s'effectue dans et par mon voyage existentiel est en même temps la transmutation de mes rapports à l'autre dans la relation d'amour. Tout, en moi, s'est appuyé à neuf sur l'acte original de délimitation et de décision : dans le même mouvement, sur le même parcours, se transforme aussi la manière dont l'autre se marque en moi-même, la façon dont je le pose et l'affirme. Une nouvelle forme de réciprocité des désirs se découvre, se définit et se déploie, une autre forme de l'amour s'instaure dans l'être en même temps que l'être lui-même s'instaure. Le voyage de la joie dessine désormais par son propre mouvement et la figure nouvelle de l'autonomie et la figure nouvelle de l'amour. Cette grande joie que je suis capable de vivre lorsque j'éprouve l'efficacité neuve de ma liberté, elle s'enrichit, se dédouble et s'aperçoit en même temps comme la grande joie d'une nouvelle forme de l'amour : l'expérience de l'être, l'expérience du bonheur d'être est simultanément la joie de commencer à soi et la joie de commencer une modalité neuve de la relation à l'autre.

Me fonder et me délimiter moi-même comme un être nouveau, ce n'est pas me découvrir comme un îlot autarcique, comme une suffisance close : c'est, au contraire, découvrir et activer les forces qui, en moi, me rendent capable de me construire d'une façon suffisamment neuve pour rendre possible une tout autre forme de la relation. Me fonder joyeusement d'une façon neuve, au long de ce voyage alchimique par lequel je m'épure, et tente de me rendre « lumineux » et « solaire » (conscient, passionné, et libre), ce n'est pas construire une solitude suffisante mais un nouveau domaine où se déploiera une *tout autre forme* de l'amour. L'autre y sera fait par lui-même et par moi lumineux et solaire, fondé à neuf dans la joie d'être. La seconde fondation de soi est aussi la fondation de l'autre amour : le voyage de la conscience, le développement de sa plus haute liberté et de son plus haut désir se découvrent chemin faisant comme le désir et le pouvoir d'instaurer l'être par l'instauration d'un amour tout autre.

Au fond de l'être, le désir. Au fond de la construction itinérante du Domaine de l'être, la construction itinérante de l'amour tout autre. Commencer à moi, c'est m'ouvrir au commencement de l'être inauguré par l'autre, lorsqu'il est aimé, et lorsqu'il est lui-même transmuté, transfiguré, par lui-même et par moi.

La pierre philosophale, la Pierre de feu et d'or qui transmute toute banalité quotidienne en lumière et en éclat, je découvre en marchant que je ne la fabrique pas seul ; *je n'en ai ni le pouvoir ni le désir*. Cette Pierre fondatrice qui étaie le chemin de l'être, et en éclaire le mouvement, est le résultat d'une *action conjuguée*. La fondation est une fécondité, le feu originel est le scintillement réfléchi de deux sujets, le lieu où ils se rencontrent et qu'ils créent par cette rencontre même.

Poser le sujet dans sa propre force de joie et de renouvellement, c'est découvrir en même temps le pouvoir fécondant de l'autre, la nature fécondée de cette joie lumineuse qui se fonde pourtant elle-même. La nouvelle joie est simultanément fondatrice de soi et fondée par l'autre, dans un joyeux mouvement circulaire et unifié qui est celui-là même de l'amour. La fondation est une fécondation, la pierre de feu est la double lumière éclatante qui naît de la rencontre unificatrice de deux désirs lorsqu'ils se haussent au meilleur d'eux-mêmes.

C'est que le feu du désir de l'être est un principe unificateur : il dissout la séparation empirique des choses et des individus et soude ensemble les êtres qui se déterminent à l'amour et par l'amour. La fondation devient une fusion dans la mesure même où elle est accès à une solidité nouvelle qui ouvre le sujet à l'altérité. Devenu solide, ferme et permanent dans les limites qui le font exister en le définissant, le sujet s'est créé lui-même, dans sa personnalité propre, comme le nouvel être désirant se fonder en l'autre, s'unir à l'autre et se réjouir de cette union. Par le feu du nouveau désir et la lumière de la nouvelle fondation, la permanence et la stabilité d'une personnalité assurée de soi deviennent disponibilité et ouverture. Quand le feu lumineux fonde l'être, c'est l'union dans le nouvel amour qui se prépare.

2. LA RENCONTRE ET LA CONVERSION RÉCIPROQUE. LES TROIS CONTENUS DE LA RECONNAISSANCE

Où, analysant les contenus de sens de la réciprocité, on commence à entrer dans la joie d'amour.

AINSI LA DÉLIMITATION de moi-même, la connaissance des pouvoirs qui me définissent en délimitant le haut domaine, la saisie seconde de mon être comme le commencement redoublé de moi-même à moi-même, toutes ces activités fondatrices je vois bien désormais qu'elles me confèrent simultanément un être nouveau et une nouvelle ouverture à l'égard de l'autre. Me connaître et me fonder à neuf sur le désir, la liberté et la joie, c'est en même temps me rendre disponible pour une tout autre forme de la relation. La joie qui me fonde désormais, la joie que je prends à me fonder et à me connaître libre, je les expérimente comme l'appel et la disponibilité pour une joie toujours plus haute : celle de l'amour qui serait une tout autre forme de l'amour.

Je dis maintenant les deux chemins liés dans mon voyage, le chemin du nouvel être intérieur, et le chemin qui s'y lovait, qui le double, l'éclaire et l'exhausse au-delà de lui-même : le chemin de l'autre, non pas de l'autre en général, non pas seulement de l'amour en sa banalité, mais du tout autre amour. Je dis et je dirai cette voie, cette haute terrasse lumineuse de l'être et de la joie, cette substance vivante de l'être qui est l'amour en sa plus haute existence ; je dis et je dirai cette eau scintillante des pays de jardins et de cerisiers, ces océans mauves que parcourent les vents et les mouettes, je dirai et je dis la nacre et le corail, la douceur et la tendresse, le paroxysme et le repos.

Mais je n'inventerai pas ce pays cuivre et or : il existe. Il est le Possible de tous et le Réel de certains, le Réel destiné à tous. On pourrait évoquer à l'appui de cette affirmation la réalité même de l'histoire : des amitiés indéfectibles et chaleureuses ont effectivement existé, des amours extrêmes, fulgurantes ou permanentes, ont illuminé la vie et la culture, des fidélités paradoxales ont su faire des relations humaines quelque chose comme une substance qui serait douée de vie. Et nous évoquerons en effet quelques textes, quelques œuvres où se dit le plus haut amour.

Seules les littératures et les philosophies résignées décrivent l'existence d'une façon tendancieuse, ne mettant en relief que le tragique et la mort, oubliant étrangement les expériences réelles de la haute joie, oubliant surtout de réfléchir sur le travail de la conscience et la permanence du grand désir qui sont requis pour la construction de l'être. Pourquoi ce pessimisme ? Volonté *a priori* de « vérifier » par l'expérience des théories pessimistes antérieures à celle-ci ? jalousie ? ressentiment ? amertume ? Les doctrines du péché originel et leurs illustrations forcées prennent toutes les formes.

Nous laisserons ces problèmes de côté. Disons seulement que c'est par l'expérience personnelle de tels ou tels écrivains, poètes, philosophes ou mystiques, que l'écriture est ici portée. La référence strictement biographique à leurs vies et à leurs œuvres serait purement anecdotique : on l'écartera. C'est le *sens* de cette expérience singulière-universelle qu'il convient ici de saisir ; cette expérience, et ce voyage, il faut en lire le récit comme un hommage rendu non seulement aux possibilités extrêmes de toute conscience, mais aussi aux individualités concrètes qui, à travers les multiples formes de la rencontre, ont rendu et rendent possible l'instauration du Haut Domaine de l'être.

Il est ici question de la première forme de la reconnaissance. Toute rencontre exceptionnelle et décisive est « reconnaissance » : mais d'abord comme gratitude. La grâce est que l'autre existe. Cet autre : lui-même. Comment lui rendra-t-on assez grâce, s'il exprime par son être et par son désir la présence même du tout-autre ? Seul l'amour, métaphysiquement éclairé en lui-même par l'exigence extrême qui est celle de l'être et de la plénitude réfléchie, saura se faire assez connaissant et assez lumineux pour reconnaître en l'existence même de l'autre le pur événement absolu qui appelle la gratitude.

Car l'autre, surgissant en cet éclatement scintillant de la réciprocité, réalise par son mouvement toutes les figures de la contingence (toujours « miraculeuse ») et de la donation (toujours « gratuite »). D'abord se pose le hasard : mais très vite le croisement des vies se constitue pour les deux êtres *adonnés* l'un à l'autre, comme la belle « nécessité » qui ne pouvait pas ne pas être. Or c'est *par l'autre*, tourné vers le sujet (lui-même tourné vers l'autre), que la rencontre contingente se fait rencontre essentielle : il est dès lors comme à l'origine d'un « miracle ». C'est par lui que le croisement des vies s'est fait rencontre, c'est lui qui a élevé la contingence sociale à l'essentialité « métaphysique ». C'est lui qui, alors que rien n'était dû au sujet, s'est tourné vers lui, décidant par là de faire surgir la rencontre comme événement absolu. Parce que le passage du croisement des vies à la rencontre des désirs est à la fois contingent, volontaire et substantiel, faisant passer les êtres de la médiocrité végétative à la splendeur du voyage, chaque conscience éprouve cet événement comme un don gratuit qui a *revêtu* dans la substance du désir, le vêtement du miracle et de la magie : l'autre pourrait n'avoir pas été rencontré, il pourrait n'être pas présent, il pourrait aussi ne pas se tourner vers le sujet, ne pas entrer avec lui dans les jardins, ne pas accomplir avec lui le voyage de l'être avec ses épreuves, ses progressions initiatiques, sa patience et ses extases. Or, librement et simplement, il se tourne vers le sujet, il entre au jardin, il voyage avec lui. Et le sujet en est comblé : comment n'éprouverait-il pas un libre sentiment de gratitude à l'égard non pas seulement des dons concrets de l'autre, mais aussi de sa pure existence et de sa pure manière d'être ? Un amant sincère et généreux éprouve toujours le désir de remercier l'autre pour son être, pour sa manière d'être et pour le pur fait miraculeux qu'il existe en tant que l'être qu'il est[1].

Ce mouvement de la reconnaissance est réciproque. La « gratitude », qui, hors des dialectiques passionnelles de la dette et de

---

1. C'est ce qu'exprime dans un sens plus général, un poème de René Char, « Qu'il vive » :

> « Dans mon pays, les tendres preuves du printemps
> et les oiseaux mal habillés sont préférés aux buts lointains
> [...]
> Dans mon pays on ne questionne pas un
> homme ému
> [...]
> Bonjour à peine, est inconnu dans mon pays
> On n'emprunte que ce qui peut se rendre
> augmenté
> [...]
> Il y a des feuilles, beaucoup de feuilles
> sur les arbres de mon pays. Les branches sont libres
> de n'avoir pas de fruits.
> [...]
> Dans mon pays on remercie. »

« Qu'il vive », in *La Sieste blanche*, du recueil
Les Matinaux, Paris, Gallimard/Poésie, 1978, p. 41.

Joë Bousquet, de son côté, exprime selon son étonnante façon la qualité miraculeuse de l'amour, qui appelle joie et reconnaissance :
« Mon amour est bien assez grand pour ne compter que sur des miracles. Il a toujours vu son essence merveilleuse resplendir sur les événements dont il renaissait chaque jour. »

Il ne fait pas assez noir,
Œuvre romanesque, t. I, p. 104, Albin Michel, 1979.

la dépendance, est la joie prise à l'existence de l'autre, et la conscience que d'autre, en son mouvement vers et avec le sujet, s'y investit librement, cette « gratitude » est éprouvée simultanément, avec simplicité et sans calcul, par chacun des deux amants, par chacun des deux aimés. La reconnaissance n'est pas aliénation. C'est parce qu'elle est éprouvée activement par les deux consciences en un mouvement simultané, inverse et complémentaire. Les deux consciences qui ont *ensemble* élevé le croisement des vies au niveau de la rencontre métaphysique se réjouissent l'une de l'autre en un mouvement égal et également exalté : elles se situent dès lors par-delà l'échange et l'obligation qui asservit. Se réjouissant librement l'une de l'autre comme d'un don toujours miraculeux, elles se réjouissent aussi, elles le savent, du nouvel être qu'ensemble elles construisent par leur donation réciproque, leur activité commune, et leur voyage.

Ici se déploie l'expérience de ce qui est le plus rare et le plus précieux. Elle ne peut prendre corps que sur la base d'un travail commun effectué par les deux consciences. Parce que l'exigence et la qualité auxquelles accèdent les sujets qui ont décidé ensemble le voyage existentiel de la joie sont extrêmes, ils ont dû opérer ensemble un travail de réflexion radicale qui les a libérés des obstacles à la joie.

D'une part chacun des sujets a réalisé par lui-même et pour lui-même le travail de *seconde fondation* qui a valu comme préparatifs du voyage et comme première figure de la joie. Pourquoi ne pas le dire ? Les êtres qui s'aiment, quand ils désirent la réussite de leur amour, entrent dans un domaine qui est comme celui de la philosophie. Peu importe la formulation et l'expression du travail de la conscience qui déploie, dans l'amour, le voyage de la joie : les poètes et les gens sans culture peuvent aussi être « philosophes ». On dit seulement ici que le haut voyage existentiel de la joie et de l'amour ne peut s'opérer sans le recours à la réflexion et, notamment, à cette réflexion fondatrice dont nous avons parlé plus haut. C'est pourquoi *l'amour véritable est philosophe.* Il est philosophe par la conscience extrême qu'il a du rôle « ontologique » et « métaphysique » de l'amour, dans la construction de la joie et de l'être ; mais il l'est aussi par la conscience de l'absolue nécessité de fonder l'amour et la vie du désir sur une lucidité et un travail préliminaires. L'amour et la joie ne sont en mesure de s'instaurer que sur la base d'un renouvellement radical des manières de vivre et de penser : autrement, les pesanteurs et les banalités reprennent le dessus, dispersant les désirs au gré des circonstances, suscitant les angoisses et les conflits qu'elles entraînent. Passions, folies et narcissismes réapparaîtraient vite, avec leurs cortèges de dégâts et de gâchis, d'échecs et de souffrances qui font le décor de la banalité quotidienne lorsqu'elle est livrée à elle-même. Seule la réflexion (la « philosophie ») peut combattre et transcender cette banalité empirique et l'agressivité qu'elle inscrit au cœur du désir : c'est pourquoi l'amour véritable et réussi ne saurait exister s'il n'est philosophe. Non pas résigné, mais créateur, éclairé et fondateur, à la fois *philosophe, architecte et magicien*[1].

D'autre part, et simultanément, s'effectue une sorte de conversion de chaque conscience à l'autre, conversion qui, en raison de la simultanéité et de l'identité des deux opérations inverses conduites par chacun des sujets, pourrait être désignée (pour simplifier) comme conversion réciproque.

Elle est d'abord la forme commune de l'*instauration*. Chacun posant comme le désirable extrême l'entrée avec l'autre dans le voyage de l'être, il pose désormais celui-ci comme le centre existentiel du nouvel être qu'ils constituent ensemble dans et par ce voyage. La reconnaissance-gratitude est le contenu qualitatif et vécu de cette transmutation du regard qui constitue désormais

---

1. R. M. Rilke exprime poétiquement, concrètement, cette nécessaire intervention du sujet dans l'amour : « L'amour c'est l'occasion unique de mûrir, de prendre forme, de devenir soi-même un monde pour l'amour de l'être aimé. C'est une haute exigence, une ambition sans limites, qui fait de celui qui aime un élu qu'appelle le large. Dans l'amour, quand il se présente, ce n'est que l'obligation de travailler à eux-mêmes que les êtres jeunes devraient voir. » Une page plus haut, Rilke écrivait : « Nous savons peu de chose, mais qu'il faille nous tenir au difficile, c'est là une certitude qui ne doit pas nous quitter » (R. M. Rilke, *Lettres à un jeune poète*, VII, in *Œuvres*, I, Prose, Paris, Éd. du Seuil, 1972, p. 334 et 335).

l'autre comme centre et comme sujet sans cesser soi-même d'être sujet. Une relation exceptionnelle (érotique, amoureuse et philosophique à la fois) peut dès lors s'instaurer.

Ceci n'est possible que par une double conversion réciproque où chacun change à la fois les modalités intellectuelles de sa pensée et l'orientation valorisante de son désir. Passant du narcissisme à l'oblativité, chaque désir situe l'autre au centre de l'univers qu'il construit et du voyage qu'il entreprend[1].

Cette conversion réciproque, philosophique et « métaphysique », est à la fois un long travail de maturation et une instauration fulgurante, une initiative commune, un acte absolu et commun, qui sont la *substance* même de la rencontre.

De cet acte commun, double affirmation réciproque et cœur émerveillé, résulte un monde unique, resplendissant et tout autre[2]. De ce monde de l'amour nous sommes déjà en train de parler et nous continuerons de le faire : il est l'une des demeures de l'être que les amants parcourent ensemble dans le Voyage qui se déroule ici. Auparavant, attardons-nous sur cette conversion réciproque. Nous avons vu qu'elle est reconnaissance-gratitude, et affirmation primordiale de l'autre. Cette affirmation oblative est plus riche d'implications et de conséquences qu'il n'y paraît au premier abord.

Parce qu'elle est réciproque, elle est une œuvre commune. En elle s'exprime le haut désir de l'être, avant même que ne se concrétise ce monde de l'être. La rencontre paroxystique de deux

---

1. C'est ce qu'exprime très fortement Joë Bousquet : « Aimer, c'est adhérer de toutes ses forces à une réalité étrangère, et s'effacer lentement soi-même de la contemplation » (*Il ne fait pas assez noir*, *Œuvre romanesque*, t. I, Albin Michel, 1979, p. 95).

2. Joë Bousquet, dans un de ses romans autobiographiques s'exprime ainsi : « Dès lors, son moindre regard, son geste le plus insignifiant étaient comme des nouvelles de là-bas, un appel qui me venait du pays d'aventure dont sa blancheur approchait de mes lèvres le rayonnant climat » (*Il ne fait pas assez noir*, *op. cit.*, p. 103).
On ne peut pas ne pas songer au texte de Julien Gracq que nous citions plus haut, « La Route », dans lequel les riveraines de la route secrète apercevaient et goûtaient la présence de l'être au cœur des voyageurs. Le narrateur éprouvait, lui aussi, en se souvenant, un sentiment de reconnaissance et une reconnaissance de l'être en l'autre. Les expériences et les écrits de Joë Bousquet ont une portée universelle qui dépasse la condition singulière d'homme foudroyé qui fut la sienne.

êtres, avant de susciter la splendeur où s'effectuera leur Voyage, repose sur la commune et radicale décision de faire être cette splendeur. Alors s'exprime, en eux et en chacun d'eux, la conscience exigeante de combattre ensemble la banalité et les pesanteurs, les pseudo-fatalités internes et les agressions externes. La décision en est radicale. Elle ne consiste pas seulement, en chacun, dans la détermination de lutter pour la défense d'une relation contre les agressions sociales, les idéologies, les médiocrités, les angoisses éparses à l'entour. Elle consiste surtout dans la détermination lucide, volontaire et passionnée de faire advenir ensemble le nouveau monde. Toutes les forces de l'ombre sont alors prises en considération, en chacun par l'autre et par lui-même. Mais aussi et d'abord toutes les forces de la joie et de la lumière. La conversion réciproque n'est pas seulement le fait de se tourner vers l'autre tandis qu'il se tourne vers moi, chacun des sujets privilégiant l'autre comme centre focalisant du nouvel univers commun ; elle est aussi et en même temps une conversion active, c'est-à-dire la conscience que le monde issu de la rencontre est un monde à construire et non une donnée à constater.

Et ce monde à construire n'est pas seulement, pour chacun des deux sujets exaltés, le monde de l'amour opposé à la juxtaposition monadologique des individus : c'est aussi, par et dans l'amour, le monde doré de la splendeur, le tout autre monde vers lequel et au cœur duquel nous conduit le voyage poétique et philosophique qui se déploie ici.

Ce que les « amants » ou les « époux » décident de construire ensemble ce n'est pas seulement leur existence matérielle ou leur vie quotidienne : c'est aussi le domaine de l'être, cet univers réel et somptueux dont le nom le plus ouvert et le plus substantiel nous a paru être : le tout-autre. Parce qu'il y va ici du sens le plus profond et le plus vital de l'être, les amants philosophes s'engagent dans un chemin de cime qui est celui de la construction radicale. Ils sont philosophes : ils savent bien que seul l'amour est en mesure de construire ce jardin extrême qui mérite le nom de l'être et du tout-autre, et ils savent bien aussi que l'existence n'accède au sens, à la substantialité et à la splendeur que par un travail de construction. Seul l'amour peut répondre à l'amour de l'être, et seul l'amour partagé, réciproque et actif peut construire et l'être et l'amour. La foi qui réside dans l'amour, c'est la foi dans le pouvoir infini du désir et de la réflexion lorsque, portés par deux êtres qui s'aiment, ils s'engagent dans le voyage du nouveau monde[1].

Décision radicale et commune, engagement et investissement extrême à l'égard de l'autre, sont comme l'étoffe de responsabilité volontaire qui constitue l'acte de la conversion réciproque.

La rencontre, au-delà de la libre gratitude à l'égard du miracle de l'autre et des pouvoirs qu'il suscite, devient aussi responsabilité. C'est que, on l'a vu, la conversion à l'autre est aussi conversion à l'être. Ainsi, *le deuxième aspect de la reconnaissance* est la saisie, en l'autre, de son projet vers l'être.

C'est pourquoi toute vraie rencontre est position de responsabilité extrême. C'est que l'enjeu y est extrême. La responsabilité ici consiste dans la claire conscience (partagée par les deux amants) que l'amour ne saurait s'instaurer en dehors du domaine de l'être qui est précisément cela qui est créé par la fondation seconde et par l'amour tout autre, par la transmutation créatrice, à la fois poétique et philosophique. C'est l'être du monde et la plus haute joie dont l'humanité est capable qui sont en jeu dans la rencontre amoureuse ayant délibérément choisi le bonheur.

La responsabilité, prise de conscience de cet enjeu, se découvre alors comme la tâche de se conduire effectivement soi-même

---

1. C'est encore ce que confirment l'expérience et l'écriture extrêmes de Joë Bousquet : « L'amour qui est toujours un regard vers l'au-delà de nous-mêmes, nous avertit, par le choix intransigeant qu'il opère, par son défi à l'universel, par le fonds qu'il fait sur le particulier, que toute notre raison se démet avant que notre raison d'être ait commencé de nous sourire » (*Il ne fait pas assez noir, op. cit.*, p. 128). C'est bien d'une conversion au tout autre que l'empirique, qu'il s'agit chez Joë Bousquet, et c'est une véritable transmutation qui nous introduit dans le domaine réel de la haute joie : « Ma joie, au moins, je sais qu'elle est à moi, si pure, si libre par rapport aux événements où se poursuit ma vie, que c'est dans l'au-delà des choses données que je me vois obligé de situer sa profondeur, dans ces lieux merveilleux que mon imagination ne m'ouvre pas à coup sûr, mais sur la vérité desquels elle projette son aveuglement enchanté » (*ibid.*, p. 131).

avec l'autre sur les chemins de l'être ; elle se découvre comme la prise de conscience de la portée métaphysique de la rencontre où se jouent tout le sens et toute la joie, toute la substantialité de l'existence en même temps que sa splendeur. Qualitativement, la conscience de cette responsabilité métaphysique où le sort de l'être et de l'autre est détenu par chacun des amants est vécue comme *gravité*[1].

Il y a une gravité de l'amour extrême, sous-jacente à la joie et à l'éclat qui en illuminent le cours. Cette gravité est le sérieux de l'amour, son poids et sa densité, sa réalité paradoxale. Il se situe par la joie et la création aux confins du « paradis » et même en son cœur parfois ; mais, par la conscience de ce qu'il perdrait s'il n'accédait pas à sa propre permanence toujours extrême, il se situe aussi aux confins de la mort. Le sérieux et la gravité de l'amour résident en ceci qu'il se situe paradoxalement aux confins de la mort et au centre le plus lumineux de la vie. Sans la substantialité de l'amour, l'être n'est pas : mais alors comment vivre, pourquoi vivre, comment accepter le vide et l'absence de cet être qui fut pourtant évident dans la présence de l'autre et dans l'amour partagé ? De là vient le désir de mort : il est l'hommage extrême rendu à l'amour, après que, par son absence, l'être se fut révélé comme ce qui a été. Mais la mort n'est pas consubstantielle à l'amour comme le croient certains analystes, ou certains poètes romantiques. Ce qui est consubstantiel à l'amour c'est la vie. Le sentiment grave de l'existence est, dans l'amour, la prise de conscience acérée de cette dimension de l'amour par laquelle, comme source et fontaine de vie, il ne saurait laisser subsister après lui que le goût de la ruine et des cendres, le désir nocturne de la mort.

Ce sentiment de gravité ne joue pas lorsque la rencontre se déploie seulement sur le terrain du plaisir, de l'esthétisme ou du

1. « Ceux qui se joignent, […] qui s'enlacent, dans une volupté berceuse, accomplissent une œuvre grave. Ils amassent douceurs, gravités et puissances pour le chant de ce poète qui se lèvera et dira d'inexprimables bonheurs » (R. M. Rilke, *Lettres à un jeune poète*, IV, *Œuvres*, I, Seuil, p. 326).

dilettantisme ludique : c'est que l'être n'ayant été visé par aucune conversion ni aucune transmutation, il ne saurait être perdu après la mort de l'amour, ni confronter aucun des deux sujets, par le départ de l'autre, à sa propre mort affective.

Au contraire, l'amour qui se veut comme le désir de la plus haute joie et de la plus haute exigence, parce qu'il est conscient de l'« être » comme enjeu absolu, et conscient de la contingence miraculeuse de la réciprocité, déploie toujours sa musique et son chant sur un fond d'accords graves.

La gravité ne vient pas seulement d'une conscience aiguë de la donation de l'être dans l'amour et de la gratuité miraculeuse de cette donation, réciproque et simultanée ; la gravité n'est pas seulement l'une des harmoniques de la reconnaissance qui, dans la rencontre, s'effectue dans la forme de la gratitude, libre et discrète.

Elle est aussi la prise de conscience du caractère parfaitement unique de chaque rencontre.

Ce n'est pas seulement la singularité qualitative de l'être de l'aimé, la couleur et la musique de ses gestes, l'être même de son visage, de sa voix, de son corps, qui forment pour l'amant l'événement unique où s'étonne son admiration. La gravité qui soustend celle-ci comme la masse du navire permet l'envol de son gréement, elle ne s'adresse pas seulement à ce qu'il y a de parfaitement unique en l'autre, corps et âme confondus, unifiés, splendides en leur éclat. Le mouvement de l'amour n'est pas seulement l'écho d'une musique parfaitement singulière qui est la personnalité même de l'aimé. Non, pas seulement. Ce qui « étonne » et bouleverse, c'est l'entrée de l'aimé, en même temps que l'amant, dans le haut domaine de l'être qui s'ouvre désormais devant eux par leur action commune.

Ce ne sont pas seulement la présence éclatante de l'autre, la prégnance et l'envoûtement exercés par l'unicité et la signification de son être qui sont l'origine du sentiment grave de l'amour, et de la joie admirative qu'il rend possible. Ce qui est admirable aussi, c'est l'unicité de la rencontre elle-même. Le hasard, on l'a vu, est transformé en nécessité par le travail commun des deux amants qui créent ensemble, comme en une conversion miraculeuse, le monde nouveau qui se fait désormais la substance de leur existence. La rencontre de deux amants, lorsqu'elle est reprise par eux et élevée par chacun d'eux au niveau d'un événement existentiel décisif qui permet d'entrer dans l'être et dans la joie, est une espèce de miracle métaphysique. Ce qui n'avait aucune chance statistique d'arriver « arrive », ce qui ne s'inscrivait en nulle prévision possible dévoile sa nécessité intérieure : le miracle ici est celui de la volonté commune et de l'accord des désirs dans leur cheminement métaphysique.

La reconnaissance de l'autre, admirative, joyeuse et grave, est maintenant la conscience « étonnée » (émerveillée) de l'exigence réflexive et existentielle, qu'on voit bien que l'autre éprouve au tréfonds de lui-même, comme nous.

L'admiration joyeuse et grave porte désormais sur l'*activité* de l'être aimé, et non plus seulement sur son être. Le qualitatif en lui qui nous émeut et nous subjugue, nous découvrons dans l'émerveillement qu'il est le fruit de son activité, de sa liberté, de son désir. La femme aimée n'est pas seulement la splendeur de l'unicité de sa présence, elle est aussi cette forme singulière d'un libre désir qui se fait être ce qu'il est, *dans et par* l'activité de conversion à l'autre et au tout-autre. Ce qui est aimé, dans la femme aimée, c'est à la fois l'être qu'elle est, et le libre désir réfléchi par lequel elle est ce qu'elle est. C'est sa liberté concrète qui est aimée, cette liberté par laquelle elle s'est fait être précisément cet être qui nous émeut et nous bouleverse.

La liberté aimée, en l'autre, n'est pas seulement l'origine de sa personnalité ; elle est aussi et surtout, dans la rencontre, cette liberté qui décide (là est l'unique nécessaire) de se convertir à la vie du Haut Désir et de se reconnaître soi-même comme l'exigence de l'absolu. En l'être aimé, dans la rencontre amoureuse, philosophique et poétique, ce qui est l'objet désormais de l'amour et de l'admiration, c'est ce désir « métaphysique » qui le rend sensible à l'être et le porte à voyager sur les chemins de l'être, à se réjouir de ses terrasses et de ses jardins, à *désirer* toujours la demeure de l'être et à savoir merveilleusement y *résider*. Et nous y faire résider. Ce qui est ainsi aimé dans la femme aimée « exceptionnelle » (si universellement possible et réelle aujourd'hui, dans nos sociétés libérées), c'est donc le pouvoir de la liberté et le désir de l'être. Ensemble, ils forment l'aptitude singulière à la conversion, c'est-à-dire, en d'autres termes, à l'intelligence et à la sensibilité « métaphysiques ». Ce qui en l'autre est aimé et admiré, d'une façon « grave » et joyeuse en même temps, c'est à la fois son être, son désir de l'« être » et son pouvoir de susciter l'être dans et par la rencontre.

Et cet être que l'autre suscite dans la rencontre, par la conversion réciproque qui le fait se tourner et vers l'être comme expérience de la substantialité et vers nous-même, cet être est.

Or cet être est cela même que le sujet aussi désire, et en quoi il veut demeurer et subsister ; c'est le même être. La même expérience de la plénitude est suscitée par l'activité commune des deux amants[1].

Si bien que le sujet, par l'admiration et la joie qu'il éprouve à résider dans la substantialité (unité, confiance, transparence et réciprocité), découvre que l'autre sujet, la femme aimée, est *la même que lui-même*. Non pas seulement en tant qu'elle est femme (l'autre identique) mais en tant surtout qu'elle est ce haut désir exigeant de la joie et de la perfection, cette haute lucidité avertie du fait que la conversion réflexive, l'activité intellectuelle et spirituelle, sont indispensables à l'instauration de l'être, cette manière extrême d'exister qui rend futiles toutes les autres manières.

L'admiration, désormais, se sait comme la reconnaissance *du même*.

En cela, la reconnaissance est gravité et joie : chacun se reconnaît en l'autre, avec ses exigences extrêmes, son cheminement,

1. Dans le Tantra, l'union des corps est l'expression ou la voie de la communion métaphysique et cosmique. Cf. Ajit Mookerjee et Madhu Khanna, *La Voie du Tantra*, Paris, Seuil, 1978, traduit par Vincent Bardet.

sa conception de l'existence et de la joie. L'autre se révèle au sujet comme cet être paradoxal et miraculeux qui serait à la fois une *source* (puisque la femme aimée nous confère l'être, et se confère l'être à elle-même) et un *écho* (puisqu'elle nous ressemble en ce désir et en ce pouvoir métaphysique de susciter un monde par le mouvement de la joie). Parce que l'expérience de l'être et de la haute joie (le bonheur) ne saurait être un immédiat, chacun a dû accomplir pour son propre compte et par ses propres forces le même travail de fondation et de construction que celui qui fut effectué par l'autre. La femme et l'homme, dans l'amour, sont les *mêmes* : issus de la même nuit, ils furent chacun portés vers eux-mêmes et vers l'autre par le même désir et la même lumière, ils ont désiré, au-delà, le même être et la même substantialité.

La joie admirative de l'amour est donc cette nouvelle forme de la reconnaissance de l'autre en laquelle s'exprime non plus seulement la libre gratitude à l'égard de son activité donatrice et généreuse, mais *la reconnaissance d'un être déjà connu* : le sujet, l'amant reconnaît en l'aimé l'être qu'il est lui-même, le même être qu'il est. L'autre, en tant qu'autre (il est source, et il est là-bas, en son for intérieur, en son corps, en sa vie), est aimé merveilleusement parce qu'il est le même que le moi, le même que le même.

Il ne s'agit pas ici de narcissisme : ce qui est aimé en l'autre qui nous ressemble ce n'est pas nous-même ; l'amour est par essence amour de l'autre : *il n'y a pas d'amour de soi, ni de haine de soi*. Ce qui est aimé en l'autre, s'il me ressemble, ce n'est pas moi-même : ce qui est aimé, dans la femme qui me ressemble en son tréfonds, c'est *elle-même*, en tant qu'elle est précisément l'être que je puis aimer à l'extrême, *puisque je le suis*. Il ne m'est pas possible d'aimer à la lettre en moi-même ce que je suis[1] : je ne puis l'aimer qu'en l'autre, mais précisément parce qu'il est comme moi, sans être moi, et en tant qu'il est *lui-même*. Ce que je « reconnais », dans la femme aimée qui me ressemble, c'est moi-même : je connais en l'autre le

1. « Orgueil », « narcissisme », « humilité », « haine de soi » sont des conduites ou des appréciations de soi-même (toutes injustifiées d'ailleurs) mais non de réelles relations affectives à un être qui serait le sujet lui-même.

même ; je le comprends, je l'éprouve, je « l'existe » parce que je me comprends, je m'éprouve, je m'existe. À travers cette seconde forme de la reconnaissance, ce qui est connu en l'autre c'est *son identité* en tant qu'elle est identique à la mienne ou plutôt semblable. En l'autre, en son identité je reconnais mon semblable. Mais c'est de l'amour qu'il s'agit : au-delà de la reconnaissance-connaissance de moi-même en l'autre, ce que j'aime, c'est lui-même, lui-même en tant précisément qu'il est *son identité*, l'autre que moi qui se sait et se pose comme l'être qu'il est et s'est fait lui-même.

L'admiration amoureuse, ici, est l'émerveillement enthousiaste qui vient de la considération d'une autre conscience qui, en tant précisément qu'elle est *elle* et *non pas moi*, a pourtant décidé de se convertir par elle-même à un être qui est semblable au mien. La femme qui me ressemble et que j'aime, elle s'est librement conférée l'être que j'estime être le plus digne d'être désiré, puisque, par mon être, je manifeste et déploie le même désir et le même être.

C'est dire que son imprévisible choix d'être un être qui me ressemble par ses desseins, ses visées et son expérience « métaphysique » du bonheur, me confère sens et justification. Et ce mouvement est réciproque.

La reconnaissance en l'autre de l'essence même de ce qui me constitue est à la fois une reconnaissance de l'autre comme être, comme sujet et comme liberté, et une justification de moi-même par la ressemblance qui nous accorde.

Les activités en miroirs sont ici celles de la vie, de la joie et de la fécondité : je me justifie de me reconnaître en l'autre conscience, mais c'est parce que je l'aime, elle est justifiée de se reconnaître en moi, mais c'est parce qu'elle m'aime. Chacun se fait et l'écho et la source, construisant l'être comme plénitude active par le mouvement même de la joie qui admire en l'autre et le même et le lui-même.

Nous avons dit plus haut que chacun des deux êtres a pris l'initiative de la conversion à l'autre et au tout-autre : c'est par le désir commun de construire et d'habiter la demeure de l'être que chaque amant est devenu ce qu'il est, et s'est constitué peu à peu comme le même être que l'autre. Ils sont les mêmes parce qu'ils ont chacun le même désir antérieur et autonome, et ensuite parce qu'ils entrent ensemble dans le Domaine unique qu'ils construisent ensemble.

Ce qui est « *reconnu* » dans la femme aimée, c'est dès lors *elle-même* comme *l'autre* aimée qui me ressemble et elle-même comme celle qui porte en elle le monde unique et *commun dans lequel avec elle je demeure et trouve ma plénitude et mon sens*. L'aimée est *elle-même* d'abord, puis *comme* moi-même (mais non pas moi), ensuite, et enfin elle est *dans* le même lieu et la même substance que moi-même, ce domaine qui nous englobe, où nous puisons notre sens et notre vie, et qui se crée de notre commune reconnaissance émerveillée.

Parce que la seconde signification de la reconnaissance dévoile celle-ci comme reconnaissance de l'identité des activités fondamentales, en chaque sujet, comme reconnaissance de la similitude « métaphysique » des deux désirs, on peut dire que la reconnaissance amoureuse est une connaissance.

Malgré les préjugés scientistes, ce n'est pas l'attitude objective qui ouvre l'accès à la réalité spécifique d'autrui, c'est l'attitude phénoménologique de compréhension, qui, à la limite, est l'attitude même de l'amour. Dans la rencontre amoureuse, chacun s'émerveille à bon droit de la libre contingence qui, ainsi qu'une grâce, habite l'offrande et la donation que l'autre accomplit en se tournant vers lui ; chacun s'émerveille, en l'autre, de son projet existentiel d'être, et d'être dans la joie, projet qu'il reconnaît à la fois comme semblable au sien propre, et comme originel absolument : comment ces actes réciproques et réfléchis seraient-ils possibles si chacun des amants n'avait pas une connaissance approfondie de l'autre ? Comment la joie prise à la considération et à l'expérience de la similitude des amants serait-elle possible, si chacun d'eux n'avait pas la conscience explicite, c'est-à-dire la connaissance de l'être de l'autre ? Comment la conscience de la singularité de l'autre, comme révélation de sa similitude avec nous-même, serait-elle une joie, si elle n'était pas quelque chose de plus que la simple conscience de nous-même ? Cette conscience de l'identité de l'autre, de son être et de son désir, avec notre désir et notre être, est une joie parce qu'elle est plus qu'une conscience de soi : elle est une connaissance, une conscience réfléchie de l'autre. Je me réjouis de l'autre parce que *j'ai de lui une conscience plus claire et plus vive que celle que j'ai de moi-même*, tout en percevant l'identité fondamentale de ma conscience de moi-même et de ma connaissance de l'autre. Je me réjouis ainsi de pouvoir connaître et admirer un être semblable au mien : je m'en réjouis parce qu'il me ressemble en n'étant pas moi, m'autorisant ainsi à admirer ce que moi-même j'aime être, mais je m'en réjouis surtout parce que cet être semblable à moi-même est *lui-même* (je le connais comme tel) et se tourne librement *vers moi*, me prenant avec lui dans le mouvement de son être.

La reconnaissance amoureuse est donc fondamentalement connaissance réciproque de chacun en l'autre, et de l'autre en lui-même, avant de pouvoir se constituer comme émerveillement, admiration et joie.

Aucun « narcissisme » ici : la découverte de l'identité profonde de deux êtres dans le mouvement qui les unit n'est une complaisance à soi que dans les relations faussement amoureuses, dans les conduites empiriques ou banales de la passion « possessive ». Au cœur de l'amour vrai, cette reconnaissance de l'autre comme reconnaissance de soi et connaissance de l'autre, est le socle sur lequel se construit *l'être nouveau et unique* que les deux amants vont construire ensemble. Seuls s'aiment (au sens le plus fort, le plus extrême, le plus existentiel, le plus vital) ceux qui se ressemblent. Et seuls ceux qui se ressemblent peuvent créer ensemble un être nouveau, issu de leur commune activité réciproque et enthousiaste. Platon, ici, exprime métaphoriquement le vrai : les amants accouplés engendrent toujours un être nouveau, qu'il s'agisse d'un enfant de chair, ou d'un univers de langage, de parole et d'existence qu'ils constituent ensemble comme leur monde et comme leur demeure. Mais les amants ne créent ce nouveau domaine de leur existence que s'ils ont d'abord, en commençant leur voyage, reconnu la similitude profonde de leurs existences et de leurs désirs, s'ils ont commencé par percevoir suffisamment l'autre pour accéder à une connaissance en intériorité de son être même.

Ce passage de la perception à la connaissance intérieure est à la fois l'œuvre et l'objet du désir (en chacun) : seul le désir de l'autre, affirmation émerveillée de son être comme centre et source, peut porter la perception vers la connaissance et faire de celle-ci une reconnaissance qui soit à la fois naissance et création.

C'est la similitude des deux êtres, avons-nous dit, qui permet l'œuvre commune en laquelle ils se réjouiront, et en laquelle ils se dépasseront. Cette reconnaissance n'est donc pas intellectuelle : c'est l'admiration qui en constitue l'étoffe et la substance affective.

Mais cette admiration, qui s'ouvre à la reconnaissance de l'autre en connaissant d'abord le moi en cet autre, poursuit son cheminement admiratif et connaissant : l'amant apprend peu à peu à connaître aussi en l'aimé ce qui lui est spécifique, ce qui le constitue comme lui-même. C'est cette singularité unique qui motive l'admiration totalement oblative et neuve de chacun pour l'autre.

Avec cette admiration spécifique de la singularité, et à travers la connaissance de cette unicité, nous entrons dans la troisième dimension ou *le troisième aspect de la reconnaissance* : elle est l'affirmation de la valeur et du sens absolus et absolument singuliers de l'existence et de la personnalité de l'être aimé.

Cette affirmation « ontologique » de l'autre comme centre et comme source n'est évidemment pas formulée à la façon d'un jugement abstrait ; il s'agit plutôt de la signification explicitement affirmée d'un mouvement du désir ; l'affirmation « ontologique » et admirative est impliquée dans l'appréhension « affective », c'està-dire qualitative de l'autre. C'est à travers le qualitatif du désir et du vécu, que l'autre est ainsi perçu et admirativement affirmé, en son fond, comme centre et comme source. Cette appréhension d'existence est une connaissance, mais cette connaissance est une appréhension qualitative et valorisante : un amour.

Cet amour, ici, accède au meilleur de lui-même : sur la base de la reconnaissance de soi-même en l'autre, il se dépasse vers la connaissance de la singularité de l'autre. Celui-ci, plus fortement encore qu'auparavant, est saisi comme un sujet absolu qui est *lui-même* : d'une part il est ce centre non métaphorique où il s'actualise comme conscience de soi, intériorité ponctuelle, non spatiale et absolue, d'autre part il est cette unité synthétique et spécifique qui n'existe qu'*une seule fois* dans l'univers, avec ce corps, comme forme singulière, ce visage unique et incomparable, cette voix de chair et d'âme qui ne ressemble à nulle autre, cette personnalité, ce style d'être, cette modalité existentielle, ce régime singulier du rapport à l'espace et au langage, cette unique façon d'entrer dans la présence, dans la lumière du monde, dans le regard de l'autre qui l'aime et qui l'attend.

Elle-même : elle, avec sa manière d'être et sa façon de se situer, son langage et son travail, son appréhension du monde, la lecture qu'elle en opère, la vision qu'elle en a, l'action qu'elle entreprend et qu'elle déploie pour exprimer ce monde, le transformer, le vivre et le transmuter ; sa façon unique et singulière d'écouter une musique, de lire un auteur, de se situer politiquement, d'aimer un paysage, un peintre, d'agir, de voyager, d'admirer, d'exprimer le désir et l'être par sa voix unique, par son écriture, par la saveur, le rythme et le souffle de son existence.

Dans l'amour, la reconnaissance de l'autre comme souveraineté n'est pas simplement la reconnaissance et l'affirmation concrète de sa liberté ; elle est aussi et surtout la connaissance approfondie et admirative, attachée, de la totalité singulière qui constitue l'être aimé, ou plutôt de cette singularité ouverte et créatrice par laquelle s'exprime l'essence même de l'autre, l'autre comme unicité d'action, de vibration et d'existence ouverte. La totalité singulière et existentielle d'un être est si riche, si expressive, elle se déploie en un registre de modalités si nombreuses et ouvertes (charnelles, verbales, gestuelles, culturelles, pratiques) que seul un autre être singulier animé par le désir et par l'amour peut entrer dans ce domaine qui est le lieu spécifique de l'existence de l'autre et parvenir ainsi à le connaître dans sa singularité, ce qui est réellement le reconnaître.

La « reconnaissance » dont nous parlent Hegel ou les politiques est purement abstraite, institutionnelle. C'est pourquoi ces auteurs n'ont su voir en elle que la dimension de pouvoir, l'aspect par lequel, luttant pour la maîtrise ou l'indépendance politique, elle n'est rien d'autre que la recherche d'une domination reconnue par l'autre. Nos contemporains ont trop oublié que Hegel analysait seulement l'ordre politique, et notamment les relations de maîtrise et d'esclavage dans les sociétés antiques. Ils ont hâtivement extrapolé, et en ont conclu que les relations de consciences étaient tout entières vouées à ce conflit, à cette lutte pour la reconnaissance-domination du sujet, dans la servitude de l'autre.

Cette extrapolation est erronée à plusieurs égards : la politique n'est pas par essence le lieu de la violence et du conflit ; lorsque cependant on isole ce conflit, cette « lutte pour la reconnaissance », on n'a pas encore décrit la forme et le contenu essentiels de la reconnaissance, mais seulement l'une de ses modalités, d'ailleurs contingente. Enfin et surtout, c'est par une pure pétition de principe que l'on déclare l'amour voué à l'échec, parce qu'il serait à la longue détruit par la lutte concurrentielle des deux amants pour la reconnaissance, c'est-à-dire (croit-on) pour la domination : il y a pétition de principe parce qu'on place au début (l'amour comme concurrence) ce qu'on veut y trouver à la fin (l'amour comme échec) ; c'est ainsi que, selon Sartre, chaque amant cherche à être pour l'autre son Dieu exclusif, espérant trouver ainsi dans cette reconnaissance de son pouvoir par l'autre une justification, c'est-à-dire un fondement de son propre être. Mais c'est une pétition de principe : si l'autre finit par refuser la servitude, c'est que le premier (voulant être le seul Dieu du couple) avait commencé par imposer sa domination. Si l'on commence par asservir, la révolte suivra probablement, mais cette pétition de principe qui définit l'amour dès le départ *par quelque chose qui n'est pas lui* n'exprime aucune nécessité d'essence, aucun mécanisme inéluctable. Si l'« amour » commence par la lutte pour la suprématie, ou la crainte d'être soumis, alors ce n'était pas l'amour mais *seulement une des formes de la sexualité*.

Ce qui s'exprime plutôt ainsi, c'est ce règne de la banalité empirique ou de la « pression idéologique » que les amants véritables ont *rejeté radicalement*. La conversion réciproque, la rencontre des sujets et des désirs, l'instauration de l'amour, sont précisément les activités neuves par lesquelles, ensemble, les êtres qui s'aiment entrent dans un *tout autre domaine* de la relation.

Et ce tout autre domaine, parce qu'il est celui de l'amour, exclut précisément ces dialectiques de la domination et de la servitude, ces pseudo-lois anthropologiques.

Les amants, certes, visent la divinité : mais lorsqu'ils sont « philosophes », ils savent bien que les hommes ne sont ni des dieux ni des choses ; ils ne songent même pas à être un Dieu dominateur ; ils se souviennent du proverbe hollandais cité par Spinoza contre Hobbes : « L'homme est un Dieu pour l'homme », et ils l'interprètent positivement : chacun est un dieu pour l'autre. Ce que Sartre a oublié, les amants le « connaissent » par l'âme et par le cœur : le divin, dans la relation amoureuse de deux amants, ce n'est pas l'un ou l'autre des deux amants, mais la qualité et l'intensité extrêmes de leur expérience, le paroxysme et la permanence qui qualifient l'univers qu'ils construisent ensemble, le voyage qu'ils accomplissent, les hautes terrasses de l'être où ils trouvent le repos et la splendeur, le « miracle » qu'ils suscitent entre eux, par eux, et au-delà d'eux-mêmes.

C'est en ce lieu, seulement, que s'accomplit la véritable reconnaissance, celle qui, après la gratitude, après la reconnaissance du même en l'autre, se déploie comme reconnaissance de l'autre en lui-même. À la gratitude s'ajoutent la joie et l'émerveillement, l'admiration comme connaissance affirmative et comme adhésion entière à l'être de l'autre.

Cette troisième figure de la reconnaissance est une source de vie et non une lutte à mort. C'est qu'il s'agit de l'amour et non de la guerre. Et la plus haute forme de la reconnaissance est la saisie intuitive de la totalité ouverte et singulière qui constitue l'autre et en laquelle l'autre se constitue. Seule la saisie intense et extrême de la *singularité* de l'autre et de son intériorité subjective comme absolu mérite le nom de reconnaissance : connaissance, adhésion, respect, admiration.

Mais cette reconnaissance, comme connaissance supérieure et extrême de l'autre, ne saurait se distinguer de l'amour. C'est l'amour qui est la plus entière reconnaissance de la nature, de la valeur et de la créativité de l'autre en tant que sujet : c'est l'amour qui est la plus haute et la plus profonde connaissance. La Bible a raison : aimer, c'est « connaître ». Mais l'amour est en même temps plus que la connaissance : il se réjouit de la pure existence de l'autre telle qu'il la connaît et la reconnaît. Considérer cet autre dans sa fascinante singularité c'est, pour l'amant, vivre et être. Sa connaissance est issue de son désir, mais son désir, accordé à l'autre désir dans la rencontre éblouissante, l'incite à connaître toujours plus cet amant avec lequel il voit bien qu'il construira l'être : le connaître toujours plus, c'est-à-dire vraiment le reconnaître dans sa spécificité, dans la singularité souveraine de sa manière d'être au monde.

Mais il n'est pas de connaissance qui ne s'exprime pour l'autre. L'amour n'est pas séparable d'un mouvement vers l'expression toujours plus riche, extrême et intense de cet être unique qu'il aime, dont il s'émerveille et qui le réjouit.

C'est la *parole* (et non pas le seul plaisir) qui exprime l'amour : elle dit à la fois, dans l'émerveillement, l'être profond de l'autre, et l'être de l'univers unique que les amants construisent ensemble. Ainsi, la parole, dans l'amour, exprime à la fois l'être de chacun, et le lieu par où s'expriment leur unité, leur union active.

C'est pourquoi l'amour est reconnaissance d'une voix. La parole est une voix, ce lieu intérieur et extérieur où les amants s'entendent et s'écoutent ensemble et tour à tour. Inversement, cette voix qui pose dans le réel le domaine de l'être est une parole reconnaissante et connaissante qui exprime l'être de l'autre, l'être du domaine où les amants se fondent, et l'être même de l'amour : par essence, étant connaissance et parole, l'amour n'est pas séparable du langage.

3. LE LANGAGE DE L'AMOUR. LA PAROLE ET L'EXPRESSION. LA POÉSIE ET LA MYSTIQUE.

> Où l'on voit pourquoi, par essence, l'amour parle. Et pourquoi ses contenus se dévoilent mieux dans ses expressions mythologiques, mystiques ou poétiques, sans s'y réduire.

*L*E LANGAGE : le terme est si vaste, si riche, que nous devons préciser les sens possibles et les sens où nous l'emploierons.

Il ne sera pas ici question du langage déployé, *à propos* de l'amour et sur lui, à partir d'un point de vue extérieur qui se voudrait scientifique. La science de l'amour, qu'elle soit médicale et biologique comme la sexologie, ou signifiante et psychologique comme la psychanalyse, adopte le point de vue du tiers, le point de vue de l'observateur. À ce titre (et notamment la psychanalyse) elle se constitue comme un discours sur l'amour, et non pas comme le langage, la parole de l'amour, celle qu'il prononce *lui-même* en tant qu'activité.

Certes, les psychanalystes et les écrivains contemporains distinguent à bon droit le « discours de l'amour » (défini comme la pratique sexuelle en tant qu'elle dit le désir) et le discours amoureux (défini comme le déploiement, par le sujet, et dans son langage, des affects qu'il éprouve et des significations qu'il aperçoit à propos de l'objet de son amour)[1]. Parfois, les analystes montrent

1. Cf. Roland Barthes, *Fragments d'un discours amoureux*, Seuil, 1977.

aussi que le discours de l'analysant, par lequel se pose un sujet face à lui-même et dans la relation analytique, est de l'ordre de la poésie[1] : or il y est bien question de l'amour et de la sexualité.

Mais le propos des analystes n'est pas de restituer la signification que le « discours amoureux » comporte pour le sujet qui le tient. Le discours analytique, pour Durandeau, est celui de la cure, et non pas la parole adressée à une aimée par un amant. C'est au contraire cette parole, que nous appellerons d'abord langage de l'amour, qui fait l'objet de notre réflexion.

Parce qu'il s'agit ici d'une réflexion phénoménologique nous sommes situés en un lieu de parole qui, tout en étant celui de la connaissance, est aussi celui de l'existence en première personne. Nous sommes donc sujet qui parle (celui qui parle, ici, c'est tout un chacun, mais c'est aussi moi-même) et en dehors de ce sujet (nous réfléchissons, nous écrivons sur l'amour en général). À la fois nous évoquons les significations d'une expérience qui a une portée universelle, et nous construisons en première personne ce domaine de la satisfaction heureuse qui est l'être, et dont l'un des paysages est l'amour.

Notre propos n'est donc pas d'élaborer une science de l'amour (comme il n'est pas, on s'en souvient, d'élaborer une science du bonheur). Nous voulons non pas analyser et réduire l'amour mais l'exprimer, le dire et surtout le situer dans un plus vaste propos « métaphysique » qui n'enlève rien cependant à la subjectivité et à la réciprocité de l'amour, à son existence en première et en seconde personne. C'est pourquoi nous ne rapporterons pas un *discours*, qu'il soit de l'amour ou sur l'amour, ou amoureux : nous ne nous proposons de faire ni la psychanalyse de l'amour, ni l'épistémologie ou la critique linguistique des propos lucides ou oniriques tenus sur l'amour, ou par les amants. Paradoxalement, notre but est à la fois plus naïf (nous tentons de dire les contenus mêmes de l'amour tel qu'il se vit) et plus ambitieux (nous souhaitons rendre à l'amour sa signification véritable : il est à la fois une

1. Cf. Durandeau, *Le Discours analytique*, Seuil, 1982.

positivité qui se suffit à soi-même et l'une des figures de la plénitude).

Nous ne déconstruirons donc pas la parole amoureuse en la
lisant comme un « discours » dont on étoufferait le sens par l'analyse des structures verbales ; mais nous ne la déconstruirons pas
non plus en consacrant tout l'effort réflexif à la critique des perversions de ce langage amoureux.

La critique de ces perversions est certes libératrice, et la dette
à l'égard de la psychanalyse, dans l'ordre de la lucidité, est considérable. Il est important de savoir que l'obscénité, dans le langage
sexuel, signale une volonté d'humilier qui situe la relation dans la
dimension sadomasochiste où deux sujets sexuels luttent tour à
tour pour ce qu'ils croient être la suprématie ou ce qu'ils revendi-
quent comme la servitude ; elle signale aussi l'abîme où l'on tente
de se détruire par la dérision. Il est important de savoir que le
comportement ou le langage des partenaires, dans la rencontre,
sont souvent ceux de la séduction par où un sujet croit agir seul
sur le désir de l'autre, sans que celui-ci ait jamais eu l'initiative. Il
est important de savoir que, souvent, le langage de l'amour est
bavardage visant par la séduction à « vaincre » le désir de l'autre,
ou par la prolifération à combler le vide ou à masquer l'absence
intérieure à l'autre. Il est également important de savoir que le
langage amoureux peut mentir : le mensonge est bien dénoncé
par la psychanalyse et la morale comme illusion sur soi, comme
tentative de manipuler autrui, comme stratégie de l'intérêt ou de
la domination. Et le langage amoureux est bien souvent celui du
mensonge. Parfois le sujet « réduit » l'autre, non par lui-même
mais par sa propre fonction ou sa place sociale, chacun élaborant
un discours comme masque de sa stratégie, de son ressentiment,
de sa jalousie, de son angoisse[1]. En d'autres cas, se situant exclusivement sur le plan du plaisir et de la sexualité, le sujet s'interdit
de reconnaître en lui-même la lassitude et élabore contre l'ennui

1. Et même, parfois, de sa psychose.

un discours écran, qui n'est que mensonge ; ou bien la femme construira un discours gestuel et verbal pour mimer un plaisir et un amour qu'elle n'éprouve pas en tel moment avec tel partenaire, ou qu'elle n'éprouve plus ; ou bien l'homme, pour masquer son indifférence, sa fatigue ou son impuissance, échafaudera des justifications qui sont autant de mensonges par rapport à sa prétention « virile ». Plus généralement, se maintenant par paresse ou manque d'imagination sur un plan à la fois empirique et tissé de croyances et d'idéologie, les amants se réfugient dans le mensonge pour masquer ce qu'ils croient être (selon les normes qu'ils s'imposent) l'échec de leur amour. Plus couramment encore, et toujours sur ce plan empirique de la banalité et de la culture dominante, l'amant ou l'amante tait à l'autre la présence ou l'intervention d'un tiers dans son existence, par « remords », « culpabilité » ou « crainte ». Le discours de l'amour (sexualité) devient mensonge puisqu'il occulte l'autre discours de l'amour qui, lui, est véridique, tandis que le discours amoureux se saisit lui-même comme mensonge puisqu'il n'est plus accordé à l'expérience érotique. Cette forme du mensonge, dans le langage amoureux, est trop commune pour qu'on y insiste ; disons seulement que bien souvent elle est justifiée (quoique dans la mauvaise conscience) par la société même qui la « produit ».

Certes, il est important de connaître et de dénoncer ces perversions du langage amoureux : mensonge, agression, bavardage, obscénité, séduction, masques doivent être cernés, élucidés, combattus, si l'on souhaite instaurer une relation d'amour qui soit authentique. Il faudrait aussi, dans cette perspective, dénoncer et combattre le langage dit sexiste, celui qui affirme la supériorité ou l'autonomie de l'un ou l'autre sexe ; le féminisme ou le machisme sont seulement des « rôles » que certains jouent, et le discours amoureux n'est ici (à supposer qu'il soit encore présent) que le déroulement artificiel d'un texte qui, comme au théâtre, devrait être nommé un « rôle »[1].

1. L'évolution sociologique et historique des conceptions de l'amour s'oriente vers la reconnaissance de l'égalité absolue des sexes, vers l'émancipation de la femme et

Cette remarque a une portée générale : toutes les perversions verbales ne sont peut-être rien d'autre que les différents personnages, masques ou rôles que les amants adoptent lorsque, au niveau empirique, ils constatent que « l'amour ne se commande pas » tout en croyant qu'il est un devoir ou un honneur.

La vérité est que, en toutes ces perversions de langage, mauvaise foi, artifice, manœuvre ou séduction, l'amour est absent. Le langage de la séduction est celui de l'artifice, de la stratégie ou du pouvoir, mais non pas celui de l'amour : son but est instrumental et non pas existentiel. De même le mensonge dit l'absence d'amour et non pas l'amour même, comme l'obscénité dit la perversion sexuelle ou l'agression et non pas l'amour de l'autre comme l'absolu singulier qu'il est. Le langage de la violence, celui du bavardage disent le conflit ou l'indifférence mais non pas l'amour.

C'est donc un bien singulier pessimisme que celui qui combat l'amour en se référant aux malentendus, aux abstractions, aux artifices, aux calculs que comporterait le langage amoureux : singulier pessimisme *qui dénonce en l'amour les traits qui en marquent l'absence.*

En tous ces langages, l'amour n'est pas concerné : l'autre n'y est qu'un instrument, un objet. Or c'est l'amour même que nous avons à dire : nous allons chercher l'authentique parole par laquelle il s'exprime.

Une dernière remarque avant d'entreprendre vraiment la nouvelle étape de notre voyage.

Ce qui *est* réellement mensonge, séduction ou bavardage se situe ailleurs que dans l'amour, disions-nous. Mais tout ce qui parait bavardage, séduction ou mensonge n'est pas forcément ce qu'il paraît. Tel apparent bavardage peut être en son fonds l'offre d'un appui ou l'expression d'une présence ; tel mensonge apparent peut être conduite éthique, dévouement jusqu'à la mort,

---

vers la reconnaissance de la finalité spécifique de l'amour : la joie et l'intégration à une recherche de l'être et non la reproduction. Nous n'avons pas à « démontrer » cette évolution à laquelle nous croyons : nous souhaitons y travailler. Le concept de réciprocité implique de soi tous ces contenus « sociaux ».

forme d'amour, défense d'une ou plusieurs vies, abandon de l'« honneur » au nom d'une valeur plus haute[1]. Qui pourrait toujours juger ?

Quant aux véritables perversions du langage de l'amour, la critique n'en peut se faire qu'en référence à un langage authentique et réellement amoureux. Le mensonge ou la séduction n'existent qu'en référence à la véracité et à l'authenticité. Il n'est possible d'analyser et de combattre comme telles les perversions de ce langage que parce qu'il existe, en *un autre lieu*, un langage authentique qui est celui de l'amour même.

C'est ce que nous nous proposons maintenant d'évoquer. Notre propos n'est pas de décrire l'une des formes du langage, ou d'étendre nos connaissances générales sur le langage en examinant l'une de ses formes. Nous voulons *dire* l'amour même : or il se dit lui-même en parlant. Désirant l'évoquer pour l'inscrire dans notre démarche eudémoniste, nous devons dire comment il parle. Dire l'amour, c'est dire son langage.

Mais l'amour auquel nous songeons, nous avons vu qu'il ne se réduit ni à la pure sexualité, ni à la spontanéité « psychologique » des affects érotiques. C'est d'un tout autre amour qu'il s'agit ici ; c'est une conscience amoureuse qui parle et qui, étant tout autre, parle *tout autrement*.

Les buts du langage de l'amour sont inouïs : il se propose la plus haute ambition qu'un langage puisse se proposer, puisqu'il souhaite dire avec des mots ce qui n'est pas conceptuel et ce qui n'est pas un savoir. L'amour se propose de dire son propre mouvement qualitatif vers l'autre, en même temps que la singularité qui, en l'autre, suscite ce mouvement de l'amour : ce double qualitatif est saisi comme évidence, comme couleur, et comme saveur, comme musique, et non pas comme concept. Comment s'exprimera-t-il sinon par la parole ?

1. Au XVIIIe siècle, les athées cachent leur athéisme, comme l'abbé Meslier, ou leur attachement à Spinoza que, contre la censure, ils appellent M. de l'Être.

L'amour n'est cependant pas l'inconnaissable, il n'est pas le mystère, il n'est ni l'indicible ni l'ineffable : nous en déployons ici même une connaissance, que nous tenterons d'enrichir plus loin en examinant les contenus de la joie d'amour. Mais cette connaissance, qui peut s'acquérir réflexivement par un retour sur soi, n'est évidemment pas l'intention vivante de la relation d'amour : le sujet *aime* l'autre et désire le lui exprimer, il ne souhaite pas le connaître d'abord, ni connaître d'abord l'amour qui les unit. Originellement, l'amour est une expérience qualitative qui certes *se sait* réflexivement comme ce qu'elle est, mais qui ne se propose pas de réfléchir d'abord sur cette conscience de soi et de l'autre.

Telles sont les exigences du langage de l'amour : s'adresser d'abord à l'autre pour dire et l'amour et cet autre, mais se situer dans un lieu qui soit justement celui du qualitatif existentiel et non pas celui de la connaissance réflexive. Il est clair que seule la *parole amoureuse* peut satisfaire à ces exigences.

Pourquoi en est-il ainsi ?

C'est que la parole (parlée et entendue) est seule porteuse d'un sens qui dépasse le contenu explicite des mots tout en se livrant dans l'évidence absolue d'une présence. La parole amoureuse est d'abord une *voix*, et c'est à ce titre qu'elle peut réaliser la synthèse paradoxale de l'intelligibilité d'un sens et de la qualité d'un vécu. Parce que la voix amoureuse s'exprime au-delà des mots par le timbre, l'intonation et l'intensité, elle est en mesure de communiquer une signification qui ne souhaite être ni un concept, ni un savoir, ni un message, ni un simple signe, mais une présence qualitative. Et cette présence n'est pas seulement celle d'un sujet à un autre, ou d'un désir à un autre, mais d'une joie prise à la présence de l'autre et à celle de l'amour partagé.

C'est pour cette raison que le langage fondamental de l'amour est la parole : elle seule, parce qu'elle est l'incarnation vocale et musicale de la *joie* prise à la présence de l'autre, peut exprimer l'essence de l'amour sans se proposer de le connaître.

La langue originelle de l'amour est la parole. Non pas que toute parole chaleureuse ou enthousiaste soit une parole amoureuse[1]. Mais la parole amoureuse, par ses contenus et par son étoffe, sait dire la spécificité de son mouvement : son enthousiasme, son éclat ou sa chaleur, disent une certaine qualité de la joie qui est l'annonce et l'anticipation de la pleine joie d'amour.

C'est pourquoi la parole d'amour, allant d'un sujet à un autre sujet, à travers la conversation, la confidence ou la caresse, est cette parole singulière qui exprime une certaine qualité de la joie d'être.

Par la parole vivante de l'amour, adressée d'un je à un tu, se réalise alors dans le monde apparemment le plus quotidien, le pur miracle de la présence absolue et enthousiasmante. L'être est parce que l'autre est, présent là comme celui qui parle de cela qui est essentiel, comme celui à qui l'on parle de cela qui est essentiel et qui est la joie d'aimer.

La parole amoureuse, par la modalité érotique de la voix et de sa présence, hausse le désir au-delà de lui-même et le transforme en éros parlant, en amour musical et charnel qui exprime le sens parce qu'il exprime la joie. Tous connaissent cette expérience mais tous ne consentent pas à en reconnaître la portée. Ceux qui, avec modestie, simplicité et enthousiasme, se livrent à cette expérience qui les constitue et qu'ils constituent, accèdent avec évidence à ces chemins qui parcourent le Haut Pays.

C'est que la parole amoureuse seule est en mesure de se faire « *langage entier* »[2] qualitatif et signifiant, disant à la fois la singularité de l'autre en son être, en ses gestes, en ses actes, et la singularité des contenus de son propre désir, de sa propre fascination, unissant motivations et fulgurations, contenus et flammes, substances et idées, créations et descriptions.

---

1. C'est l'un des malentendus souvent produits par une interprétation psychanalytique, dogmatique : on croit que toute parole chaleureuse est érotique alors qu'elle peut se proposer seulement d'exprimer la joie de l'amitié ou de la coopération. Ce malentendu s'appuie aussi, parfois, sur l'ignorance de certaines différences historiques et « culturelles ».
2. C'est une expression de Joë Bousquet par laquelle il désignait la poésie qu'il souhaitait écrire. Nous appliquons cette expression à la parole érotique et amoureuse.

Ce langage entier, cette parole joyeuse, unificatrice de toutes les dimensions de l'existence et de l'existence même des sujets amoureux, se déploie en toutes circonstances. La parole amoureuse, qui dit l'unique et offre la présence de l'unique, se fait offrande sous de multiples aspects. Conversation quotidienne, langage de la coopération dans le travail, récit du passé offert à l'autre ou vécu avec l'autre, contemplation commune du monde, de l'être et de la nature, ou commentaire émerveillé de la rencontre, toujours, en toutes circonstances, la parole amoureuse se fait offrande parce qu'elle est l'expression même de la joie prise à la présence de l'autre.

La parole amoureuse est l'offrande de la joie qui dit la joie et résulte de la joie. Elle est comme le discours de la présence. Pure voix. Elle peut aussi se faire caresse et commentaire de la caresse, commentaire caressant ou passionné de la caresse, du plaisir et du paroxysme. La voix dit alors le désir en son déploiement, en sa plénitude, elle dit l'amour dans son mouvement et dans son repos, dans la lumière de son sens et dans le feu de son être. La parole érotique et amoureuse, comme langage entier, dit et manifeste la joie qu'elle suscite et qu'elle reçoit, la joie qui s'instaure de l'unification active des corps et des êtres.

La parole amoureuse ne se borne pas à être voix érotique et présentification du désir. Comme commentaire de la caresse elle se fait origine de la transmutation des corps : ils deviennent chair et substance lumineuse, corps de gloire, sujets concrets et entiers. Cette parole peut se faire aussi commentaire de la rencontre : offrande et partage de la mémorisation des premières paroles, des premières formes de la reconnaissance réciproque et de l'engagement implicite où sont d'abord entrés les sujets avant de manifester l'un à l'autre le sens de leur désir et la portée de leur amour. Commentaire de la rencontre ou commentaire de la caresse, la parole amoureuse, en disant la joie, transmute la réalité. Elle transcende l'empirique et dévoile le sens profond que l'existence peut acquérir par la rencontre de deux désirs. La joie est alors à la fois révélée et suscitée, instaurée et découverte. Elle est à la fois la source et l'effet d'une transmutation du monde qui est l'œuvre de la parole amoureuse. Le miracle de la rencontre se fait activité poétique de transmutation, magie joyeuse et cosmique.

Cette parole amoureuse est une sorte de miracle, une réalité vivante et effective qui porte en elle des richesses si apparemment opposées qu'on pourrait être tenté de parler à son propos de paradoxe. La parole amoureuse est simultanément l'expression d'un vécu fondamental qui la précède, et la création lumineuse de son sens ; par l'objectivation poétique, la métaphore, la communication symbolique, cette parole construit la signification singulière qu'un amour comporte pour les sujets qui le vivent. La parole devient alors le tissu qualitatif et la substance de la réflexivité qui se dit en elle ; aperception de soi-même, elle l'est sur le mode du qualitatif poétique inscrit dans la voix et dans les mots. En ce sens, la parole amoureuse structure son amour en le disant, les mots deviennent la lumière qui fait émerger l'être hors de l'ombre et qui, en même temps, lui confère l'existence.

Appliquant au devenir de Dieu une description qui est en fait celle du devenir de la conscience, Schelling montre que, en prononçant le « mot du désir », et en tant qu'il est déjà parcouru par l'amour, Dieu devient créateur de sa propre existence : par « le mot du désir », Dieu accomplit un acte de commencement par lequel, émergeant de la nuit, il devient lumière[1].

On pourrait appliquer cette analyse à la parole amoureuse : par les mots prononcés effectivement et adressés à l'être aimé, le désir fondamental et le désir empirique se concrétisent en s'exprimant, passent de l'obscurité à la lumière, se créent comme amour en se découvrant définis par l'autre, par sa présence, par la joie qu'il confère.

La parole amoureuse est donc ce paradoxe par lequel un amour préexistant, porté vers l'autre et s'éprouvant comme le désir de se dire, est en même temps constitué par la parole qui l'exprime.

1. Schelling, « Recherches philosophiques sur la nature de la liberté humaine », in *Essais*, Paris, Aubier, trad. fr. de S. Jankélevitch, 1947, p. 248.

Cette création comporte un nouveau paradoxe : fruit et origine de l'amour d'un sujet pour l'autre, elle est en même temps le fruit et l'origine de cet autre sujet et de son amour. La parole amoureuse, dans son existence même, est l'œuvre commune des deux sujets : chacun désire parler parce qu'il aime l'autre, mais il ne peut le faire que si l'autre écoute, celui-ci se faisant donc en acte la source de la parole du premier, comme il était, avant cette parole, la source de sa joie en tant qu'il en est aimé. La parole de chacun, qui exprime et illumine l'amour qu'il a pour l'autre, a donc pour origine et lui-même, et l'autre en tant qu'il écoute avant de parler. L'autre est la source qui confère l'efficacité au désir de parler qu'éprouve le sujet.

Ce n'est pas seulement dans son existence, c'est aussi dans son contenu que la parole amoureuse est l'œuvre commune des deux amants. La tonalité, le niveau d'intensité, le rythme et le style de cette parole se créent concrètement par la double activité des deux sujets. Chacun est inventeur et les deux le sont ensemble, soit que chaque sujet parle et invente sa parole pour l'autre, soit qu'il écoute et que par son attention amoureuse, son désir et sa présence, il suscite en l'autre ce pouvoir de parler et d'inventer qui est le sien. Et chacun est tour à tour celui qui invente et celui qui rend l'autre capable d'inventer.

En même temps, chacun parle et invente à partir de sa propre parole et à partir de celle de l'autre. La parole amoureuse se fait offrande. Elle donne à l'autre le pouvoir de parler et aussi des éléments concrets de parole : style ou termes, formulation ou références, interprétations, vision du monde et de l'existence. Plus la parole amoureuse est intense et dynamique, plus est efficace le pouvoir créateur des deux sujets. Alors se crée peu à peu un langage qui est l'œuvre commune de la réflexivité amoureuse ; aucun des deux, s'il était seul, n'aurait ni le désir ni le pouvoir de parler ce langage, aucun des deux, engagé dans la relation amoureuse, n'aurait même le pouvoir d'inventer seul un langage amoureux nécessairement secret et partagé tout à la fois.

Le miracle général opéré par toute parole est de créer un lieu de communication où chacun rencontre l'autre parce que, tour à tour, l'un parle et l'autre écoute. La parole amoureuse redouble ce miracle. À la rencontre de deux consciences elle ajoute la création réciproque dans l'absolu, de chaque sujet et de chaque désir, par l'autre ; cette création réciproque opérée par l'amour qui parle est en outre la création de cette parole même qui résulte de l'amour et qui le crée.

Chaque sujet, haussé jusqu'à la parole amoureuse par l'autre, devient à son tour, en sa parole, objet d'une plus haute attention et source d'une plus haute joie. L'amour produit une parole qui l'accroît.

De cet accroissement de l'amour naît un engagement toujours plus intense de chacun dans la parole commune, et celle-ci se développe et s'enrichit par cet investissement commun où il n'est plus possible de définir la part de chacun. De là, peu à peu, naît un langage unique, à la fois singulier et secret.

Ce langage n'est pas un simple code. Il n'est pas un système de signes prenant seulement leur sens par une convention intellectuelle[1]. Le langage amoureux se déploie bien plus comme un univers charnel symbolique où des mots uniques évoquent des expériences qualitatives uniques, connues et partagées par les deux seuls amants qui sont créateurs de ce langage. Les métaphores vives, bien souvent, sont l'élément fondamental de l'expression amoureuse. L'imbrication des métaphores, les références latentes aux événements et expériences vécus ensemble, les cristallisations fulgurantes, opérées par un mot surgi d'un moment unique, extrême ; ou subtil, l'utilisation originale et unique d'un vocabulaire social, philosophique ou poétique apparemment figé, tous ces éléments vivifiés et synthétisés par la joie amoureuse constituent peu à peu un véritable langage comportant ses formes, sa dynamique, sa vision du monde.

Ce qui nous importe, en ce langage singulier que deux amants créent ensemble dans l'enthousiasme de leur joie, ce n'est pas sa

1. Comme dans le cas du langage secret que J. Swift inventa avec Stella.

forme mais son sens : il est d'abord l'expression concrète du désir et de l'amour, et il est ensuite le *lieu*, unique et secret, où se déploie la joie des deux amants, le lieu où ensemble ils existent et voyagent.

Car le langage amoureux n'est pas une forme arrêtée : il évolue comme le temps même des amants, il manifeste l'enrichissement de leur expérience, l'approfondissement de leur union, la modulation et la coloration concrètes, toujours neuves et actives, de leur amour. Ainsi le langage amoureux devient comme la chair et le corps de la parole amoureuse qui est le mouvement et la vie de l'amour. Ce corps et cette chair sont domaine et lieu ouvert ; les amants s'y meuvent comme en un lieu qui s'enrichirait de son propre parcours, comme en un domaine que l'on se complairait à parcourir en le découvrant et à créer en le parcourant.

Ce domaine est le jardin du voyage, le jardin de l'être[1]. Il tend tout naturellement à passer de la parole à l'écriture s'il n'est déjà par lui-même écriture portée par une parole.

Ainsi la parole amoureuse est poétique par essence. Son « objet » est ce multiple domaine érotique, corps et esprit, flamme et lumière, découverte et création, être et plaisir-joie. Pour le dire en un mot, paroxysme. Comment la parole amoureuse pourrait-elle exprimer tant de contenus, dire une joie si extrême, admirer en l'autre un être si singulier, une présence si bouleversante, sans se hausser au-delà du langage ordinaire ? Seule l'imagination poétique est ici en mesure de répondre aux exigences de la parole d'amour, tout en exprimant la vérité même de l'amour et de l'être aimé. Seule la parole devenue poétique par l'amour qui la porte est en mesure de dire la joie extrême ; seule elle peut en effet dire le qualitatif vécu de l'admiration, de la tendresse, du désir, et de la reconnaissance en ses multiples aspects ; seule elle est capable de dire le paroxysme, l'union transmatérielle, la spiritualité du désir, la substantialité charnelle de l'union des consciences, la musicalité de

---

1. L'héroïne d'une nouvelle d'Andrée Chédid, Ève, dit à Adam après l'expulsion du Paradis : « Nous sommes le Jardin. »

la présence réciproque, l'éclat du plaisir, la magie du monde habité par les amants ; seule la poésie est en mesure d'exprimer ce que la parole amoureuse a à dire et qui est la haute joie où les amants sont conduits par la « lumière érotique »[1].

C'est l'imaginaire, ici, qui se fait source de la parole poétique ; mais, parce qu'il est porté par le désir et par l'amour, parce qu'il se fait parole vivante adressée à quelqu'un, l'imaginaire accède au Réel lui-même. Au-delà de tous les langages constitués, la parole amoureuse et poétique conduit les amants au Pays du Réel.

Et la parole amoureuse, portée par la « beauté de l'aimée » à dire sa singularité dans la lumière érotique, découvre la beauté dans le monde même habité par les amants : *l'Imaginaire créateur qui parle parce qu'il aime, se porte au cœur du Réel cosmique pour en dire la beauté*. La parole amoureuse dit alors le Réel du cosmos, la beauté magique et véritable du monde, et elle en fait l'offrande à l'être aimé.

La parole authentiquement amoureuse se fait naturellement poétique parce qu'elle s'efforce de dire le qualitatif extrême de ce qu'il y a de plus réel et de plus extrême, la joie d'amour. Le sujet est alors conduit *au-delà* du langage empirique utilitaire, mais au-delà aussi des apparences premières du monde. D'un seul mouvement, la parole se fait offrande, expression et connaissance de la Surréalité du monde : elle *unifie* alors dans la beauté le cosmos, l'être aimé et le vécu de l'amour. L'imaginaire réel se révèle alors comme la substance même du monde : mais cette beauté du cosmos se donne en même temps comme le reflet ou l'écho ou l'expression du sentiment même de l'amour ou de l'être même de l'aimé.

La femme aimée devient jardin ou château : c'est que le noyau de signification impliqué dans le jardin ou le château est le même que la signification de l'aimée pour l'amant[2]. Dans la

1. C'est une expression de Max Scheler, qu'il emploie dans *La Pudeur*, Paris, Aubier, 1952.
2. Dans notre *Construction d'un château*, nous avons déployé une métaphore privilégiée du bonheur. Nous avons aussi exprimé métaphoriquement, par une description

lumière érotique, toutes les significations s'appellent, elles circulent dans les êtres et dans les paysages, dans le cosmos et dans les sujets.

Il ne s'agit pas là seulement d'un mode d'expression métaphorique rendu nécessaire par la richesse qualitative de l'amour. Il s'agit aussi de la reconnaissance, à travers la parole poétique, de l'identité réelle de l'expérience de l'amour, et de l'expérience cosmique : l'amant qui parle exprime par l'imaginaire réel, l'expérience de l'originel et de l'unité. Par lui, l'Imaginaire rejoint le Réel et voit apparaître le Haut Pays.

C'est vers une expérience de substantialité et de plénitude neuve et originelle qu'est porté l'amant qui parle son amour : c'est la même expérience qu'il tente d'exprimer en parlant le cosmos. Nature, éléments ou saisons, océan, terre, eau, feu ou lumière, disent (ou peuvent dire par la parole poétique) la même substantialité pacifiée, le même mouvement éclatant, la même étonnante splendeur que l'amant saisit dans sa relation à l'aimée, dans la nature même de l'aimée et de l'amour en leur paroxysme[1].

Ainsi, par la parole amoureuse, tout se trouve unifié : le monde et l'aimé deviennent l'un à l'autre écho et miroir, source et origine. Alors la joie est dite. Alors la joie est vécue dans la circularité des consciences se faisant écho et source, nacre et rocher, jade et lys[2]. Le cosmos transmuté exprime l'amour même, et l'amour se dévoile, en l'être aimé, comme origine cosmique, comme centre et comme cœur du cœur. Les sujets sont unifiés par l'intériorité de leur amour en restant eux-mêmes pour s'unir à l'autre, et jouir de sa présence ; chaque sujet est relié au cosmos

phénoménologique des châteaux en leur architecture, les différents contenus de la relation d'amour : solitude, guerre, combats, fêtes, renaissance, substantialité, joie (s'inscrit là également un itinéraire).

1. Chez Novalis ou chez le Philosophe Inconnu, on trouverait des expériences analogues.

2. Jacob Boehme parle du temps des lys. Un poète coréen évoque l'absolu comme un Jade. Le *Zohar* évoque Sept Palais, Thérèse d'Avila parcourt sept demeures en son château intérieur. La poésie, qui est toujours d'essence cosmique et amoureuse, se manifeste parfois comme mystique. Nous dirons pourquoi plus loin.

par l'autre, et le cosmos est unifié à travers les espaces et les temps par l'unité dynamique et bipolaire des amants. Cette unité érotique et cosmique n'est pas un Être immobile mais une vie et un mouvement, un cheminement toujours ascendant et une joie toujours plus étonnante.

Au-delà de la parole poétique amoureuse, ce sont donc les poètes de l'amour que nous rencontrons et que nous pouvons interroger : ils n'ajoutent pas à l'amour, ils le disent tel qu'il est en lui-même. Simplement ils portent la parole à son plus haut degré d'expression et d'élaboration, ils écrivent et structurent ce que disent incomplètement et maladroitement les amants ordinaires. En outre ils nous feront découvrir de nouvelles significations de l'amour, de nouveaux contenus. Et surtout ils exprimeront cela même qui est le Réel, et l'objet de notre voyage ; ils l'élèveront à l'universel et s'en porteront garants : les poètes disent la joie d'amour, la joie même de l'amour. Les poètes nous justifient parce qu'ils disent la Réalité même à son plus haut niveau : le Haut Pays.

Ils ne seront pas les seuls porte-parole de l'amour. Nous interrogerons aussi les mystiques. Est-ce légitime ?
La question se pose à nous avec d'autant plus d'acuité que, on le sait, nous nous situons dans une perspective strictement humaine et immanente. Nous ne pourrions pas suivre les critiques qui interpréteraient en termes religieux ou transcendants le caractère extrême de notre exigence, la signification extrême et « substantielle », parfois même paroxystique, de notre conception du bonheur. L'Être pour nous n'est qu'un terme abstrait sans contenu ; c'est pourquoi notre entreprise consiste à rendre possible et à décrire en sa réalité l'expérience existentielle qui nous fait accéder au sentiment de la plénitude active, au joyeux sentiment d'être. C'est comme verbe et non comme substantif que nous employons le terme « *être* », et l'*activité* que désigne le verbe être est pour nous strictement humaine : ce n'est pas l'aplatir, c'est l'exalter.

Pourquoi, dans ces conditions, interroger la pensée mystique[1] ?

Nous sommes situés, par l'essence même du voyage que nous accomplissons dans le Haut Pays, à l'extrême de l'expérience humaine ; l'amour lui-même, nous en décrivons la forme paroxystique par laquelle il réalise la plénitude de sa signification et de ses pouvoirs ; l'amour tout autre que nous tentons de dire nous conduit à la fois vers la plénitude pacifiée, la substantialité active, l'intensité paroxystique du sentiment d'être et de la joie. Il n'est pas étonnant, dans ces conditions, que l'idée puisse se former qu'il s'agit là de quelque chose de « divin »[2].

Il ne s'agit certes là pour nous que d'une métaphore : mais l'intensité extrême de la joie d'amour telle que nous la décrivons est telle que seule une image extrême peut évoquer. Dès lors, parce qu'il y a « du divin » dans l'amour il est légitime d'interroger l'expérience de ceux qui ont cru littéralement que l'amour est le divin en l'homme : c'est l'un des messages de la littérature mystique quelle que soit la religion à laquelle elle se réfère.

Ce n'est d'ailleurs pas seulement son caractère paroxystique qui rapproche l'amour tout autre de ce qu'il est convenu d'appeler le divin. C'est aussi le contenu même de sa perfection et de sa plénitude.

L'amour tout autre, nous savons déjà qu'il parle et qu'ainsi il accède à l'être ; nous savons aussi qu'il crée l'être en le désirant, créant l'autre et soi-même par son mouvement même ; de plus, la relation amoureuse de triple reconnaissance crée un être unique et bipolaire qui se suffit à soi-même et déploie son être dans un temps intemporel dont l'étoffe est comme une substance et dont la chair, comme joie, est l'or pur de l'esprit, et la « spiritualité » de la chair. Comment ne pas reconnaître en ces premières déterminations cela même que les traditions nomment Dieu ou le divin, ou la déité ?

---

1. Nous le faisions déjà dans *Lumière, commencement, liberté, op. cit.*, où nous interrogions Jean de la Croix par exemple sur la question de la Lumière et du commencement ontologique.
2. Schelling, dans sa philosophie moniste de la Nature, affirme qu'il y a en l'homme quelque chose de divin.

Comment dès lors ne pas approfondir dans les textes mystiques la connaissance que nous avons déjà de l'amour, c'est-à-dire de la plénitude et de la joie ?

À la fois paroxystique et parfait, l'amour tout autre appelle par son propre contenu une expression qui soit celle de ce qu'il y a de « divin » en lui : c'est la littérature mystique qui propose cette expression.

Ajoutons une troisième raison qui confirmera la proximité de la mystique et de l'amour : le langage mystique est poétique. C'est par là qu'il rejoint véritablement l'essence de l'amour : une mystique n'est rien d'autre qu'une *poétique de la joie parfaite* et il n'y a de joie parfaite que celle qui provient de l'union amoureuse d'êtres distincts. Une mystique n'est donc rien d'autre en réalité qu'*une poétique de l'amour*.

Ce qui distingue amour « *profane* » et amour « *sacré* » n'est donc qu'une croyance : le mystique croit que son amour s'adresse à un être inhumain, transcendant, mais, en réalité, il déploie et exprime une expérience de l'amour qui constitue l'une des possibilités de la conscience humaine et du désir.

L'expérience mystique est utilisable par nous parce qu'elle est à la fois celle du paroxysme et celle de l'immanence humaine. Notre regard, ici, ne consiste pas à opérer une réduction psychanalytique qui verrait dans l'extase mystique la sublimation ou la transposition hystérique de l'orgasme, nous croyons au contraire que la mystique est la description phénoménologiquement valable d'une expérience qui *sait tout d'elle-même*, mais non pas de son objet. Ce n'est pas de sa sexualité que Thérèse d'Avila est ignorante : c'est de l'être qu'elle aime. Elle seule est juge et témoin des contenus de son amour. Elle risque seulement de se leurrer à croire que l'aimé est Dieu ; en fait, là même, elle est de plain-pied avec le réel : elle sait (et elle dit) que par l'amour l'âme qui aime et l'être aimé sont identifiés. Elle n'a plus affaire qu'à un seul être : la vive flamme d'amour, le mouvement de son être et de sa joie.

Nous sommes donc autorisés à lire les mystiques pour mieux découvrir l'amour : ils ne traitent *en réalité* que *du seul amour qui puisse exister, et qui est l'amour humain.* Ils sont en fait immanentistes, et il n'est pas étonnant que, comme Spinoza, on les ait combattus pour leur athéisme[1].

Une dernière remarque à propos de la mystique elle-même : ce serait un contresens de déceler dans notre doctrine de l'amour et du bonheur, une dimension mystique et religieuse. Nous disons que si Dieu existait il serait la joie même : mais c'est une métaphore. Le seul être « divin » (celui qui peut accéder à la plénitude de la joie d'exister) est l'être humain.

L'aspect paroxystique de notre doctrine, sa signification « utopiste » ne sont donc pas le signe qu'en elle se cache le divin. C'est l'inverse qui est vrai.

L'interprétation mystique de l'amour en général est erronée parce que l'expérience qui la porte, qui est celle de la joie extrême, est *signe de ce dont l'humanité est capable lorsqu'elle se hausse au meilleur d'elle-même.* Le paroxysme n'est que le dépassement de l'humain par lui-même, vers lui-même, et à l'intérieur du voyage de la vie.

Mais cet extrême est le qualitatif de la joie d'amour ; ce dont la présence est ici évidente ce n'est pas Dieu, c'est l'amour. Ce qualitatif absolu, comment s'exprimerait-il si ce n'est par une poésie « absolue » ? C'est précisément le sens de la mystique : elle est la parole poétique de l'amour qui s'ignore comme poésie et comme parole humaine. Mais, comme la poésie qui se sait poésie, la mystique se sait « connaissance » de l'absolu, expression de l'expérience extrême. La joie d'amour, ici, se révèle en son être, devient intelligible et lumineuse, portant la belle parole amoureuse à son degré extrême qui est l'écriture poétique de l'amour. Qu'elle se croit sacrée ou qu'elle se dise profane, c'est cette voix poétique de l'amour que nous allons écouter pour mieux « entendre » la joie d'amour et nous en réjouir ici aussi.

1. L'immanentisme athée des mystiques est particulièrement évident chez Angelus Silesius, dans *Le Voyageur chérubinique*, éd. Les Belles Lettre, coll « encre marine », 2008. Plus importante encore est peut-être la métaphore du voyage pour désigner un itinéraire spirituel.

4. La joie même de l'amour

> Où se poursuit le voyage au cœur de l'être, et où la parole des poètes, librement agencée, permet d'exprimer les sens et les strates de la joie d'amour, ceux qu'on a déjà considérés, et d'autres encore.

a) *Amour, poésie, bonheur*

Le poète se fait poète pour dire l'extrême de l'amour, c'est-à-dire l'amour même dans sa haute joie.

« J'ai voulu, je veux faire une peinture fidèle d'un immense bonheur que j'ai ressenti. Et je m'aperçois qu'il n'est pas en mon pouvoir de satisfaire à un vœu aussi légitime… Une faveur qui nous est faite ne nous met pas nécessairement à la taille du cœur que nous avons eu pour la recevoir… Et voici comment l'homme écrit pour ne savoir écrire. Il ne faudrait que quelques lignes pour donner une image exacte de cette joie que j'ai éprouvée, assez belle, assez fortifiante pour me changer… je veux dire capable de me faire une autre nature au contact de laquelle les événements eux-mêmes se transformeraient. C'était une grande joie… C'est dans des conditions pareilles qu'un homme inventa la poésie… Et de quoi s'agit-il au fond ? Par quel miracle aurais-je mis tant de moi-même dans ces instants ? Il s'agit d'une femme que j'aime et qui me comprend… Le besoin de lui donner mon âme pour séjour m'a amené à découvrir les ressources cachées du langage… Il fallait rendre la liberté à des paroles d'amour[1]. »

Non seulement, pour Joë Bousquet, la poésie est le suprême moyen pour exprimer le contenu de la joie d'amour, mais elle en est constitutive. Amour et poésie ne sont pas séparables, parce qu'ensemble ils portent la conscience à un tout autre régime existentiel, celui où le désir comme imaginaire créateur accède à la réalité même qui est la plus haute réalité. À ce niveau toutes les

1. Joë Bousquet, *Traduit du Silence*, Paris, Gallimard, 1980, p. 116.

expériences fondamentales se relient et se réfléchissent les unes dans les autres : l'amour poésie se déploie comme bonheur (celui-ci étant, en outre, construction de soi par le double pouvoir de l'autre et de soi-même). Joë Bousquet, que la blessure avait privé de sa sexualité mais non de son désir[1], sait que

> « son œuvre est celle d'un homme à qui tout a été retiré »[2] ;

mais il sait aussi

> « [qu']elle dresse contre le réel le témoignage du bonheur »[3].

Mais de tout cela c'est l'amour qui est la source vive :

> « J'ai été poète pour accéder à vous qui m'avez voulu homme[4]. »

Et s'adressant à celle qu'il a nommée Poisson d'or, il poursuit :

> « La poésie est plus profonde que la vie, elle a notre être dans le cœur, elle reconnaît sa plus haute expression dans l'existence de celle que l'on aime, et, comprise par celle-ci, se fait nécessairement amour de son être[5]. »

Il y a là comme une définition de la poésie en tant qu'elle est reliée à l'amour non pas seulement comme à sa source, mais aussi comme à sa substance et à son être. Aussi est-il remarquable d'apercevoir que c'est en définissant le bonheur que Joë Bousquet rencontre cette définition de la poésie. Le bonheur, dit-il d'abord,

> « *est la profondeur d'une aptitude à vivre qui porte sa récompense avec elle* ; … une tendance dont nous ne saisissons jamais qu'un aspect accessoire dans les limites de ce qui vient nous griser : beauté de l'être qui est un sourire de la vie – transparence de la pensée et du désir à la rumeur du monde »[6].

Puis il poursuit, changeant de perspective, mais non d'objet :

---

1. « Privé de toute ma force virile j'avais gardé mon désir intact dans mon corps en ruine… Le même amour des femmes vivait dans mon corps inerte », in Joë Bousquet, *Traduit du Silence, op. cit.*, p. 84.
2. *Ibid.*, p. 78.
3. *Ibid.*
4. Joë Bousquet, *Lettres à Poisson d'or*, Gallimard, 1980 (lettre du 16 août 1937, p. 37).
5. *Ibid.*
6. *Ibid.*, p. 36. C'est nous qui soulignons.

« Si cette dernière phrase constitue accessoirement une définition de la poésie, elle peint mieux encore la volonté d'un cœur de former à lui seul *l'unité de l'être aimé avec le monde où il existe*[1]. »

Par cette unification de l'amour, du bonheur et de la poésie à travers la parole écrite qui l'exprime, le poète entre avec l'être aimé dans un *Domaine* exalté et secret où chacun se réjouit de l'autre et du miracle qu'ensemble ils accomplissent. La réflexivité poétique de l'amour devient alors, comme offrande, un commentaire émerveillé de la rencontre, tout en se faisant l'éloge admiratif de l'unité et de l'identité de l'aimé « avec le monde où il existe ».

Après la décision commune d'entrer ensemble dans ce nouveau monde de l'amour, les amants se font l'offrande de leurs pensées antérieures à cette décision ; ils commentent dans la jubilation leur existence antérieure et le moment fulgurant de leur rencontre, réflexivement reconnue comme l'origine de la joie.

b) *Le commentaire de la rencontre*

En octobre 1938, Joë Bousquet écrit à Poisson d'or :

« Toi, tu n'as qu'à me dire : Je t'aime, pour qu'une féerie naisse en moi et que tout ce que je suis vive entre ton cœur et tes yeux. Mais moi, je veux et je dois te livrer tout mon être, comme si l'aubaine de t'avoir connue m'introduisait enfin dans mon être définitif, me révélant ainsi que j'avais à te rencontrer pour devenir moi[2]. »

Et encore :

« Je te voyais. Je m'apercevais que ton visage était l'œil de ma vie. Comme une étoile qui brillait sur tout ce dont j'étais l'ombre[3]. »

L'adéquation de chacun à l'autre est pour le poète

« aussi claire qu'une loi physique »[4].

1. Joë Bousquet, *Lettres à Poisson d'or, op. cit.* C'est nous qui soulignons.
2. *Ibid.*, Lettre d'octobre 1938, p. 134.
3. *Ibid.*, Lettre du 24 septembre 1937, p. 81.
4. *Ibid.*

De là, il forme l'hypothèse d'une théorie de la rencontre, dans laquelle l'amour serait un phénomène ignoré

> « où des vies éparses chercheraient à deux le foyer unique dont elles dérivent l'une et l'autre. Nos songes ne seraient que la découverte à travers nous d'un corps pour nous servir de berceau. Et, dans cet être invisible dont nos corps sont les bruits, tu es toute la lumière… Cela revit dans nos lettres. Je n'ai qu'à voir ton écriture pour être comblé »[1].

L'unité antérieure des amants est certes un mythe platonicien, repris par le poète cathare. Mais ce mythe exprime l'intensité, actuellement vécue par les amants, de leur adéquation, de leur accord émerveillé, et de la conscience où ils sont que, par leur amour et leur rencontre, où le hasard s'est fait nécessité, ils transcendent le temps. Cette expérience évidente est si forte et essentielle qu'un autre poète, contemporain de Joë Bousquet, et surréaliste (comme lui ?) la vivra et l'exprimera à son tour, dix ans plus tard, et sans évidemment connaître les *Lettres à Poisson d'or*.

André Breton, en 1947, s'adresse à Hélène. Il écrit :

> « Avant de te connaître, j'avais rencontré le malheur, le désespoir. Avant de te connaître, allons donc, ces mots n'ont pas de sens. Tu sais bien qu'en te voyant la première fois, c'est sans la moindre hésitation que je t'ai reconnue. Et de quels confins les plus terriblement gardés de tous ne venais-tu pas, quelle initiation à laquelle nul ou presque n'est admis ne t'avait pas sacrée ce que tu es. Quand je t'ai vue, il y en avait encore tout le brouillard, d'une espèce indicible, dans tes yeux[2]. »

En l'amour, la reconnaissance est commentaire admiratif du passé de l'autre et de son identité présente et passée avec nous-même, fût-ce dans la substance du malheur, ce même malheur qui est levé, annulé, par la rencontre et sa reconnaissance.

> « Comment peut-on, et surtout *qui* peut-on renaître de la perte d'un être, d'un enfant qui est tout ce qu'on aime, à plus forte raison quand sa mort est accidentelle, et qu'en cet enfant, presque une

1. Joë Bousquet, *Lettres à Poisson d'or, op. cit.*, lettre d'octobre 1938, p. 134.
2. André Breton, *Arcane 17*, Jean-Jacques Pauvert, 1971, p. 26.

jeune fille, s'incarnaient objectivement [...] toute la grâce, tous les dons de l'esprit, toute l'avidité de savoir et d'éprouver qui renvoient de la vie une image enchanteresse ? Ce drame je l'ignorais : je te voyais seulement parée d'une ombre bleue comme celle qui baigne les joncs au petit matin et je ne pouvais me douter que tu venais de plus loin encore[1]... »

Alors le commentaire admiratif passe du récit à l'éloge, qui est l'offrande faite à l'autre de son être le plus profond qui, dans la lumière de l'amour, se transmute en beauté :

> « Puisque la vie a voulu de toi contre toi-même, tu n'es pas celle qui peut ne se donner à elle qu'à demi. La douleur et le rêve même d'y succomber n'auront été pour toi que des portes ouvertes sur le besoin toujours renaissant de fléchir, de sensibiliser, d'embellir cette vie cruelle. Tu sais comme je la vois par toi, des plumes de rossignol dans ta chevelure de page. Son frémissement te tient, je ne sais rien de plus bouleversant que l'idée qu'il t'a reprise tout entière[2]. »

La mémorisation de la rencontre se fait connaissance et re-connaissance de l'autre, reconnaissance qui se fait en forme de louange admirative et motivée. L'autre (par exemple ici, dans ce récit à la seconde personne que fait André Breton) devient le même que l'amant, elle lui donne son regard sur la vie : et ce regard est celui d'un attachement à ce que la vie comporte de frémissant et de somptueux. André Breton reconnaît et admire en l'aimée à la fois son amour de la vie, le malheur qu'elle a traversé et surmonté, la véritable renaissance enfin qui est à la fois le pouvoir le plus intérieur de l'autre et l'œuvre la plus centrale et la plus bouleversante de l'amour.

Le commentaire de la rencontre se transmute aussi en louange admirative de l'être même de l'aimée qui est son pouvoir de renaissance, par où elle exprime (et l'amant avec elle), le pouvoir même de l'amour. Par la double reconnaissance se dévoile le pouvoir de renaître ensemble.

Nous reviendrons sur cette *palingénésie* opérée par l'amour. Insistons déjà, fût-ce par anticipation, sur ce pouvoir total que

1. André Breton, *Arcane 17, op. cit.*, p. 27.
2. *Ibid.*, p. 28.

possède l'amour et que Breton affirme à travers le commentaire, c'est-à-dire la réflexion poétique et philosophique qu'il développe à l'intention de l'aimée sur le sens de leur rencontre :

> « Au sens le plus général, l'amour ne vit que de réciprocité… l'amour réciproque est le seul qui conditionne l'aimantation totale sur quoi rien ne peut avoir prise, qui fait que la chair est soleil et empreinte splendide à la chair, que l'esprit est source à jamais jaillissante, inaltérable et toujours vive, dont l'eau *s'oriente* une fois pour toutes entre le souci et le serpolet[1]. »

Ainsi la mémorisation amoureuse de la rencontre, à travers son expression poétique et mythologique, se fait interprétation réfléchie, parole pensée, et, par la médiation de la lumineuse unité constituée par les amants, se dépasse vers l'avenir comme conscience d'éternité[2]. Il ne s'agit pas là d'une promesse morale, mais

1. André Breton, *Arcane 17, op. cit.*, p. 32 (c'est nous qui soulignons). Saint-John Perse, nous le verrons, utilise aussi cette métaphore de l'orient pour dire la certitude d'une direction, d'un sens et d'un but.
2. L'éternité de l'amour passe souvent pour un thème banal, mensonger ou naïf. Nous préférons écouter les poètes que l'opinion. On comprendra que chacun ait à juger pour lui-même. Ajoutons que l'éternité se réfère aussi à la densité et à la profondeur d'une relation portée à la substantialité de l'intemporel. Maurice Scève, poète de la Renaissance, connaît le lien entre la lumière et le désir, entre le cosmos et la beauté, entre l'amour, l'indestructible et l'harmonie.

> « Cette beauté qui embellit le Monde
> Quand naquit celle en qui mourant je vis
> A imprimé en ma lumière ronde
> Non seulement ses linéaments vifz :
> Mais tellement tient mes espritz raviz,
> […]
>
> Que presque mort sa Déité m'ésveille
> En la clarté de mes désirs funèbres
> Ou plus m'allume, et plus, dont m'esmerveille,
> Elle m'abysme en profondes ténèbres.
>
> Plus tost seront Rhone et Saône desjoinctz
> Que d'avec toi mon cœur se desassemble.
> Plus tost seront l'un et l'autre Monts joinctz
> Qu'avecques nous aulcun discord s'assemble. »
>
> Délie, cité par André Lejard,
> in *La Femme et l'amour*,
> Lausanne, Clairefontaine, 1967, p. 125.

de l'explicitation même du sens singulier d'une rencontre : expression d'une identité profonde entre les amants, identité voulue et reconnue, cette rencontre se saisit réflexivement elle-même comme *indestructible*. Sa nécessité est une nécessité d'essence, une nécessité de permanence où l'essence des êtres de la rencontre se fait leur existence même. Leur unité de réciprocité est alors permanente, éternelle, c'est-à-dire intemporelle comme le sens même.

La rencontre, qui fut la constitution d'une unité bipolaire de lumière, se dévoile comme indestructible et révèle simultanément en l'autre, dans sa singularité, la substance de l'être comme un rayonnement. La découverte et l'expression du haut amour dépassent ici, cependant, la singularité biographique. André Breton élève son expérience à l'universel, et, par là même, découvre une sorte de vertu métaphysique de l'amour : celui-ci, conduit non seulement sur « la route de la perfection » mais aussi vers un autre

> « prisme de vision dont on refuse obstinément de tenir compte parce qu'il obéit à des lois bien différentes dont le despotisme masculin doit empêcher à tout prix la divulgation »[1].

Seule cette autre vision peut nous faire accéder à l'intemporalité de l'amour, c'est-à-dire à sa signification « ontologique ». Nous le disions à propos de la seconde fondation : seul un regard tout autre peut conduire vers la plénitude ; le mouvement et le voyage, sont alors ceux-là mêmes qui rendent possible la joie de l'amour véritable. La parole ou la formulation poétique de cette dimension de l'amour disent son rapport à l'éternité. *Seule l'éternité est substantielle* : c'est pourquoi les amants, dans le commentaire émerveillé de leur rencontre, se promettent aussi l'éternité de leur amour. Il n'y a pas là, comme on le croit vulgairement, illusion ou imprudence : la demande ou la promesse d'éternité ne sont en rien des engagements moraux abstraits, ou la reconnaissance d'un devoir. Demande et promesse disent ici, dans une parole réciproque et simultanée, la nature la plus profonde de l'amour

1. André Breton, *Arcane 17, op. cit.*, p. 74.

présent : elles disent le caractère « essentiel », vital et fondamental, d'une relation qui unit deux consciences sujets par leur être le plus profond, par cela qui fait que chacun est leur être le plus profond, par cela qui fait que chacun est *lui-même*, et lui-même pour l'autre. Promesse et demande d'éternité sont l'expression même de la haute joie d'amour à laquelle, *déjà*, les amants ont accédé. À travers celle de l'éternité de l'amour, c'est la conscience de leur être même qu'ils affirment.

D'une façon très significative, Joë Bousquet rencontrait les paroles mêmes d'André Breton à propos de l'amour et de l'éternité : tous deux parlent de « rayonnement » et d'« autre chose ». Joë Bousquet écrit :

> « Je ne sais pourquoi je l'aime et quelle transformation ce sentiment est susceptible de me faire subir. *Je respire dans cet amour autre chose que ma chair se consume à connaître comme le rayonnement intemporel auquel elle doit d'exister*[1]. »

Le rayonnement exprime chez Bousquet comme chez Breton la signification quasi métaphysique (« ontologique ») de la rencontre par laquelle deux êtres se reconnaissent comme identiques et complémentaires, se rejoignant en quelque chose qui vaut comme l'originel :

> « Il me semble que dans la nature de cette femme il y a quelque chose d'assez fort pour me changer, quelque chose d'élémentaire et d'originel[2]. »

De cette parole de Bousquet rapprochons la parole de Breton : à propos de la poésie, de l'amour et de la liberté, il évoque le point le plus profond du cœur humain, qui vaut comme originel et comme éternité. Parce que c'est la liberté qui est concernée par l'intemporalité de l'amour, et parce que la voie sur laquelle elle s'engage, « la route de la perfection » et de « l'ivresse »[3] n'est rien moins que celle de la facilité, André Breton écrit :

---

1. Joë Bousquet, *Traduit du Silence*, p. 150. C'est Bousquet qui souligne.
2. *Ibid.*
3. Termes employés par Breton.

« C'est la révolte même, la révolte seule qui est créatrice de lumière. Et cette lumière ne peut se connaître que par trois voies : la poésie, la liberté et l'amour qui doivent inspirer le même zèle et converger, à en faire la coupe même de la jeunesse éternelle, sur le point moins découvert et le plus illuminable du cœur humain[1]. »

c) *Le don du monde, de la parole et du lieu*

C'est la joie d'amour, la joie d'aimer, qui se manifeste ainsi à travers l'unification magique de la première rencontre et l'intemporalité de l'amour. Cette joie d'aimer se transmute en parole poétique qui offre à l'autre le nouveau monde ; elle peut aussi, en même temps que cette parole, se faire don d'un lieu : il symbolisera et le monde que l'on offre, et la joie que l'on veut ainsi susciter, et la joie en laquelle on se meut.

Dans *Le Mas Théotime* Henri Bosco conte merveilleusement un tel mouvement. Au début de leur rencontre, Pascal et Geneviève vont se retrouver un matin d'été, dans une sorte de cabanon, maison des collines, appelée Micolombe, dépendant du Mas Théotime :

« Micolombe la mit aux anges. Elle voulut tout voir… Nous courûmes partout : sous les pins, à la source, et le filet d'eau nous parut si pur, que nous y bûmes à même l'argile…
Elle ne riait pas, mais par moments l'ivresse du bonheur la secouait. Alors elle agitait vigoureusement ses cheveux fauves…
Elle avait le bonheur si communicatif que, moi-même, si rebelle aux premiers emportements et rétif à la séduction, ce jour-là, touché droit au cœur et ébranlé par cette fougue, je cédai au plaisir de m'abandonner tout entier à une sorte de délire pur. »

La journée se passe ainsi, dans l'ivresse et la joie ; puis vers le soir :

« Nous voulions, aussi longuement qu'il se pourrait, retarder, pour jouir de notre cœur, le moment de descendre vers ce pays calme, où, depuis l'aube, rien n'avait bougé… Comme Geneviève se taisait je lui dis : "Je te donne Micolombe". »

1. A. Breton, *Arcane 17, op. cit.*, p. 130.

Là est le don d'amour : seule le permet la « confiance », c'est-à-dire la réciprocité qui évite les mauvaises dialectiques de la « gratitude » asservissante. Le don est libre parce qu'il est celui de l'amour : il peut alors manifester tout son sens qui est d'offrir, comme reflet de la joie, une nouvelle joie sous la forme d'un objet symbolique ou, mieux, d'un lieu. Il en est ainsi, quel que soit l'objet : il vaut par son sens et par son rayonnement. Il devient alors microcosme et cosmos, monde magique tout entier offert à l'être aimé. Le don d'amour se fait offrande d'une substance poétique qui, symbole et commentaire du monde, se fait l'écho du Haut Pays.

À son plus haut degré d'intensité, cette substance poétique offerte à l'autre comme en un don se révèle comme étant parfois *la parole elle-même, la parole de l'autre* :

> « Je cherche une parole qui ne me révèle pas sans manifester l'âme d'autrui, et ceci si entièrement, avec une certitude et une efficacité si absolues que mon initiative, si heureuse fût-elle et en raison même de ce bonheur s'enfonce et se perd *dans le bonheur de donner à l'autre une voix*[1]. »

d) *La relation au cosmos et la splendeur érotique*

L'éloge fasciné de la « beauté » et de l'être de l'aimée, insère tout naturellement l'aimée dans le cosmos dont à la fois il fonde, manifeste, et reçoit en don les puissances originelles ; la poésie exprime alors ici et la beauté, et l'amour, et le « divin » :

> « Le haut de la montagne ne prend vraiment forme divine que dans la brume de ton regard, que par l'aile de l'aigle doré passant sur tes cheveux. Et je t'aime parce que l'air de la mer et celui de la montagne, confondus ici dans leur pureté originelle, ne sont pas plus eni-vrants que celui de ton âme où la plus grande rafale a passé, la confirmant solennellement et en toute rigueur dans sa disposition naturelle à tout résoudre, et, pour commencer, les menues difficultés

1. Joë Bousquet, *D'un regard l'autre*, Verdier, 1982, p. 12. C'est nous qui soulignons.

de la vie, par l'effusion d'une générosité sans limites qui témoignerait à elle seule de ce que tu possèdes en propre : le sens absolu de la *grandeur*[1]. »

L'admiration amoureuse s'exprime par la circulation établie entre la personne de l'aimée, sa dignité, sa présence, sa valeur, et la tonalité « divine » du haut de la montagne, véritable Haut Pays, pays même du Réel. Par l'amour et sa magie, l'aimée est inscrite dans un Cosmos qui se transmute et se fait la *métaphore même* de l'aimée. C'est le monde qui est métaphore, et non la métaphore qui est le monde. Celui-ci, par l'alchimie de l'amour poète, devient le commentaire somptueux et l'expression même de l'être aimé[2].

Joë Bousquet, on s'en souvient, avait déjà relié la définition du bonheur d'aimer et celle de la poésie cosmique :

« transparence de la pensée et du désir à la rumeur du monde »[3].

Cette phrase, en définissant la poésie,

« peint mieux encore la volonté d'un cœur de former à lui seul l'unité de l'être aimé avec le monde où il existe »[4].

C'est à nos yeux Saint-John Perse qui exprime de la façon la plus forte le bonheur de dire et de saisir l'unité métaphorique de la femme aimée et du cosmos dans sa transfiguration. Se disent alors, simultanément et dans le paroxysme, l'amour, la joie, le cosmos, la beauté.

1. A. Breton, *Arcane 17, op. cit.*, p. 34.
2. À l'appui de cette idée simple, évidente mais jamais reliée à un système doctrinal, il faudrait citer tous les poètes de toutes les cultures et, pour commencer, l'auteur du *Cantique des Cantiques*, ou plutôt du *Chant des Chants* (cf. la traduction nouvelle d'Henri Meschonic, *Les Cinq Rouleaux*). Dans sa Préface, l'auteur écrit : « Dans l'univers métaphorique et sensuel du *Chant des Chants* l'acte poétique est la comparaison même, ses reprises… À travers les odeurs, le vin, les vignes, les aromates, les fleurs et les fruits, tout le symbolisme du jardin et du verger, et les voix dans ce jardin, se rassemblent autour du pommier paradisiaque de l'amour, du sommeil jusqu'à l'éveil final » (*Les Cinq Rouleaux*, Gallimard, 1970, Préface, p. 24).
3. J. Bousquet, *Lettres à Poisson d'or* (Lettre du 16 août 1937, p. 36).
4. *Ibid.* C'est nous qui soulignons.

Si tout l'œuvre de Saint-John Perse est une louange adressée au monde et à la joie, c'est plus particulièrement *Amers* qui resplendit comme le poème par excellence du bonheur d'être.

« Pleurer de grâce, non de peine, dit le Chanteur du plus beau chant »[1],

en annonçant le grand poème épique et lyrique de la mer :

« Parlait ainsi homme de mer… Louait ainsi, louant l'amour et le désir de mer[2]. »

Non que la mer soit liée exclusivement à l'amour : mais chanter l'amour, en sa transmutation, le relie au cosmos et par exemple à la mer ; comme, inversement, l'océan ne peut être valablement loué que dans la profusion de ses aspects et de ses résonances, et par ce côté notamment où il peut se faire la métaphore de l'amour. C'est pourquoi l'on peut dire :

> « Amants, ô tard venus parmi les
> marbres et les bronzes, dans l'allongement
> des premiers feux du soir,
>   Amants qui vous taisiez au sein
> des foules étrangères,
>   Vous témoignerez aussi ce soir
> en l'honneur de la Mer[3]. »

L'objet de la louange, noble, émue et joyeuse est la Mer : mais si les Amants se font la voix de cette louange, ils diront leur être, et donc celui de l'amour, en chantant le monde dans son esprit océanique.

Et d'abord, comme le somptueux commencement d'un chant rythmé :

« Étroits sont les vaisseaux, étroite notre couche. »

---

1. Saint-John Perse, *Amers*, Invocation 2, *Œuvres complètes*, Pléiade, 1972, p. 260.
2. *Ibid.*
3. *Ibid.*, strophe IX, p. 325. Il faudrait aussi évoquer les œuvres de François Solesmes : toutes les « chroniques océanes », notamment *Encore ! encore la mer* (Les Belles Lettres, coll. « encre marine », 2009) et *L'Amante* (Albin Michel, 1988). Et aussi Mireille Sorgue, *Lettres à l'amant* (Albin Michel, 1985).

La comparaison, qui emporte le lit d'amour sur le mouvement cosmique, s'élargira, s'épanouira et dira l'être de l'union :

« Étroits sont les vaisseaux, étroite l'alliance »[1],

tandis que le sens bascule de l'empirique au métaphysique : l'amour, beau comme un vaisseau, est une *alliance*. Il se fait métaphysique, lui qui est lu à travers le cosmos.

« Et plus étroite ta mesure, ô corps fidèle de l'Amante » :

fine et rigoureuse est la forme de l'Amante, l'Amante comme forme. Mais cette finesse et cette rigueur se haussent, par le regard poétique, au niveau suprême évoqué par la mer et les navires, purs symboles de l'Être et, peut-être, du Voyage.

« Et qu'est ce corps lui-même, qu'image et forme du navire ? nacelle et nave, et nef votive… »

La femme est l'écho de la mer en sa forme de nef, mais, par là même, se fait l'écho des voyages et des offrandes quasi sacrés : nef votive. Puis :

« Vaisseau, mon beau vaisseau qui cède sur ses couples et porte la charge d'une nuit d'homme, tu m'es vaisseau qui porte roses[2]. »

La femme, pour en dire la beauté, la finesse rigoureuse, l'offrande qu'elle appelle et qu'elle constitue dans et par l'amour, il faut la relier métaphoriquement au vaisseau : comme lui, elle est la courbe rigoureuse, le voyage sacré, l'offrande des roses :

« Tu romps sur l'eau chaîne d'offrandes. »

La femme, par l'amour, est le chemin et le voyage, le but et le mouvement, la splendeur douce évoquée par les roses. Par la femme, que l'océan dit si bien, celui-ci se transmute, se métamorphose et devient cela qui, en réalité, est la signification même de l'amour :

« Immense l'aube appelée mer, immense l'étendue des eaux, et sur la terre faite songe à nos confins violets, toute la houle au loin qui lève et se couronne d'hyacinthes comme un peuple d'amants[3] ! »

1. Saint-John Perse, *Amers*, strophe IX, *op. cit.*, p. 329.
2. *Ibid.*
3. *Ibid.*

L'amour est l'aube immense en laquelle se rejoignent le cosmos et, avec lui, les amants océaniques. Et en voici la vérité plus profonde encore :

« Il n'est d'usurpation plus haute qu'au vaisseau de l'amour[1]. »

L'amour ne serait-il à son extrême qu'en sa signification de piraterie, qu'en cela qui, en lui, le fait vaisseau usurpateur, voyageur de l'interdit ? Là en tout cas pour Saint-John Perse prend source une partie de sa joie. Mais une bien faible partie. Car si, « au cœur de l'homme, solitude », la femme le comble et lui rend le sens et l'orientation :

« Étrange l'homme sans rivage, près de la femme, riveraine. Et mer moi-même à *ton orient*, comme à ton sable d'or mêlé, que j'aille encore et tarde, sur ta rive, dans le déroulement très lent de tes anneaux d'argile – femme qui se fait et se défait avec la vague qui l'engendre[2]… »

Vaisseau, vague, sable d'or disent de la femme la splendeur et le mouvement : mais, en outre, elle est « riveraine », elle réside en son propre lieu stable, au bord de la mer qui est pur mouvement, elle est l'origine stable du sens : elle est non seulement, comme nef votive, le voyage même de l'offrande, mais elle est en outre le sens et l'orientation de ce voyage dont elle est la médiation et la splendeur : elle est l'orient de l'homme[3]. Son but et sa substantialité, son axe et sa vie.

En ce début de la strophe IX, Saint-John Perse dit certes l'acte d'amour en son commencement : mais à travers sa transmutation se dit le sens plus vaste et plus profond de l'amour même. Il est le but et l'orient, le voyage et les roses.

Il est la joie.

1. Saint-John Perse, *Amers*, strophe IX, *op. cit.*, p. 329.
2. *Ibid.*, p. 328. C'est nous qui soulignons
3. Victor Segalen, lui aussi, évoque quelque part l'orient comme ce point lointain qui donne sens, direction, signification, axe et lumière. Étymologiquement, l'orient est le point où le soleil se lève. Concrètement c'est l'aurore : la renaissance et le but.

« Et comme le sel est dans le blé, la mer en toi dans son principe, la chose en toi qui fut de mer, t'a fait ce goût de femme heureuse et qu'on approche[1]. »

Certes, le poète dit d'abord le désir et le plaisir : mais ils sont portés par la métamorphose de l'enthousiasme, par le haut mouvement de l'amour :

« Libre mon souffle sur ta gorge, et la montée, de toutes parts, des nappes du désir, comme aux marées de lune proche » ;

puis, plus loin, plus haut :

« Ô mon amour au goût de mer… Et mon amour est sur les mers ! »

L'Amant, ici, formule à travers son plaisir, son amour : il a l'amplitude et la profondeur océaniques, il y trouve et les roses et l'orient, et les sables d'or et la rive qui dit l'Être et sa splendeur.

Il en va de même, en une merveilleuse réciprocité, chez l'Amante : illuminée par la métaphore maritime, son plaisir aussi se hausse, comme amour, au niveau le plus haut du sens et de la joie. Elle se fait d'abord métaphysicienne :

« Ô toi hanté comme la mer de choses lointaines et majeures[2]… »,

saisissant ainsi, chez son Amant, la même dimension métaphysique, la même exigence voyageuse et insatisfaite :

« La nuit où tu navigues n'aura-t-elle point son île, son rivage ? »

Mais c'était sa propre inquiétude : en fait, l'Amant est là, proche, présent :

« Mais non tu as souri, c'est toi, avec toute cette grande clarté d'ombrage comme d'un grand destin en marche sur les eaux (ô mer soudain frappée d'éclat entre ses grandes emblavures de limon jaune et vert !). Et moi, couchée sur mon flanc droit j'entends battre ton sang nomade contre ma gorge de femme nue.

Tu es là mon amour et je n'ai lieu qu'en toi. J'élèverai vers toi la source de mon être, et t'ouvrirai ma nuit de femme, plus claire que ta nuit d'homme[3]… »

1. Saint-John Perse, *Amers*, strophe IX, *op. cit.*, p. 328.
2. *Ibid.*, p. 330.
3. *Ibid.*, p. 331.

Là s'exprime, par les eaux originelles, par la source et par la nuit, par le limon et par la grande clarté, toutes les splendeurs cosmiques qui disent, chacune à sa façon, la splendeur de la joie d'amour. Elle est comme un éclat :

« Offrande, offrande, et faveur d'être[1] ! »

Tous les gestes de l'amour (« Licence aux jeux du corps »), transmutés par la grâce de chacun et le souffle de l'amour, disent cette chance miraculeuse, cette force inouïe que constitue l'amour :

« Tu porteras mes bras noués au-delà de mon front ; et nous joindrons aussi nos fronts, comme pour l'accomplissement ensemble de grandes choses sur l'arène, de grandes choses en vue de mer, et je serai moi-même ta foule sur l'arène, parmi la faune de tes dieux. »

Force de l'accomplissement commun, jouissance et faveur de l'être, jouissance, éclat, et faveur d'être sont les fruits somptueux de l'amour, le langage de l'amour en sa joie même. L'amour est alors éclat et flamboiement, fête et joie d'exister : comment le dire autrement que par la grande Nature ?

« L'Été, croisé d'automne rompt dans les sables surchauffés ses œufs de bronze marbrés d'or... Alliance de mer est notre amour qui monte aux Portes de Sel Rouge[2]. »

L'amour conduit donc, en son éclat solaire, au seuil de l'être, aux Portes mêmes de la jouissance extrême qui se dit par le Sel et par le Rouge. Cela est aussi vrai pour la femme que pour l'homme : mais tandis qu'elle éprouve l'Été comme éclatement interne, lui l'éprouve comme foudre et comme épieu ; tous deux, cependant, à travers la langue du poète, disent par la raison extrême de l'Été, le régime extrême de l'amour :

« L'Été chasse à l'épieu sur les labours de mers... Un lieu de foudre et d'or nous comble de sa gloire... L'Été, brûleur d'écorces, de résines, mêle à l'ambre de femme le parfum des pins noirs[3]. »

1. Saint-John Perse, *Amers*, strophe IX, *op. cit.*, p. 331.
2. *Ibid.*, p. 332.
3. *Ibid.*, p. 333.

Et enfin :

« Que le plaisir sacré t'inonde, sa demeure ! Et la jubilation très forte est dans la chair, et de la chair, dans l'âme, est l'aiguillon. J'ai vu briller entre tes dents le pavot rouge de la déesse. »

La nature entière, élevée au divin par les grands mythes, se fait l'expression de la jubilation même de l'amour. C'est que la poésie dit par la voie indirecte le vécu extrême de l'amour, mais c'est aussi que, en son extrême, le vécu de l'amour comme jubilation est l'accès, on l'a vu, à la faveur d'être : le plaisir, symbolisé par le cosmos où il s'intègre, se hausse à la joie d'amour en ce qu'elle a d'extrême : elle est un nouvel accès à l'être, une manière de seconde naissance.

e) *Le bonheur d'être et la seconde naissance*

À l'instant du plus haut plaisir, l'Amante croit devoir s'écrier :

« Ô, splendeur ! ô tristesse ! et très haut peigne d'Immortelle coiffant l'écume radieuse ! et tout ce comble, et qui s'écroule, herse d'or[1] ! »

Mais dans le même instant elle sait qu'en vérité elle est portée par l'amour au-delà de la mort :

« La mort éblouissante et vaine s'en va... honorer d'autres lits... Ces larmes, mon amour, n'étaient point larmes de mortelle[2]. »

Et puis :

« Vaisseau qui s'ouvre sur sa grille, illuminé de braise et d'or, corbeille ardente du naufrage ! ô splendeur, ô tristesse ! Hanter l'Être, et si prompt[3] ! »

Le très haut plaisir conduit à l'expérience de l'Être et seule la fulguration de cette expérience entraîne à frôler la tristesse. Mais parce que c'est l'« Être » qui fut atteint et laisse l'auréole de sa

1. Saint-John Perse, *Amers*, strophe IX, *op. cit.*, p. 337.
2. *Ibid.*
3. *Ibid.*, p. 338.

résonance, la tristesse s'efface et seul l'éclat subsiste, si, au cœur du plaisir, l'au-delà du plaisir est aperçu. L'Amant :

> « Tu renaîtras, désir, et nous diras ton autre nom… Désir, désir, qui nous devance et nous assiste, est-ce là ton seul nom et n'en est-il point d'autre[1] ? »

À cet extrême de la jouissance et de la conscience, la vérité éclate :

> « L'amour, la mer, se fassent entendre !… J'ai découplé l'éclair et sa quête n'est point vaine… Hanter l'Être n'est point leurre. »

Et le cosmos lui-même, en sa formulation mythologique et poétique, dira la permanence et l'éclat, dans le paroxysme de l'amour :

> « Ainsi, Celle qui a nom frappe à midi le cœur éblouissant des eaux : Istar, splendide et nue, éperonnée d'éclairs et d'aigles verts, dans les grandes gazes vertes de son feu d'épaves… ô splendeur, non tristesse Amour qui tranche et qui ne rompt ! et cœur enfin libre de mort !… Tu m'as donné ce très grand cri de femme qui dure sur les eaux[2]. »

En écho, en elle-même et de son propre fonds, l'Amante répond et dit le repos de la haute joie :

> « Survivance ô sagesse ! fraîcheur d'orage et qui s'éloigne, paupières meurtries, du bleu d'orage… Ouvre ta paume, bonheur d'être… Et qui donc était là qui n'est plus que bienfait ? Un pas s'éloigne en moi qui n'est point de mortelle. Des voyageurs au loin voyagent que nous n'avons interpellés. Tendez la tente imprégnée d'or, ô pur ombrage d'après vivre[3]. »

Comme l'Amant devenait « libre de mort » par l'amour, l'Amante sait qu'elle n'est plus « mortelle » ; c'est ce sentiment d'éternité, d'intemporalité qui exprime le mieux la plénitude à laquelle ensemble accèdent les Amants qui, chacun par lui-même, ont dépassé l'illusion de la tristesse vers l'évidence de la splendeur. D'abord, ils « hantent » l'Être, puis ensuite, parce qu'ils jouissent ensemble de leur amour, l'Être advient. Et sa voix, son sens et son contenu, est « le bonheur d'être ».

---

1. Saint-John Perse, *Amers*, strophe IX, *op. cit.*, p. 338.
2. *Ibid.*, p. 340.
3. *Ibid.*, p. 341. C'est nous qui soulignons.

Que ce bonheur d'être ait une signification « métaphysique » et « ontologique », cela est attesté par la référence de la femme aux voyageurs qui, d'une façon implicite, disent le rapport à la quête de l'absolu[1] ; dans une réciprocité évidente et spontanée, l'Amant avait lui aussi, auparavant, évoqué le voyage et la quête, et cela, au plus haut moment de l'amour : à propos du désir (« tu renaîtras désir et nous diras ton autre nom »), il s'écrie :

> « Ô toi qui fait crier au loin le sable sur d'invisibles seuils, et fais visible sur les eaux l'approche du message, ô toi le Précurseur et toi l'Annonciateur, ta quête est la plus vaste et tes voies sont multiples[2]. »

Parce que le voyage a ce pouvoir évocateur d'absolu, il est ici l'expression médiatrice qui permet de dire, en l'amour, l'accès à la plus haute joie, à la plus haute plénitude. C'est pourquoi l'Amante reprend un autre élément de tout voyage : *l'orient*, son but, sa direction, son sens. Elle décrit en elle la joie en repos et en plénitude :

> « Et la grande aile silencieuse qui si longtemps fut telle, à notre poupe, oriente encore dans le songe, oriente encore sur les eaux, nos corps qui se sont tant aimés, nos cœurs qui se sont tant émus… Je t'aime – tu es là – et tout l'immense bonheur d'être qui là fut consommé[3]. »

Le voyage est évoqué plusieurs fois pour dire et le mouvement de l'amour, et l'intensité de sa quête et de sa joie, et la réciprocité des Amants, qui, par leur amour, naissent à une certaine espèce d'éternité[4].

La victoire sur la mort est, elle aussi, souvent évoquée et reprise dans cette strophe IX, pour dire à la fois d'un seul mouvement et la joie et l'immortalité :

1. Comment ne pas évoquer Julien Gracq qui, malgré son scepticisme, avait décelé la signification métaphysique de l'amour, révélée par le voyage (« La route », in *La Presqu'île*, *op. cit.*).
2. Saint-John Perse, *Amers*, Strophe IX, IV, p. 338, *op. cit.*
3. *Ibid.*, IX, V, p. 341, *op. cit.*
4. L'expression est de Spinoza, elle s'applique à une certaine forme de l'Amour.

« Mort hérétique et vaine, graciée ! Cause gagnée, mer conciliée[1]. »

La louange va croissant :

« Vous qui de mort m'avez sauvée, soyez loués, dieux saufs, pour tout ce comble qui fut nôtre… La mort qui change de tunique s'en va nourrir au loin son peuple de croyants. »

Et plus loin, reprenant l'expression même qui fut celle de l'Amant :

« Mon cœur, mon corps libres de mort, prends-en la garde et le souci[2]. »

Alors peut se dire l'extrême, toujours plus extrême que le paroxysme précédent :

« *Ferme ta paume, bonheur d'être*[3]. »

Et peut se redire le sens :

« Tu es là mon amour, et je n'ai lieu qu'en toi[4]. »

La plénitude de l'être, l'expérience de l'être sont en leur plus haut repos, en leur jouissance la plus stable. Et ce repos est un mouvement :

« Ô goût de l'âme très foraine, dis-nous la route que tu suis, et quelle trirème heureuse tu lances toi-même vers l'amour. Qui donc en nous voyage qui n'a vaisseaux sur mer ? Vivre n'aurait-il sa fin ? Que nul ne meurt qu'il n'ait aimé[5]. »

Oui, ce repos extrême est mouvement, et celui-ci est la constance même de l'Être : le sommeil de l'amour est langage de l'absolu.

« Et d'une seule houle très prospère, comme d'un seul pas de Vendangeuse, tôt foulée, toute la mer en vain foulée, et qui s'abaisse et qui s'élève, lactation très lente, au sein même de l'Être, sa constance[6]… »

1. Saint-John Perse, *Amers*, strophe IX, *op. cit.,* p. 342.
2. *Ibid.*, p. 343.
3. *Ibid.*, p. 342.
4. *Ibid.*
5. *Ibid.*
6. *Ibid.* p. 349.

Toujours est présent, dès lors, le voyage.

« Ô Voyageuse jusqu'à moi hors de ta nuit de femme[1]. »

Mais cette constance née de l'alternance et du repos, dit au cœur de l'homme la nouveauté de l'amour, par l'amour.

« Tu m'es promesse en Orient et qui sur mer sera tenue… Tu m'es l'approche matinale et m'es la nouveauté du jour, tu m'es fraîcheur de mer et fraîcheur d'aube[2]… »

Et de là résulte la haute reconnaissance : gratitude envers l'amour, et connaissance de sa vertu :

« Amour, ô grâce recouvrée sous la censure du grand jour… Ne me dessaisis pas, clarté ! de cette faveur, en tout, d'aimer, comme du souffle dans la voile… Étroits sont les vaisseaux, étroite notre couche[3]… »

Et encore :

« Aimer aussi est action ! J'en atteste la mort, qui d'amour seul s'offense. Et nos fronts sont parés du sel rouge des vivants. Tiens-moi plus fort contre le doute et le reflux de mort… Il n'est d'action plus grande, ni hautaine, qu'au vaisseau de l'amour[4]. »

Mouvement et repos, voyage, activité, l'amour est source de toute transmutation et de tout renouvellement.

« Amants terribles et secrets, ô silencieux Amants, ô vous que nul sommeil ne souille, la Mer vous ait en sa puissance !… Le monde court à ses renouvellements d'assises – déchirements de sages à la proue, semence d'éclairs sur toutes crêtes, et tout l'échevellement joyeux du drame non faillible[5]. »

À cet extrême, il y a quelque chose de « divin » :

« Hommage, hommage à la véracité divine ! Et longue mémoire sur la mer au peuple en armes des Amants[6]. »

1. Saint-John Perse, *Amers*, strophe IX, *op. cit.*, p. 347.
2. *Ibid.*
3. *Ibid.* p. 350.
4. *Ibid.* p. 354.
5. *Ibid.* p. 357.
6. *Ibid.* p. 358.

Par l'intensité de la jouissance et de l'exigence métaphysique réciproques, le plaisir s'est transmuté en amour ou laissa l'amour s'exprimer par lui ; et cet amour comporte une joie qui est celle d'une « éternité », d'une intemporalité de l'*expérience d'être*.

Ce n'est pas assez dire. La pleine signification de l'amour est celle d'une résurrection ou d'une seconde naissance, d'un nouveau commencement qui vaut comme nouvelle vie.

C'est une évidence. L'évidence même du visible pour qui sait voir.

Seuls les poètes pourtant savent l'exprimer et notamment, dans une tout autre forme que celle de Saint-John Perse, Gustave Roud.

Essai pour un paradis[1] est une méditation contemplative, poétique, que l'auteur conçoit devant l'être aimé.

> « Il faut que ce regard comme un poison, ou "comme une eau pure", me donne rafraîchissement, rassasiement. Ah, que signifie donc… cette lumière humaine ? Métaphysique du regard. Tout dans cette rencontre de nos deux vies prend une résonance métaphysique[2]. »

Cette signification est la présence de la plénitude ou de l'« être » désignés métaphoriquement par le paradis :

> « La beauté seconde n'est plus le fruit d'un divorce mais d'un accord. Ô paradis, paradis *humain*, en vérité j'en arrive à ne désirer plus que ce qui est, les rêves d'*autre chose* me semblent le fruit vraiment de notre insuffisance[3]. »

Le paradis, l'être comme expérience de la plénitude heureuse sont vécus dans l'ici même. L'être est la joie substantielle et calme que l'amour produit dans le cœur de celui qui aime. Tout mouvement, tout voyage, toute quête sont alors achevés, accédant à leur sens et à leur plénitude. L'être est.

Et l'amour opère la transmutation du cosmos.

1. Gustave Roud, *Essai pour un paradis*, Préface de Philippe Jacottet (Fata Morgana, 1978).
2. *Ibid.*, p. 31.
3. *Ibid.*, p. 36. C'est l'auteur qui souligne.

« Que deviendra la poésie ? Une seule chose est nécessaire. Parfois il me semble que tout en moi se désagrège et se disperse pour que la place tout entière soit rendue à toi[1]. »

Alors, par la poésie et par l'amour, le monde se transfigure, en devenant cependant l'état même :

« Merveille de pureté, cette matinée de juin où j'avance à travers les prairies multicolores, les ombres fraîches, les feuillages. »
« Beauté seconde : tous les soins *utilitaires*, tout le travail *intéressé*, aboutissent paradoxalement au miracle d'un jardin universel[2]. »

Toute la nature devient jardin, paradis, lieu de l'être ayant lieu ici même. Et pourtant cet extrême peut être dépassé par une expérience plus extrême encore ; l'auteur rejoint l'être avec une plénitude, une intensité toujours plus vives :

« C'est ici le règne de l'élémentaire[3]. »

Alors s'adressant à l'être aimé :

« Tu es pour toujours… Tu respires immobile, au comble de la *présence*, sourdement salué par la louange de l'eau perpétuelle et des feuillages… à ton épaule recommence le paradis[4]. »

Cette joie est celle d'une nouvelle naissance joyeuse, extrême et lustrale.

« Je ne savais pas que j'étais lumière, dit la lumière, avant de m'être vu vivre dans ces yeux[5]. »

Et toute nouvelle naissance opérée par l'amour comporte une dimension « ontologique », intérieure et décisive, si forte, que seul un langage poétique et même mystique, peut suggérer :

« Autour [de son] visage s'élargit une sorte de silence, comme un parfum ; les choses y naissent une à une, toutes pures, jamais vues… L'eau magique de ce paradis baigne bientôt l'horizon… L'extase,

---

1. Gustave Roud, *Essai pour un paradis, op. cit.*, p. 31, 32.
2. *Ibid.*, p. 37.
3. *Ibid.*, p. 43.
4. *Ibid.*, p. 36. C'est l'auteur qui souligne *présence*.
5. *Ibid.*, p. 51.

lèvres closes ou cri, c'était donc notre vie éternelle avant le Chérubin de la Porte ?[1] »

Cette vie est ici même, en ce « paradis recommencé » par l'amour.

« À l'horizon, les deux nuages… redeviennent roses… puis couleur du cuivre, couleur de l'or… couleur d'argent, frangés d'une frange insoutenable, cinglés d'éclairs, cœurs de feu tout à coup d'une immense rose faite de millions d'ailes illuminées[2]… »

Et enfin :

« j'épie dans [les] yeux purs avec une joie qui naît du renversement de toute mon angoisse, le feu nouveau qui annoncera la Présence[3]. »

f) *Le secret, le paroxysme et la douceur*

Gustave Roud et Joë Bousquet le savent bien : l'amour n'est pas séparable du « paradis ». Saint-John Perse l'exprime somptueusement : se réjouir du *bonheur d'être*, vaincre la mort c'est-à-dire l'angoisse de la mort, rejoindre les sources du renouvellement au point d'éprouver en soi, en l'autre et dans l'être qu'ils forment ensemble, le sentiment de renaître à la vivacité et à la joie, cette expérience de plénitude, de vivacité et de mouvement ne saurait être évoquée que par une seule métaphore : celle du paradis.

Mais n'est-ce pas entrer dans la voie mystique que de s'exprimer ainsi ?

Je serai aussi affirmatif que Thérèse d'Avila ou Ibn Paqûda par rapport à leur Dieu : le « divin » en moi (en toi, en nous tous) n'est que l'extrême de mon expérience amoureuse, l'extrême de mon expérience de l'autre en son évidence et en sa splendeur.

Et cet extrême, je crois bien que la poésie mystique en donne l'une des plus belles expressions. Que m'importent les religions, l'histoire, les herméneutiques : je sais simplement que Thérèse

1. Gustave Roud, *Essai pour un paradis, op. cit.*, p. 51.
2. *Ibid.*, p. 65.
3. *Ibid.*, p. 66.

(qui a rendu possible Jean de la Croix) est une âme amoureuse et qu'à travers ses tourments elle a chanté et vécu l'amour d'une merveilleuse façon, elle l'a exprimé dans la substance d'une poétique parfaitement singulière et universelle à la fois. Comme Léon l'Hébreu ou Jean de la Croix, elle est poète de l'amour.

Certes elle fut souffrante, angoissée, malade, inerte ou insensible durant des heures ou des jours, morcelée, douloureuse : elle le dit elle-même, c'est par elle que nous le savons[1]. Mais poser au premier plan le problème de la maladie formerait écran : nous ne pourrions plus *lire* et *entendre* Thérèse elle-même, c'est-à-dire, au-delà du tourment, l'étonnante description de sa joie d'amour.

Laissons donc hors de notre propos l'exégèse religieuse et la réduction psychanalytique, la « transcendance » ontologique, et l'obscurité des « pulsions ». Écoutons la voix de Thérèse elle-même. C'est l'une des voix de l'amour en sa haute joie.

Le lieu de cet amour, le domaine de cet « amour parfait », est tout d'abord le *secret*.

Thérèse supplie son confesseur et les autorités de publier tout ce qu'elle a raconté jusqu'ici de sa triste vie et de son péché[2]. Mais elle ne leur donne pas la même liberté concernant le « récit qui va suivre » et qui est celui de sa vie, et des « faveurs » qu'elle a connues.

> « S'ils viennent à le montrer à quelques personnes, je ne veux pas qu'ils disent quelle est celle qui l'a composé, ni en qui ces choses se sont passées. C'est pour cela que je fais silence sur mon nom et sur celui des autres dont j'aurai à parler. Je veux tout raconter de mon mieux mais rester inconnue[3]. »

Le secret, ici, n'est pas une protection contre la persécution, la violence ou l'incompréhension[4] ; il est impliqué dans l'essence

---

1. *Vie écrite par elle-même*, in *Œuvres complètes*, trad. du R.P. Grégoire de Saint-Joseph, Paris, Éd. du Seuil, 1949.
2. *Ibid.* chap. X, p. 100.
3. *Ibid.*
4. Comme c'est le cas pour les juifs marranes d'Espagne (dont Thérèse de Ahumeda est une descendante). Minoritaires victimes de la violence de l'Inquisition qui imposait la conversion ou l'exil, ils avaient décidé de sauvegarder secrètement leur fidélité à la loi juive et de mener publiquement une vie chrétienne. Le secret est ici fidélité et défense.

même de l'amour, lorsque celui-ci est vécu à son plus haut degré d'intensité, lorsqu'il est déployé comme l'expérience la plus inouïe, la plus incroyable, la plus extrême. Parce qu'il est l'expérience de l'extrême, ou de l'« excès » comme dit souvent Thérèse, l'amour se vit en un lieu extrême, en un domaine radicalement différent de la banalité empirique : le secret est l'un des noms de ce domaine de l'être.

Ce qu'il protège et qu'il exprime tout ensemble, c'est la joie, mais en tant qu'elle est soustraite aux jugements moraux ou psychologiques qui toujours réduisent, trahissent, méconnaissent, bafouent l'expérience elle-même telle qu'elle est vécue en première personne.

Secret et silence. Paradoxalement, le lieu ainsi délimité n'est pas le sacré opposé au profane, ni le conventuel opposé au mondain : au-delà de la règle carmélitaine, ce qui se déploie c'est le champ de l'amour, car c'est l'amour qui, par son essence, est étranger au profane, c'est-à-dire au monde comme pur fait brut.

Thérèse ne veut donc pas que l'on connaisse son nom : son amour est son secret. Quant au nom de l'Aimé, celui du Cantique des Cantiques, elle ne le prononce pas non plus très souvent : qu'il s'agisse, à ses yeux, de celui qu'elle nomme le Christ, c'est certain ; mais elle exalte sa Sainte Humanité[1], elle l'appelle en même temps Majesté, Seigneur, jouant de sa divine humanité ou de son humanité divine ; parfois c'est le Christ, et parfois c'est Jésus. Mais ces noms sont-ils véritablement ceux de l'Aimé ? Dieu est-il nommable ? Ne sont-ce pas là, plutôt, les désignations amoureuses d'un être dont l'être et le nom resteront à jamais *secrets* ?

Pour Thérèse, le secret a valeur ontologique : il dit la dignité, le prix incomparable d'une expérience, mais aussi l'ultime vérité du monde et de l'Être. En ses expériences extatiques les plus extrêmes, celles qui, dans la « suavité » et l'« excès », sont vécues dans les Septièmes Demeures, Thérèse découvre les

---

1. *Le Château de l'âme, ou le Livre des Demeures, op. cit.*, Sixièmes Demeures, chap. VII, p. 993.

secrets de Dieu, c'est-à-dire à la fois les secrets de l'Aimé et ceux de l'Être : Dieu

« daigne la faire entrer tout à coup dans une extase et lui découvre de profonds secrets »[1].

Nulle connaissance abstraite en ces secrets : mais la découverte intuitive et immédiate de l'identité substantielle entre l'âme et Dieu, c'est-à-dire entre l'Amante et l'Aimé. Identité qui est réciprocité du don et similitude de l'essence. C'est là un incroyable paradoxe : qui croira l'identité des Amants lorsque l'un est « Dieu », et l'autre, Thérèse ? Mais la joie de l'âme est ici son propre garant, l'amour comme divinité ou plutôt la divinité comme amour est l'autre nom de la joie quand elle est extrême.

Ainsi s'exprime Thérèse :

« Et trouvant une vie nouvelle
J'ai fait un tel échange
Que mon Bien-Aimé est à moi
Et que je suis à mon Bien-Aimé[2]... »

Thérèse, qui souvent fait état de sa faiblesse de femme sans grande instruction, qui toujours évoque son humilité et sa finitude, et qui parfois croit devoir affirmer qu'elle va « dire des folies »[3], accède ici à la plus haute ambition, à la plus extrême simplicité : elle est Dieu. Aussi ne s'étonnera-t-on pas de son enthousiasme : par l'amour, son cœur trouve « sa gloire et sa joie », sa joie la plus vive et son « allégresse »[4].

L'âme est l'autre. Ce paradoxe qui a souvent fait condamner l'aveuglement de la poésie mystique (son « hystérie » d'identification) exprime en réalité l'une des puissances de l'amour : il porte l'âme, la conscience, à son paroxysme. L'« excès », ici, ne serait pas un terme adéquat puisqu'il suggérerait une démesure appelant un

1. *Le Château de l'âme, ou le Livre des Demeures, op. cit.*, Sixièmes Demeures, chap. X, p. 1014.
2. *Poésies*, IV, *op. cit.*, p. 1558.
3. *Vie, op. cit.*, p. 173.
4. *Poésies*, VI, *op. cit.*, p. 1559.

arrêt, un débordement incitant au retrait : or Thérèse sait bien que l'amour n'est jamais excessif :

> « Une âme cachée en Dieu
> Que peut-elle désirer encore
> Sinon aimer et aimer toujours plus
> Vous aimer d'un amour toujours nouveau[1] ? »

L'évidence de l'amour est un paroxysme, une intensité qui ne se saisit jamais comme limite, mais comme admiration et joie toujours extrêmes, et toujours dépassables, à la fois à l'extrême de soi-même dans le présent et au-delà de soi-même dans la comparaison avec le passé. Le mouvement ascendant de l'amour est constant, et en chacune de ses étapes il se vit comme l'indépassable et se sait comme ce qu'il a soi-même dépassé : telle est la ferveur pour l'autre et pour la joie commune que les Amants, ces Époux mystiques, se confèrent l'un à l'autre[2].

Ce paroxysme de la joie, dynamique et constant, se saisit comme bonheur et comme félicité. Il est alors la Demeure et le Repos.

Le mouvement audacieux de la réciprocité est total, et totalement subversif : l'âme amoureuse dans la permanence de son

1. *Poésies*, V, *op. cit.*, p. 1559.
2. Cf. *Le Chemin de la Perfection*, chap. XXVII, *op. cit.*, p. 708 : « En cet état, les facultés jouissent sans savoir comment elles jouissent. L'âme s'enflamme *de plus en plus* d'amour, sans comprendre comment elle aime. Elle sait qu'elle jouit de l'objet qu'elle aime ; mais elle ignore comment elle en jouit. » C'est Thérèse qui souligne. Cette expérience de l'excès, on sait que Georges Bataille l'a intégrée à sa propre doctrine, selon sa propre perspective. C'est que l'amour, en effet, n'est jamais séparable de l'excès. R. M. Rilke l'exprime plus fortement, plus réellement que G. Bataille :

> « Or vous qui vous avancez et qui vous
>   accroissez dans l'extase
> de l'autre, au point que, subjugué, il vous supplie assez…
> Vous à qui il arrive parfois, de défaillir uniquement parce que l'autre
> excessivement s'est accru. »

R. M. Rilke, *Les Élégies de Duino*,
Deuxième Élégie
(*Œuvres*, 2, Éd. du Seuil, 1972,
trad. d'Armel Guerre, p. 320).

paroxysme accède à la Demeure, en même temps que lui sont révélés l'Être et ses secrets : mais, inversement, l'Être, c'est-à-dire Dieu, c'est-à-dire l'autre aimé, trouve en l'âme sa Demeure. Dieu dit :

> « Mais si tu veux me trouver
> *Moi-même tu dois me chercher en toi.*
> *Puisque tu es le lieu de mon repos*
> *Tu es ma maison et ma demeure*[1]. »

L'âme de l'amante, l'âme de Thérèse, est la Demeure de Dieu, comme l'Être est la Demeure de Thérèse. Platon le disait déjà : l'âme et l'absolu sont de la même substance, de la même étoffe, et, ici, c'est la joie d'amour qui révèle ce paradoxe subversif et ce paroxysme. (Et c'est aussi, chez Platon, une femme, la prêtresse Diotime, qui exprime la portée « métaphysique » de l'amour.)

Étant celui de l'amour, l'extrême est à la fois de violence et de douceur, de tendresse, de suavité[2]. « Ô mon tendre Amour… mon tendre Amour », « ma douce vie » : c'est ainsi que la poétesse espagnole Teresa de Ahumeda y Cepeda s'exprime en s'adressant à son Amant mystique, en lui offrant « son amour et son affection »[3]. Et encore :

> « L'âme sort de cette… union toute remplie d'une extrême tendresse pour Dieu. Elle voudrait se consumer, non de peine, mais de la suavité même des larmes qu'elle répand. Elle s'en trouve inondée, sans les avoir senties couler, sans savoir quand ni comment elle les a répandues. Sa joie est extrême quand elle voit cette eau calmer l'impétuosité du feu qui la consume et l'augmenter encore. Cela semble de l'arabe, et cependant il en est vraiment ainsi… Il m'est arrivé parfois… de me trouver tellement hors de moi, que je ne savais si cette *gloire*, dont je me sentais en possession au-dedans de moi-même, était un songe ou une réalité[4]. »

1. *Poésies*, IX, *op. cit.*, p. 1564. C'est Thérèse qui souligne.
2. *Poésies*, I, *op. cit.*, p. 1552.
3. *Poésies*, III, *op. cit.*, p. 1556.
4. *Vie*, *op. cit.*, p. 181. C'est Thérèse qui souligne.

En fait, c'est un sentiment d'évidence qui, le plus souvent, habite l'âme amoureuse de Thérèse. Que ses lecteurs ressentent une impression d'*étrangeté* (comme s'ils entendaient une langue *étrangère*, et notamment de l'arabe, langue porteuse de poésie amoureuse, érotique, et non expulsée de la culture espagnole…) prouve seulement que le lieu où se situe Thérèse n'est pas celui de la quotidienneté empirique, mais bien celui d'un tout autre domaine qui, par sa prégnance et la joie étonnante qu'il diffuse, mérite d'être nommé la Demeure et la Gloire.

Thérèse connaît d'incessants tourments, d'incessants transports qui sont ceux de l'amour en sa joie extrême :

> « Elle se trouve seule avec Lui. Et qu'a-t-elle à faire si ce n'est de l'aimer ? … Elle voit que par elle-même elle mérite l'enfer et qu'on la châtie avec de la gloire[1]. »

C'est qu'elle est en Dieu, qu'elle est Dieu. Certes

> « cette transformation complète de l'âme en Dieu est de courte durée »[2].

Mais il s'agit de la jouissance :

> « C'est par intervalles que l'âme est dans la jouissance[3]. »

Aussi la souffrance, la « demeure pénible » et le « très dur exil »[4] sont-ils de peu de poids eu égard à la plénitude qu'ils annoncent ou rendent possible !

> « … *Or le Seigneur me dit de ne pas craindre… car l'âme se purifiait dans cette peine, elle y était travaillée et affinée comme l'or dans le creuset pour qu'il pût mieux y placer l'émail de ses dons*[5]… »

Par l'amour de douceur et de paroxysme, Thérèse devient l'or fin de l'esprit, allègre et glorieuse, libérée des chaînes empiriques :

---

1. *Vie, op. cit.*, p. 182.
2. *Ibid.*, p. 204.
3. *Ibid.*
4. *Poésies*, VII, *op. cit.*, p. 1360.
5. *Vie, op. cit.*, p. 203. C'est Thérèse qui souligne, faisant parler Dieu.

« On voit très clairement que c'est un vol que prend l'esprit, pour s'élever au-dessus de tout le créé, et d'abord au-dessus de lui-même, mais son vol est suave, plein de délices, et sans bruit[1]. »

Par cet envol, ce « ravissement » qui est rapt de l'esprit[2], Thérèse ne se libère pas seulement des plaisirs et de l'argent : elle se libère surtout du « point d'honneur ». Sa critique de l'« honneur » est radicale : cette image qu'on souhaite donner aux autres pour qu'ils nous accordent leur considération, cette image que les autres souhaitent que nous leur offrions de nous-mêmes et par où ils nous enchaînent, Thérèse en découvre l'inanité dès qu'elle accède à sa Demeure et à sa joie[3].

C'est qu'elle est devenue l'or fin de l'esprit. Elle est aussi devenue parfum et jardin : « … les fleurs de son jardin répandent un tel parfum » que les autres, sans plus aucune référence à « l'honneur », mais seulement aux « trésors célestes », désirent « s'en approcher »[4]. Alors, oui, se réalisent le paroxysme et la suavité :

> « Quand elle considère elle-même ce divin Soleil, elle est éblouie de sa clarté… il lui arrive d'être ainsi complètement aveuglée, absorbée, étonnée, éperdue en présence de toutes les merveilles qu'elle contemple. C'est ici qu'elle acquiert la véritable humilité ; elle ne se préoccupe pas de dire ou d'entendre dire du bien d'elle-même. Le Maître du Jardin en distribue les fruits et non elle-même[5]. »

---

1. *Vie*, *op. cit.*, p. 208.
2. Et qui fait la joie des psychanalystes, psychiatres et psychologues.
3. Cf. *Vie*, *op. cit.*, p. 209 : « Quelle amitié enfin tous manifesteraient dans leurs rapports mutuels si l'intérêt de l'honneur et de l'argent était à jamais banni ! Pour moi je crois que ce serait le remède à tous les maux. » Constatons, pour l'admirer, combien Thérèse, descendante d'un juif condamné par l'Inquisition, est essentiellement un écrivain espagnol, et un écrivain subversif : elle se rattache à la littérature picaresque dont les héros, voyageurs, vagabonds, marginaux et gueux sont souvent des juifs « convertis » et opèrent toujours la critique la plus virulente et la plus désopilante des bonnes mœurs des Hidalgos, aristocrates et bourgeois. Thérèse, comme Lazarillo de Tormes, ou Don Guzman de Alfarache, mais à sa façon, conteste toute l'honorabilité et la suffisance des grands d'Espagne.
4. *Vie*, *op. cit.*, p. 183. On se souvient de Saint-John Perse qui écrivait de l'Amante : « Femme heureuse, qu'on approche… »
5. *Vie*, *op. cit.*, p. 210.

Thérèse, l'âme amoureuse, est à la fois le jardin et l'hôte du jardin, et cela par la vertu miraculeuse de l'amour en son paroxysme. Tout lui devient dès lors possible : elle n'est pas seulement jardin, elle est aussi Château.

> « On peut considérer l'âme comme un château qui est composé tout entier d'un seul diamant ou d'un cristal très pur, et qui contient beaucoup d'appartements, ainsi que le ciel qui renferme beaucoup de demeures[1]. »

À partir de cette métaphore, Thérèse va ramasser, intérioriser, intensifier toute sa doctrine et son expérience de l'itinéraire. Toutes ses *Poésies* disaient la recherche d'une *voie* où l'âme devrait s'engager pour accéder à son salut[2]. *Le Chemin de la Perfection* approfondissait cette métaphore du voyage :

> « Ne vous étonnez point… qu'il faille remplir tant de conditions pour entreprendre ce voyage divin. Le chemin qu'il s'agit de suivre est le chemin royal qui conduit au ciel… Je reviens maintenant à ceux qui veulent suivre ce chemin, et ne point s'arrêter qu'ils ne soient parvenus au terme, c'est-à-dire qu'ils ne se désaltèrent à la source d'eau vive. Comment doivent-ils commencer… il leur faut prendre la résolution ferme et énergique de ne point cesser de marcher qu'ils ne soient arrivés à la source de vie… qu'ils avancent malgré toutes les difficultés, malgré tous les obstacles, malgré tous les travaux et malgré tous les murmures ; que leur ambition soit d'atteindre le but[3]. »

Or ce but, nous le connaissons : c'est la joie même de l'amour en son divin paroxysme de tendresse et de douceur :

> « Ô précieux amour ! Il s'applique à imiter le Prince de l'amour[4]… »

1. *Le Château de l'âme, ou le Livre des Demeures, op. cit.*, Premières Demeures, chap. Iᵉʳ, p. 814. L'une des premières traductions françaises porte ce titre : *Traicté du Chasteau, ou Demeures de l'âme*, trad. par J. D. B. P. et L. P. C. D. B., Paris, 1601. Cité dans le Catalogue de l'exposition du Petit Palais (17 novembre 1982-15 février 1983) : « L'art du XVIIᵉ siècle dans les Carmels de France ». Il est intéressant de noter que le Zohar (*Le Livre de la Splendeur*), cette œuvre fondamentale de la mystique juive, comporte un chapitre intitulé : « Traité des Palais » (Le Zohar, trad. fr. de Charles Mopsik, Verdier, 1984, p. 209-241).
2. Cf. *Poésie, XX, op. cit.*, p. 1574.
3. *Le Chemin de la Perfection*, chap. XXIII, *op. cit.*, p. 689.
4. *Op. cit.*, p. 616.

Ce but, cet extrême, l'âme n'y accède pas d'un coup : la soudaineté de son apparition est le fruit d'un itinéraire et d'un voyage. C'est ce mouvement que *Le Traiﬆé du Chaﬆeau* intérieur intériorise et approfondit : l'itinéraire de l'âme vers sa félicité est ce voyage qu'elle accomplit elle-même, à travers elle-même, vers le plus profond de soi. Traversant les différents « appartements », les différentes demeures de l'âme, c'est-à-dire ses étapes, ses stations et ses attitudes, ses arrachements et ses purifications, l'âme elle-même accède à la « contemplation parfaite » qui est à la fois amour et « oraison », jouissance de la quiétude et des délices[1]. Mais ce ne sont là que les Sixièmes Demeures de l'âme.

> « Le Seigneur veut simplement prendre ses délices en sa compagnie et la combler de faveurs[2]. »

Si le voyage intérieur se poursuit, dans les « goûts » et dans les « délices », on assiste à un étrange renversement, à un miraculeux échange réciproque qui est celui de tout amour véritable : ce n'est pas seulement l'âme comme amante, c'est *aussi Dieu* comme Amant *qui prend la forme du Château* :

> « Considérons donc en ce moment que Dieu est comme une demeure ou un palais immense et de toute beauté[3]. »

C'est à la faveur de ce renversement, dans cette identification commune où les Époux mystiques entrent par leur union et leur réciprocité, que le paroxysme et la douceur révèlent leur être le plus profond : la jouissance et la joie en leur plus vive lumière. C'est ce que livre la Septième Demeure.

La réserve et la pudeur de Thérèse sont toujours aussi grandes.

> « Je me suis demandé s'il ne serait pas mieux de ne dire que peu de mots de cette Demeure[4]. »

1. *Le Château de l'âme*, Sixièmes Demeures, chap. VII, *op. cit.*, p. 991.
2. *Ibid.*, p. 1013.
3. *Ibid.*, p. 1014.
4. *Le Château de l'âme*, Septièmes Demeures, chap. Iᵉʳ, *op. cit.*, p. 1027.

C'est que le secret est toujours coextensif à l'amour. Mais, comme l'amour, il s'exprime cependant.

Un nouveau renversement, ou échange réciproque des essences dans une même structure d'identité, s'opère : le secret, qui était auparavant celui de l'Être, devient maintenant celui de l'âme : trop souvent

« nous ne comprenons pas les profonds secrets qu'elle renferme »[1].

La Septième Demeure livrera ce secret : puisque Dieu est lui-même comme un palais magnifique et que l'âme aussi est un château, ce qui est vrai de l'une est vrai de l'autre. Parce que l'âme trouve en Dieu son repos et sa jouissance, Dieu, inversement et réciproquement (c'est tout un), trouve en l'âme sa Demeure et sa joie :

« Car, s'il a sa demeure au ciel, il doit avoir dans l'âme une autre demeure où lui seul habite, et, disons-le, un autre ciel[2]. »

S'il en est ainsi, c'est que :

« Nous pouvons considérer l'âme non comme une chose qui est dans un coin et à l'étroit, mais comme un monde intérieur où trouvent place ces demeures si nombreuses et si resplendissantes que vous avez vues ; il en doit être précisément de la sorte puisque au-dedans de cette âme il y a une Demeure pour Dieu. Or lorsque Sa Majesté daigne lui accorder la faveur du divin mariage dont il est question, Elle commence par l'introduire dans sa demeure[3]. »

Ici sont atteintes « faveur » et « joie profonde », miracle contingent et gratuit de la plus haute joie.

« Comme une nuée d'une incomparable splendeur »,

l'âme a la vision intellectuelle de l'unité de l'Être, en elle et hors d'elle :

« Une seule substance, un seul pouvoir, une seule sagesse et un seul Dieu[4]. »

1. *Le Château de l'âme*, Septièmes Demeures, chap. Ier, *op. cit.*, p. 1027.
2. *Ibid.*, p. 1028.
3. *Ibid.*, p. 1029.
4. *Ibid.*, p. 1030.

Thérèse semble parler de la Trinité, mais elle décrit en fait l'union de l'âme à Dieu, la donation réciproque qui hausse l'âme à son extrême degré de jubilation : c'est qu'elle appréhende sa propre divinité par la considération de celui qu'elle aime et qui la fait être.

De même que l'âme livre ainsi ses secrets (elle est la demeure de l'Être), et que Dieu dévoile ses secrets (il est, pour Thérèse, source de vie, amour et jubilation), l'union mystique qui se consomme est elle aussi un secret :

> « Cette union secrète se contracte au centre le plus intime de l'âme qui doit être la demeure où Dieu lui-même habite et où, ce me semble, il entre sans qu'il ait besoin de passer par aucune porte[1]. »

Et Thérèse accède au paroxysme. À l'extrême joie de l'esprit charnel, affectif et pensant, et non pas à un orgasme sublimé : ce ne serait qu'une interprétation appauvrissante, sans commune mesure avec les contenus de sens que nous avons vu se déployer, simple réduction physiologique qui, sous le costume noble de la psychanalyse, cacherait le mutisme, l'aveuglement et la surdité de la médecine. Seule la conscience et la parole peuvent exprimer (et entendre) tout le sens éclatant contenu dans ces mots d'amour :

> « Cette faveur que Dieu communique alors à l'âme en un instant est un secret si profond, une grâce si élevée, une jubilation si intense que je ne sais à quoi la comparer[2]. »

Une ontologie unitaire[3] est inscrite en cette expérience paroxystique et bouleversante de la joie :

> « Ce qu'on en peut dire, autant qu'on est capable de le comprendre, c'est que l'âme ou, mieux, l'*esprit* de l'âme est *devenu une seule chose avec Dieu*[4]. »

1. *Le Château de l'âme*, Septièmes Demeures, chap. Ier, *op. cit.*, p. 1035.
2. *Ibid.*, p. 1036. On sait l'importance du je-ne-sais-quoi, le *no se que*, chez Jean de la Croix… et Jankélevitch.
3. Athée ? C'est en tout cas ce que dirait Georges Bataille (cf. « L'expérience intérieure », *Somme athéologique*, Paris, Gallimard).
4. *Ibid.* C'est nous qui soulignons.

La jubilation vient de l'identité supposée à Dieu, mais celle-ci est l'expression de l'amour, le mouvement réciproque et ébloui de l'amour :

> « Dieu, qui est esprit lui aussi, veut montrer l'amour qu'il nous porte ; il fait comprendre à certaines âmes jusqu'où va cet amour et nous porte par là à chanter ses grandeurs. Car il s'unit d'une façon tellement intime à sa créature que, suivant l'exemple de ceux qui sur la terre sont unis pour toujours, il ne veut plus se séparer d'elle[1]. »

Parce qu'ici Thérèse décrit l'extrême de l'expérience d'amour, elle est portée à dépasser l'analyse conceptuelle et à entrer dans le somptueux domaine de la métaphore.

Ainsi parviendra-t-elle mieux à communiquer le qualitatif de sa joie, le contenu affectif de cette jubilation que procure la présence même de l'aimé. Que cet aimé, qui est « Dieu », existe ou n'existe pas réellement comme un être cernable, est une question secondaire : en lisant les mystiques, nous devons (comme Husserl l'opère à propos du monde de la perception) mettre *entre parenthèses* l'existence de cet être appelé Dieu, c'est-à-dire ne pas nous prononcer sur cette existence, ne pas nous référer à cet Être. Ce qui est au contraire fécond c'est d'élucider tous les contenus qualitatifs et significatifs de la conscience qui aime : que l'autre soit divin ou humain n'importe pas, seul comptent l'attitude et le mouvement amoureux de la conscience qui aime. C'est cette conscience (son « âme ») que Thérèse décrit merveilleusement, notamment dans sa dimension de joie somptueuse, de douceur suave et tendre, de paroxysme étonné et bouleversé. Que dans la réalité du monde l'autre soit évident, et intuitivement saisi dans son intériorité, que le solipsisme soit une fiction, c'est pour nous la vérité fondamentale. Elle n'interdit pas de décrire en eux-mêmes les contenus de la conscience amoureuse mystique : ils ne font que porter à l'extrême les contenus de toute conscience amoureuse et dire avec une audace et une liberté entières le paroxysme de la réciprocité, l'extrême de la tendresse et du plaisir.

---

1. *Le Château de l'âme*, Septièmes Demeures, chap. Ier, *op. cit.*, p. 1036.

Aussi, Thérèse a-t-elle raison de se laisser aller à son invention poétique : elle seule dira la jouissance et la plénitude qui sont, souvenons-nous-en, *antérieures* à leur expression poétique.

L'âme est un Château, mais Dieu est un Palais. Ils s'unissent pour jouir chacun de la présence de l'autre dans la demeure la plus centrale de ce double château unifié. C'est le centre le plus intime de l'âme[1] : le lieu où se joue sa vie. Mais le sens (aimer et connaître l'Autre) est une jouissance (le contenu qualitatif et substantiel de la jubilation) : alors survient l'image conjointe de la nourriture et du fleuve :

> « De ce sein divin où, ce semble, le Seigneur sustente l'âme continuellement, sortent des *ruisseaux de lait* qui vont fortifier tous les habitants *du château*. On dirait que le Seigneur veut les faire participer en quelque manière à la joie intense de l'âme. Ce grand *fleuve de vie* où s'est perdue *la petite fontaine*[2] lance parfois quelques flots de cette eau qui fortifie... de même que les flots ne peuvent *nous inonder* sans qu'il y ait une *source* d'où ils coulent, de même aussi l'âme comprend clairement qu'il y a dans *son* intérieur quelqu'un qui lance *ces flèches dont elle est blessée*, et qui donne la vie à cette vie où elle est élevée, qu'il y a en outre un *soleil* d'où procède cette éclatante lumière qui de son intérieur est envoyée à ses puissances[3]. Quant à elle, comme je l'ai dit, elle ne se meut point de ce centre où elle est ; elle ne perd point la paix[4]... »

Ici est atteinte et exprimée la jouissance la plus haute : par l'eau et le lait qui sont nourriture, par l'origine qui est centralité et intériorité, par le lait qui est suavité et douceur, par les flots et par le soleil qui sont mouvement et paroxysme. Chez toute âme amoureuse le cosmos dit l'amour.

Alors,

> « malgré les flèches de feu qui ne sont pas des flèches »[5],

1. « Ce centre ou cet esprit de notre âme », *Le Château de l'âme, op. cit.*, Septièmes Demeures, chap. II, p. 1041.
2. Thérèse désigne ainsi sa propre âme.
3. C'est-à-dire ses facultés intellectuelles.
4. *Le Château de l'âme, op. cit.*, Septièmes Demeures, chap. II, p. 1038.
5. *Le Château de l'âme, op. cit.*, Sixièmes Demeures, chap. XI, p. 1019.

la quiétude, la paix et le repos sont dans l'évidence de la joie, tandis que la vie se saisit comme permanence de la présence et de la jouissance de l'être.

Toujours reviennent

« les tendres désirs de jouir de lui »[1],

toujours est présente cette

« impulsion, je ne sais quel autre nom lui donner qui... se produit avec une profonde suavité »[2],

et toujours seront

« bien employés tous les travaux que l'on pourrait endurer pour jouir de ces touches de son amour si suaves et si pénétrantes »[3].

Alors Thérèse peut bien le dire :

« La différence qu'il y a entre cette demeure et les autres, c'est, je le répète, que l'âme n'y éprouve presque jamais... ces troubles intérieurs où elle se trouvait parfois dans les autres demeures. Elle est pour ainsi dire toujours dans la quiétude[4]. »

Le voyage de l'âme, pour Thérèse, ce lent, difficile et merveilleux itinéraire qui l'a conduite à travers son Château intérieur vers la Demeure centrale qui est aussi le Palais divin, on peut dire qu'il a pour terme et pour sens l'accès même à l'absolu.

Le voyage de l'âme, le parcours du Château conduisent l'être vers le plus haut amour, et celui-ci est jouissance même de l'Être : Jardin et « Paradis » pour parler comme ces poèmes bibliques appelés Psaumes. Et comme Thérèse :

« Le corps éprouve une délectation profonde et l'âme un bonheur égal. Celle-ci est si heureuse de se voir seulement si près de la fontaine que, même avant de s'y désaltérer, elle est déjà rassasiée. Elle s'imagine qu'elle n'a plus rien à désirer ; ses puissances[5] sont dans

1. *Le Château de l'âme, op. cit.*, Septièmes Demeures, chap. III, p. 1044.
2. *Ibid.*, p. 1045.
3. *Ibid.*
4. *Ibid.*, p. 1046.
5. Entendement, mémoire, volonté (c'est-à-dire désir).

une telle quiétude qu'elles ne voudraient pas se remuer... Les deux vies, l'active et la contemplative, marchent alors de pair... en possession d'un tel bonheur... elles ne savent comment il leur est venu... Il faut tout au plus prononcer de temps en temps une parole douce comme le souffle... Lorsque les trois puissances de l'âme sont en bonne harmonie elles connaissent un vrai paradis[1]. »

Ce sont là de grandes « marques d'amour »[2].

Ce « paradis » est la jouissance de l'être à laquelle conduit l'amour. L'âme y devient un être substantiel jouissant de la quiétude et de la joie, en même temps qu'elle est identifiée à Dieu, c'est-à-dire à l'Être qui, ainsi, lui confère l'être : Dieu

> « ne se lasse point de donner, et, non content de s'unir à l'âme pour en faire une même chose avec lui... il commence à mettre en elle ses délices, à lui découvrir ses secrets, à se réjouir de ce qu'elle comprenne les trésors qu'elle a gagnés et de ce qu'elle entrevoie les biens qui lui sont encore réservés »[3].

Réciprocité, union, identification, donation, gratitude, jouissance de l'autre et de soi, accès à l'être, pénétration au centre de l'âme par les âmes elles-mêmes, expressions somptueuses, extases de douceur et d'excès, oui, en vérité, ce sont bien là de grandes marques d'amour. Et « Dieu » se révèle enfin pour ce qu'il est : *la plus haute métaphore de l'amour* et de l'inépuisable joie qu'il implique.

g) *La perfection de l'amour*

L'amour se déploie dans le secret de l'âme : la mystique juive du Moyen Âge en avait aussi dit l'expérience. Pour Bahya Ibn Paqûda,

---

1. *Le Chemin de la Perfection*, chap. XXXIII, *op. cit.*, p. 738 à 741. C'est ce même « paradis », on s'en souvient, qu'évoquent les Psaumes ou Christophe Colomb, Novalis ou Saint-John Perse. Et Gustave Roud
2. *Ibid.*, p. 744.
3. *Ibid.*, chap. XXXIV, p. 752.

« il est impossible de cesser de tendre vers lui, dans le secret d'un cœur limpide »[1].

Cette tension qui va à l'extrême et au paroxysme permet de définir l'amour même :

> « L'amour de Dieu est un élan de l'âme, qui, en son essence, se détache vers Dieu pour s'unir à sa très haute lumière[2]. »

Il s'agit, dans cet élan, du désir même, et par conséquent du désir de l'union :

> « Lorsque l'âme sent un objet qui ajoute à sa lumière et à sa force, elle est attirée par lui, s'unit à lui et y médite en grande soif et désir ardent de sa présence ; telle est la perfection du pur amour[3]. »

C'est de l'amour même qu'il s'agit.

En son extrême, en sa pureté désintéressée, en sa visée de la plus haute lumière, il ne peut pas ne pas se référer à la perfection, « à la perfection du pur amour ». Elle ne désigne pas essentiellement l'aspect ascétique de ce mouvement d'amour, même si Bahya, comme certains théologiens musulmans et chrétiens, prône l'ascétisme comme indispensable moyen d'accéder à cette perfection. Il nous semble au contraire que cette perfection se réfère plus au contenu qualitatif de l'union qu'à son caractère sacré ou ascétique.

Ce contenu est l'extrême de la joie :

> « La désolation ne nous désolera pas, et jamais l'angoisse ne nous étreindra, mais nous serons toujours joyeux en Dieu, remplis d'allégresse en notre Créateur, de jubilation à cause de sa volonté et de désir pour l'instant où nous la rencontrerons… »

David traduit toute l'inexprimable joie divine de l'amant du Seigneur en ses Psaumes :

> « J'offrirai dans sa demeure
> Mes sacrifices avec des cris de joie[4]. »

1. Bahya Ibn Paqûda, *Introduction aux Devoirs des cœurs*, trad. André Chouraqui, Préface de Jacques Maritain, Desclée de Brouwer, 1972, p. 591. Bahya est un mystique juif de langue arabe, écrivant au XIᵉ siècle en Andalousie et se référant souvent au soufisme.
2. *Ibid.*, p. 582.
3. *Ibid.*
4. *Ibid.*, p. 592. Le Psaume évoqué est le Psaume XXVII, 1.

La jubilation, l'allégresse et la joie sont les contenus du pur amour de Dieu qui, en son paroxysme, peut se désigner comme perfection. C'est dire combien la perfection de l'amour est concrète, vitale et même charnelle. Bahya cite, entre autres, le Psaume CXIX :

> « Mon âme soupire et même s'épuise
> Pour les parvis du Seigneur,
> Mon cœur et ma chair crient de transport
> Vers le Dieu vivant[1]. »

Et tous les contenus s'unifient en cette expérience :

> « L'amant du Seigneur possède la joie et la jubilation en Dieu ; dans sa connaissance, il a le puissant désir de sa volonté, l'allégresse de sa Torah, et de la tendresse pour ceux qui craignent le Très-Haut[2]. »

Les Prophètes confirment les Psaumes :

> « Ô frères réjouissez-vous dans le Seigneur
> Et tressaillez de joie dans le Dieu de votre salut[3]. »

S'épuiser et tressaillir de joie dans l'union à Dieu sont de grandes marques d'amour : c'est bien de l'amour qu'il s'agit à travers cette poésie mystique, à travers ces textes bibliques dits sacrés, à travers cette *connaissance* :

> « L'amour divin *jaillit* de cette connaissance ressentie avec *plénitude*[4]. »

Ce qui, mieux que tout autre caractère, dévoile le sens humain de cet amour divin intense, extrême et jubilatoire, c'est la réciprocité qu'il implique :

> « Mes amants je les aime
> Et ceux qui me recherchent aux aurores
> Me trouvent[5]. »

1. Bahya Ibn Paqûda, *Introduction aux Devoirs des cœurs*, op. cit., p. 606.
2. *Ibid.*
3. *Ibid.*, p. 607, Bahya cite Hab., III, 18.
4. *Ibid.*, p. 590. C'est nous qui soulignons.
5. *Op. cit.*, p. 596. Bahya cite Prov., VIII, 17.

L'amour du fidèle pour son objet absolu se redouble de l'amour que cet objet ressent pour le fidèle :

« Alors, du Dieu vivant, tu verras le Visage
Unissant dans l'amour, ton âme au Rocher[1]. »

Cette union, cet amour sont actifs ; ils peuvent être pensés comme un Voyage et une Voie :

« Je désire aller dans la voie de tes témoignages
Rejoindre ta demeure[2]... »

Le but de ce voyage d'amour qui est à la fois élan, désir, réciprocité, n'est pas douteux :

« Établis-moi dans ton salut
Pour que je contemple la béatitude
        de tes élans
Pour que je me réjouisse
        de la joie de tes multitudes[3]. »

La perfection de l'amour se dévoile alors dans tout son éclat : *la fondation de la demeure par la reconnaissance du Rocher*, et l'union à ce Rocher qui est l'objet et la source du plus haut amour, ont pour but non pas seulement l'accès d'une âme amoureuse au paroxysme de la joie, mais encore la réjouissance de cette âme à la contemplation de la joie de toutes les autres âmes. L'amant de l'Être se réjouit à la fois et d'accéder à l'être et de contempler l'allégresse de tous ceux qui sont et seront dans la plénitude de la joie.

La perfection de l'amour réside dans le paroxysme qui est béatitude, mais aussi dans la diffusion indéfinie à la multitude des êtres, de cette allégresse qui devient ainsi offrande et partage de la Demeure.

1. Bahya Ibn Paqûda, *Introduction aux Devoirs des cœurs, op. cit.*, p. 622 (poème de Bahya). Dans la Bible, Dieu est souvent désigné et nommé : le Rocher.
2. *Ibid.*, p. 657 (œuvre poétique, exhortation).
3. *Ibid.*, p. 662.

Ce haut langage de la poésie mystique, chez Bahya Ibn Paqûda ou chez sainte Thérèse, chez Léon l'Hébreu ou chez Ruysbroeck (dans les *Dialoghi di amore* ou dans les *Noces spirituelles*), je le saisis comme le langage de l'amour humain lui-même lorsqu'il est porté à sa propre perfection.

Parce que l'amour de Dieu se dit et se vit comme réciprocité, il ne saurait s'agir que de l'expérience humaine de l'amour, ou plutôt de *l'expérience du seul amour qui soit* et *qui est l'amour humain* : le mystique en effet (qu'il s'agisse de Bahya Ibn Paqûda ou de Thérèse d'Avila) fait parler Dieu et se substitue à lui sous prétexte d'identification. Cette remarque vaut certes comme critique de la religion, mais, plus encore, comme libération du regard porté sur l'expérience mystique : elle est précieuse car elle dit l'expérience de l'amour *en sa perfection*.

Cette perfection est la joie, disions-nous. C'est ce qu'exprime aussi la poésie courtoise : plus que le résultat culturel des influences mystiques juives, arabes ou chrétiennes[1], nous voyons en elle l'une des expressions de cette expérience où s'unissent le haut désir, la vive conscience admirative et poétique de l'autre, et enfin la joie d'amour comme paroxysme, comme douceur et comme allégresse.

Notons d'abord que, pour Bernard de Ventadour, seul l'amour confère à l'existence dynamisme et signification, mieux, cette *saveur* et cette *douceur* dont parleront saint Bonaventure ou sainte Thérèse :

> « Il est vraiment mort celui qui ne sent pas dans son cœur la douce saveur de l'amour. Que vaut la vie sans l'amour ? Qu'est-elle sinon un ennui pour les autres ? Puisse Dieu ne jamais me haïr au point que je vive jour ou mois après être tombé au rang de ces ennuyeux, privé de tout désir d'amour[2]. »

---

1. On connaît la thèse de Denis de Rougemont, valablement contestée nous semble-t-il par Pierre Belperron dans son beau livre : *La Joie d'Amour, contribution à l'étude des troubadours et de l'amour courtois*, Paris, Plon, 1948.
2. Cité par Pierre Belperron, *op. cit.*, p. 162.

Cet indispensable amour n'est pas nécessairement chaste, dans la poésie courtoise, il ne l'est jamais chez Bernard de Ventadour, fort éloigné de l'ascétisme des poètes arabes. L'amour courtois se déploie nécessairement dans l'adultère puisqu'il crée une relation fondée sur la distance, la discrétion, l'élégance morale qui porte à l'extrême l'affirmation de l'autre ; mais il n'implique pas nécessairement la chasteté. C'est le mérite irremplaçable de la poésie courtoise d'avoir reconnu la possibilité d'unir l'amour intégral et l'amour réfléchi, tissés dans l'admiration poétique, la réciprocité et l'élégance de la liberté, du raffinement et de la discrétion. C'est cette union de l'amour intégral et de l'amour réfléchi qui porte l'amour à sa plus haute perfection, qui est l'expérience de la haute joie :

> « Mon cœur déborde de tant de joie que tout me paraît changé dans la nature[1]… »

Et Marcabru, l'un des premiers poètes courtois, s'exprime ainsi :

> « Celui que cet Amour a distingué vit gai, courtois, et sage… » ;

dans une autre chanson :

> « Car amour a signification d'émeraude et de sardoine ; il est de joie cime et racine, maîtrise avec vérité, et son pouvoir est souverain sur mainte créature[2]. »

Parce qu'il s'agit de l'amour courtois, la spontanéité brutale de la pulsion est exclue ; une conversion s'est effectuée par rapport aux manières brutales et dogmatiques du Moyen Âge, un tout autre domaine s'est institué en fait dans la relation d'amour, un travail a été effectué. Certes les poètes du Poitou et du Languedoc n'ont pas à leur disposition les instruments conceptuels qui leur permettraient d'exprimer ce travail réflexif et cette espèce de conversion philosophique et spirituelle : mais ils en éprouvent l'expérience équivalente. Marcabru, en effet, peut écrire :

1. Bernard de Ventadour, chanson XLIV, citée par P. Belperron, *op. cit.*, p. 163.
2. Marcabru, *op. cit.*, p. 128 et 129.

« Le bien-être des amoureux consiste en Joie, Patience et Mesure[1]. »

Quoi qu'il en soit, quelle que soit la façon dont s'exprime le caractère à la fois intégral, neuf et réflexif de l'amour courtois, quelles que soient les médiations qui expriment son caractère paradoxal et subversif, son noyau essentiel réside toujours dans ce qui fait la perfection de l'amour et qui est la « joy ». À notre sens, nul ne l'a mieux exprimée que Guillaume de Poitiers :

> « Plein d'allégresse je me prends à aimer une joie à laquelle je veux m'abandonner ; et puisque je veux revenir à la joie, il est bien juste que, si je puis, je recherche le mieux… Si jamais aucune joie put fleurir, celle-ci doit, bien plus que toutes les autres, porter graine et resplendir au-dessus d'elles, comme un jour sombre qui tout à coup s'éclaire[2]. »

Perfection signifie réalisation entière d'une chose, d'une pensée, d'un sentiment selon la définition entière de cela seul qui entre dans l'affirmation de cette chose, de cette pensée, de ce sentiment. Perfection est donc parachèvement, réalisation d'un être selon sa propre essence.

Et l'essence de l'amour est le rapport à l'autre comme joie de la présence, conversion, union bipolaire et joie extrême. Une fondation, un sens et une nouvelle vie naissent de là. La réciprocité permanente et active est une des structures de cette joie dans l'union non réductrice.

Je vois bien, dès lors, que j'étais fondé à exclure de l'amour les conflits et les angoisses : la perfection de l'amour réside dans l'amour, non dans ce qui le nie.

Cette perfection est réalité : le temps empirique ne produit plus ses pseudo-effets destructeurs, dès lors qu'effectivement une conversion réciproque et commune s'est effectuée, permettant de dépasser l'espace, le temps et les intérêts. Alors l'amour entre dans le Domaine qui est le sien : la perfection même du libre accord à

1. Marcabru, *op. cit.*, p. 129.
2. Guillaume de Poitiers, pièce IX, citée par P. Belperron, *op. cit.*, p. 98.

l'autre et de l'inépuisable joie que procure l'union substantielle des Amants. Une élégance et une noblesse naissent de là.

5) LE SENS DE L'AMOUR

> Où la description de l'amour même laisse la place à une brève réflexion sur l'amour, et où celui-ci se manifeste comme la création non différée de l'humanité par elle-même.

L'AMOUR SE SITUE par lui-même en un autre lieu que celui de la procréation. De cet autre lieu, de ce sens global, profond et ontologique de l'amour, nous voudrions dire quelques mots, réfléchissant ainsi brièvement *sur* l'amour.

Il est, nous l'avons vu, la joie la plus haute qui s'instaure de la relation la plus forte à autrui[1]. Nous avons dit cette joie, qui, par son paroxysme, situe l'amour au cœur d'une philosophie du bonheur. Cette joie est celle de la triple reconnaissance, elle est celle de l'enthousiasme poétique dans la réciprocité, elle est la restructuration du temps de la vie par la rencontre, elle est le sens donné à la vie par cette rencontre, cette alchimie poétique, cette reconnaissance ; elle est aussi don de la parole et du lieu, don de la vie et de l'être comme joie, bonheur d'être et nouvelle naissance.

C'est cette dernière dimension qui les rassemble toutes : la joie d'amour, en son paroxysme et en sa tendresse, dans l'intensité tournante de la réciprocité, est la joie de la seconde naissance. Par l'amour et par sa ferveur un nouvel être entre dans l'être : l'être substantiel constitué par l'échange et par la parole qui unissent les Amants, mais aussi chacun d'eux en son tréfonds. Tout

---

1. On se souvient de la pensée de R. M. Rilke, citée plus haut : « Les amants amassent douceurs, gravités et puissances, pour le chant de ce poète qui se lèvera et dira d'inexprimables bonheurs » (*Lettres à un jeune poète*, IV, *op. cit.*, p. 326).

désormais commence aux Amants : le temps, la vie, le sentiment de soi et de l'autre, la réalité créée ensemble.

Cette nouvelle naissance, cette création d'une substantialité neuve qui, à travers la relation réciproque, se déploie comme joie et allégresse, satisfaction et contentement, certitude et activité, ouverture et repos, éternité et mouvement, rayonnement et splendeur, force et suavité, cette substantialité est celle des Amants, non celle de l'enfant. C'est dire que, par l'amour, dans la splendeur et dans la joie, les Amants se confèrent *à eux-mêmes* cette nouvelle existence.

Tout se passe donc comme si, par l'amour et par les Amants, l'humanité se conférait à elle-même une existence qui, d'être nouvelle et seconde, pouvait se créer selon son désir, au-delà de la première naissance des individus humains, purement physique et totalement involontaire. La naissance physique échappe au sujet : il n'a pas voulu être, et il n'a pas voulu être tel. Par l'amour au contraire, et notamment par l'amour appuyé sur la conversion individuelle et commune, sur la seconde fondation aussi, les individus se donnent les forces nécessaires à la re-création de l'humanité : par l'amour, à travers la joie et l'oblativité, l'humanité désormais se crée elle-même quand elle le décide, et elle se confère l'être qu'elle se choisit.

Ainsi, par l'amour heureux, l'humanité restructure son être et son sens en se faisant elle-même l'origine de cet être et de ce sens. Elle se situe désormais, avec passion, conscience et liberté, à l'origine d'elle-même : elle se dépasse, elle se re-commence en le sachant et en le voulant.

C'est ce re-commencement de l'humanité par elle-même, dans la perspective de la joie, qui est la joie même d'être et d'agir. Elle n'a pas d'autre finalité qu'elle-même. En se re-créant quand elle le veut et comme elle le veut par l'amour, l'humanité ne vise rien d'autre que l'humanité, toujours plus heureuse et épanouie, toujours plus familière avec la splendeur.

Commençant à soi et se destinant à elle-même, l'humanité devient dès lors « divine » par l'amour qui la porte et l'amour qu'elle incarne. Elle devient sa source, son origine et sa fin : elle est comme une divinité. Non qu'elle se hausse au-delà d'elle-même, mais elle dévoile le meilleur d'elle-même. Elle devient son propre créateur, la propre source de sa joie d'être et d'aimer.

Tout se passe donc comme si, par l'amour heureux qui unit substantiellement les couples[1], l'humanité se conférait l'être par son propre désir et s'enfantait elle-même par-delà la nécessité naturelle. Tout se passe comme si, dès lors, l'humanité procédait à la fondation d'elle-même.

Il ne s'agit certes pas d'une activité réflexive et volontaire : en dépassant la nécessité de la génération naturelle par la création de soi et par l'amour, l'humanité ne procède qu'à une sorte de première fondation d'elle-même. Elle n'accède à la seconde fondation que par le travail réflexif qui, loin de nuire à l'alchimie de l'amour, lui confère au contraire sa perfection, sa substance et son rocher.

---

1. Et aussi par l'éducation. Le mouvement réflexif créateur de l'humanité se fondant elle-même par sa propre éducation est comparable au mouvement de l'amour.

III. La jouissance du monde

> « Ce n'est pas le chatoiement des couleurs, les sons joyeux, la
> chaude atmosphère qui nous exaltent au printemps : c'est le
> silencieux esprit annonciateur et prophétique des espérances
> infinies, un sentiment anticipé de jours nombreux d'aise et de
> joie, de l'existence généreuse d'un si grand nombre de variétés
> des choses et des natures, qui nous laissent deviner, pressentir
> de plus hautes fleurs et de sublimes fruits dans l'éternité, avec
> un sentiment d'obscure sympathie pour l'amitié du monde,
> autour de nous, qui se déploie. »
>
> Novalis, *Fragments des dernières années*,
> *Œuvres complètes*, t. II, Gallimard, 1981, p. 397.

1. LE VOYAGE DE L'AMOUR ET LE VOYAGE DE L'ÊTRE

> « *L'amour est une haute exigence, une ambition sans
> limites, qui fait de celui qui aime un élu qu'appelle le
> large.* »
>
> R. M. Rilke, *Lettres à un jeune poète*, VII,
> *Œuvres*, 1, Seuil, 1972, p. 355.

NOUS AVONS ATTEINT le Haut Pays. Depuis longtemps
déjà le chemin se réjouit de lui-même et se déploie dans les Hautes

Terres comme la contemplation gratuite de lui-même et du monde tandis que l'or de la terre enveloppe les Amants et les inspire.

Tout se passe comme si le paysage lui-même était mobile, comme si ses lumières et ses perspectives accompagnaient notre propre mouvement pour en nourrir et la joie et la quiétude. Dans le même temps, le chemin qui nous porte se révèle aussi comme un mouvement, comme une impondérable substance dont l'être serait le temps et dont l'énergie serait l'éclat. Dans le voyage que nous accomplissons et qui nous accomplit, la substance de l'être se change et se meut à la fois en l'autre et en nous-mêmes, se nourrit de l'un et de l'autre, tandis qu'elle s'affine et s'approfondit pour devenir le Haut Lieu de la vie. Le voyage fait de nous un seul être qui se change peu à peu en lui-même par l'action alternée de chacun des sujets. Portés par la totale attention de chacun à l'autre, nous faisons de la parole de l'autre l'occasion d'une transformation et d'une intensification de notre être. Du regard et de la parole de l'autre, pris dans notre attention passionnée, dans notre mémoire active et présente, nous faisons chaque fois, l'un pour l'autre et l'un par l'autre, l'occasion d'un nouveau départ commun, d'une nouvelle et somptueuse affirmation de l'être. Nous ne voyageons que de la communauté de notre mouvement. Par l'active alchimie de la présence et de la parole, les sujets agissent tour à tour l'un sur l'autre, déployant la spirale de leur vie, se réjouissant chacun de l'autre, et trouvant en ce qu'il a de meilleur, et qu'il dispense avec une telle profusion, une nourriture toujours plus vive.

Avant d'aborder le chemin ascendant vers les hauts plateaux, on traverse certes des terres arides, des torrents rocailleux et asséchés, on ne sait pas encore clairement ce que la lumière veut en nous, ce que les pluies rafraîchissantes annoncent du lendemain, on ne sait pas toujours répartir les charges de son équipement, on n'interprète pas immédiatement de la même façon les cartes et les parchemins à partir desquels s'invente un itinéraire commun Puis les pas et les regards s'accordent ; dans les passages étroits, chacun, tour à tour, laisse l'autre prendre un demi-pas d'avance pour faciliter sa marche, ou bien, par une spontanéité faite attention, attend l'autre qui, sans peine, se trouve à ses côtés, déployant le même chemin, inventant le même monde, en un même rythme. Tout au début, on n'entend pas toujours clairement, dans l'épaisseur de la forêt, les appels proférés par l'un ou par l'autre, et l'on ne sait pas toujours placer sa voix. Mais peu à peu les voix s'entendent l'une l'autre et s'intériorisent. Dans leur proximité, malgré forêts, torrents ou ravins, chacun se fait miraculeusement présent à l'autre, comme s'il était devenu perceptible par un sens intuitif que l'autre aurait développé dans le temps même que se déployait le voyage et que se construisait le Domaine. C'est qu'en chacun se dessine de plus en plus clairement la forme de ce Domaine. Dans la substance que forment ensemble les sujets par le mouvement de leur mémoire, de leur anticipation, et de leur désir, le Haut Pays s'esquisse lentement. Nous en avons perçu ici la forme générale, nous avons commencé d'en saisir la lumière et la saveur, nous avons compris, dans une évidence toujours plus éclatante, que sa signification, sa prégnance et son caractère somptueux pouvaient s'en dire par le corail et par le cuivre, par la source et par la mer. Nous pouvons dès lors comprendre de mieux en mieux que nous sommes déjà entrés dans le Domaine.

Nous sommes entrés dans le Domaine du fait même que nous en poursuivions l'accès. Nous avions d'abord connu le fait que cet accès, ce Voyage seraient à l'évidence longs et difficiles. Nous l'avons cependant entrepris, voyant bien, par le haut désir que chacun saisit en lui-même et en l'autre, qu'il deviendrait peu à peu sa propre justification. Cette évidence, qui nous était d'abord cachée, nous l'avons peu à peu dévoilée, contemplée, reçue en nous. Peu à peu nous avons compris la force ignée de la détermination, en chacun, d'accéder au Domaine, et nous avons alors saisi que cet accès, pour lent et difficile qu'il apparût parfois, n'en laissait pas moins d'être possible. Alors nous nous sommes embarqués.

Notre voyage est déjà marqué de moments forts. Nous avons constaté par exemple que chaque passage difficile (comme une

combe désertique, un orage, un chemin apparemment impratica-
ble aux flancs des falaises ou un marécage dans les alentours d'une
rivière) se révélait étape solide et acquisition féconde. Nous avons
découvert que tout passage, toute épreuve, éclairés qu'ils sont par
le désir fondamental, s'inscrivent en nous comme un savoir nouveau, comme une nouvelle force qui nous forgent peu à peu un
nouvel être et une nouvelle unité. Nous avons fait l'expérience de
l'infinie fécondité du temps. Le voyage s'enrichit de ses épreuves,
l'être se construit de ses étapes. Et chaque étape conduit ceux qui
s'aiment à la fois plus profondément dans le Haut Pays que nous
sommes en train de parcourir, et plus près l'un de l'autre, eux qui,
déjà, sont le même être et le même mouvement. L'unité s'accroît
de se connaître. Toujours plus admirativement étonnés chacun
de l'autre et ensemble de ce Haut Pays qui les enveloppe, ils font
de leur connaissance et de leur mouvement la joie et le bonheur
d'être. Parcourant le Domaine, et le situant toujours, dans le même
mouvement, à l'horizon de leur pensée et au centre de leur désir,
ils découvrent et déploient leurs vraies forces, dessinent leurs limites comme des affirmations, transforment leur matérialité et
leur mémoire en ce nouvel être qui leur est commun et qui se
révèle toujours plus comme une espèce de miracle qu'ils accomplissent eux-mêmes et qui les accomplit.

Ils développent une mémoire toujours plus riche, toujours
plus vaste, toujours plus actualisée. Ils unifient ainsi et leurs expériences et les splendeurs de leurs découvertes.

Tous les éléments du monde se répondent et s'évoquent, et
chaque élément se fait l'écho des paroles que nous prononçons,
des gestes et des mouvements que nous accomplissons. La rivière
calme est une nacre, et la nacre est aussi bien tout l'océan que le
teint d'un visage. Et elle est aussi bien l'écho ou le signe des splendeurs éclatantes qui, en chacun de nous par l'autre, sont aussi
claires, aussi simples, que le jour.

Tout s'unifie par notre regard, notre mémoire et notre désir.
Nous ne répétons pas nos erreurs, nous accroissons nos joies. Tout
nous est enseignement, mais tout également, nous est allégresse,

parce que nous ne perdons pas de vue le sens et le terme de notre voyage, ce terme qui est déjà là comme le domaine infini que nous sommes en train de parcourir.

Notre mémoire active, l'unification joyeuse des signes, des paysages, des cheminements et des paroles, nous en faisons le mouvement de notre invention. Le Voyage se révèle à nos yeux comme l'invention de l'itinéraire par lui-même, par nous-mêmes qui sommes et les Voyageurs de l'être et l'itinéraire du Voyage. Et nous nous réjouissons de notre mouvement initiatique et initié, nous nous réjouissons indéfiniment de nos découvertes incessantes à travers les paysages du monde.

Nous ressentons de plus en plus l'importance et la prégnance du but qui nous porte.

Les êtres qui s'aiment déploient toujours, dans leur cœur et à leur horizon, un Domaine qui prend à leurs yeux une valeur de plus en plus profonde, vive et secrète. Leur voyage, qui est sa propre réjouissance, se révèle à la fois comme étant de plus en plus initiatique, les portant toujours plus au-delà d'eux-mêmes vers le centre du Domaine, et comme étant par une espèce de miracle cela même qui est au cœur de l'accomplissement.

Souvent, dans une brume dorée, nous apercevons au loin, vers les Hauts Plateaux, ce pays substantiel dont nous sentons déjà en nous la présence exaltante, et dont nous savons qu'à le parcourir toujours plus et à nous en rapprocher sans cesse, nous qui sommes déjà en lui, nous éprouverons toujours plus cette tout autre jouissance, cette tout autre joie qui sont la saveur même de notre vie. Quelque chose de substantiel, d'ontologique, se dévoile à nos yeux, accompagnant notre mouvement. Le Domaine, l'éther où nous nous mouvons, l'étonnante qualité du sentiment que chacun a simultanément et de l'autre et du monde comportent une prégnance et une puissance de rayonnement qui ne peuvent être évoquées que par un terme aussi fort (s'il est bien lu) que le verbe être. À nous mouvoir dans le Pays Substantiel que nous formons par notre mouvement même, nous acquérons une manière d'être si accordée à elle-même et si joyeusement ouverte sur le monde et sur l'autre qu'une seule image convient pour l'exprimer : et c'est l'être. Par nous, par notre Voyage, l'être est.

Aussi voyons-nous bien que le chemin était sa propre destination. Désormais nous sommes heureux de la marche même qui nous porte et que nous inventons, et non plus seulement du pressentiment de sa jouissance. C'est ici même que l'être advient.

Nous savons maintenant que les Hautes Terres, le chemin qui y conduit ou qui les parcourt, et chacun de nous pour l'autre, forment ensemble comme un seul être. La même maturation qui s'accomplit en nous, portant notre relation à un degré toujours plus vif d'intensité, de profondeur et de connaissance, nous conférant toujours plus solidement cette joie qui se vit sans cesse comme un mouvement qui serait un repos, comme un repos qui serait un mouvement, nous étonnant toujours plus de la présence de l'autre, cette même maturation, ce même accroissement s'accomplissent dans le paysage et dans le monde. Les pentes sont d'abord rocailleuses, les chemins étroits, dans les commencements du Voyage. On peut même découvrir que les premiers pays traversés sont sans doute situés au-dessous du niveau de la mer. Puis l'air peu à peu s'allège, devient à la fois plus éclatant et plus pur, plus aérien et plus igné. La transformation du paysage qui accompagne le voyage initiatique, on peut la vivre comme une transmutation alchimique de l'éther. En même temps que nous déployons l'histoire intérieure de notre voyage, la genèse féconde et rythmée de notre temps substantiel et de nos façons d'être l'un à l'autre présents, se déploie devant nous la transmutation alchimique de la lumière. L'air, toujours plus vif et plus léger, se fait avec notre ascension par le chemin en spirale, toujours plus lumineux, plus éclatant. La mer aperçue au loin, les fleuves somptueux et parfaits lancent parfois dans cet éther comme des scintillements éblouis qui appuient leur réalité sur le témoignage commun et tirent leur sens du commun désir. Puis les pentes montagneuses se font moins âpres, annonçant au loin les Hauts Plateaux fertiles. Nous sommes au cœur de ce Haut Pays et nous le saisissons pourtant comme l'horizon heureux qu'on approche. La végétation, lentement, se fait plus somptueuse ; des frondaisons parfois, autour des demeures enfouies, annoncent dans leur éloignement la proximité et l'imminence de quelque chose qui doit ressembler à de la plénitude. Et c'est la substance même qui nous porte, l'énergie qui nous anime. Alors le mot être nous traverse l'esprit, ou quelque chose qui ressemble à ce mot et qui, dans un seul souffle, suggère à la fois l'histoire de la rencontre, le mouvement du voyage et la plénitude du Haut Pays.

Investissant tout notre désir et notre soif dans ce voyage qui nous comble, nous ne pouvons plus distinguer les transformations très étonnantes des paysages de ce monde unifié, et les transformations tout aussi étonnantes de la substance indestructible de notre être, l'approfondissement incessant de nos sentiments toujours plus vifs, toujours plus savoureux, toujours plus aériens, plus détachés de nos corps et s'enrichissant toujours plus d'une sorte de substantialité charnelle. Nous nous sommes détachés de notre matérialité pour accéder à notre être. À notre sens et à notre chair.

Et nous nous tournons toujours plus l'un vers l'autre. Et toujours plus nous sommes habités par la présence des Hautes Terres, ou plutôt, nous habitons toujours plus ces Hautes Terres par notre activité itinérante, par notre regard et par notre désir.

Nous savons clairement, désormais, que nous sommes déjà entrés dans le Domaine. Nous savons aussi que nous avons à y poursuivre notre route puisque le Haut Pays et les chemins qui y accèdent ou qui le délimitent en le parcourant n'y sont pas distincts. Nous savons désormais que, dans ces Hautes Terres, le voyage se poursuivra jusqu'à la fin des temps, jusqu'à notre mort, puisque parvenu au but qu'il s'est fixé, il saisit ce but comme l'activité incessante de se réjouir de soi-même. Le but de notre voyage qui est l'accès à l'être est précisément le déploiement du mouvement qui se saisit lui-même comme jouissance de soi. Notre voyage est la réjouissance de nous-même, par l'autre et par nous-même, dans le mouvement qui nous porte à travers les espaces et les temps vers la jouissance et vers le bonheur d'être à la fois et le mouvement et la substance.

Notre voyage de l'être fait de la vie comme un long fleuve magique et ancien : il vient de fort loin et monte en spirale à travers les pentes pour irriguer, nourrir les Hautes Terres, transformer le rocher en prairies verdoyantes, se hausser à travers les barres et les rapides vers la Haute Plaine jonchée de prairies, de frondaisons et de jardins.

Nous sommes la source et le cours de ce Fleuve, nous construisons par notre mouvement la Demeure de l'être, notre Demeure.

Dans cet air allégé qui nous exalte et nous anime, au cœur maintenant de ces Hautes Terres qui ne sont pas moins prégnantes pour nous d'être si proches et de nous envelopper de leurs parfums, nous saisissons nos corps comme s'ils avaient été refondus dans un creuset, purifiés, vivifiés comme l'éther qui nous porte. Des splendeurs d'or parcourent désormais les ciels et les chemins.

Tout se passe désormais comme si les êtres qui s'aiment étaient ensemble libérés non de leurs corps en ce qu'ils ont de charnel mais de leurs instincts en ce qu'ils ont de pesant. Regards, paroles, mouvements et gestes, musique de la voix et de la vie, tout désormais leur est réjouissance et quiétude, demeure et jardin.

Libérés des pesanteurs et des forces, tournés d'un commun accord vers ce qui dans le Domaine mérite d'y être nommé Demeure, secrètement accordés dans la même attitude à l'égard de ce qui importe vraiment, ils se sont l'un à l'autre donné le nouveau pouvoir de se réjouir du monde. L'un par l'autre affirmés, connus, exaltés, ils sont devenus ensemble cet être unique et bipolaire qui, tourné à la fois vers lui-même et vers le monde, se confère à soi-même le désir de jouir de ce monde, la force de le contempler, l'énergie d'y intervenir pour la seule joie de s'ouvrir à ses splendeurs et de poursuivre en lui l'infini voyage de l'être.

2. La splendeur du monde

> « *Sans le vouloir, on avait senti la chaleur, le bonheur et la splendeur qui peuvent rayonner d'un pré, d'un ruisseau, d'un versant fleuri et des arbres chargés de fruits qui se dressent les uns à côté des autres ; de telle sorte que, lorsque l'on peignait des madones, on les entourait de cette richesse comme d'un manteau, on les en couronnait comme d'une couronne... on ne savait leur préparer aucune fête plus bruissante, on ne reconnaissait aucun don qui égalât celui-ci : leur présenter toutes les beautés que l'on venait de découvrir et les confondre avec elles. Le paysage était devenu la parabole d'une joie... »*
>
> R. M. Rilke, *Sur le paysage*,
> *Œuvres*, 1, prose, Seuil, 1972, p. 371.

a) *L'acte poétique et la joie*

> « *Au vrai, toute création de l'esprit est d'abord "poétique" au sens propre du mot... la poésie moderne s'engage dans une entreprise dont la poursuite intéresse la pleine intégration de l'homme... Elle s'allie, dans ses voies, la beauté, suprême alliance, mais n'en fait point sa fin ni sa seule pâture. Se refusant à dissocier l'art de la vie, ni de l'amour la connaissance, elle est action, elle est passion, elle est puissance, et novation toujours qui déplace les bornes. L'amour est son foyer, l'insoumission sa loi et son lieu est partout, dans l'anticipation. Elle ne se veut jamais absence ni refus.* »
>
> Saint-John Perse, Discours de Stockholm,
> *Œuvres complètes*, Pléiade, Gallimard, p. 445.

Accordé à l'être qu'il aime, porté par la joie que les amants, ou les époux, ou les amis se donnent réciproquement, le sujet peut poursuivre son voyage, se réjouir de la considération du monde et prendre à cette considération la même joie qu'y prend l'être auquel il s'accorde. Chacun, affirmé par l'autre comme le centre d'une relation d'amour, devient aussi le centre de sa propre relation au monde, le centre d'une nouvelle expérience de la joie.

Il y faut un tout autre regard. Le sujet doit changer non plus seulement la forme de son rapport à l'autre, mais la forme et le sens de son rapport à la nature. Le sujet, pour étendre et accroître le domaine de sa joie, doit opérer en lui-même une sorte de transmutation de son regard perceptif : au lieu de recevoir la matérialité des impressions sensibles, il deviendra un *Je* actif capable de métamorphoser la nature. Je deviens porteur et acteur d'une transformation de ma vision : j'opère une sorte de transmutation alchimique qui est *l'acte poétique* lui-même.

Nulle élection, nulle prédestination, nulle exceptionnelle vertu en tout cela : l'acte poétique est la possibilité de toute conscience, la vertu, c'est-à-dire la puissance alchimique, de tout sujet doué d'imagination.

Je souhaite seulement dire ici le côté lumineux de cette alchimie. Je souhaite seulement mettre en évidence la joie qu'on peut prendre à la considération poétique de la nature lorsque, substantiellement nourri par la relation d'amour, on déploie le voyage dans le Domaine comme un voyage dans la joie du monde.

La relation matérielle et instrumentale à la nature pose des problèmes politiques que nous avons évoqués ailleurs[1]. Mais la production et la distribution des richesses matérielles, la diffusion du confort et du bien-être ne peuvent prendre leur signification eudémoniste qu'en référence à une *relation poétique* à la nature : seule cette relation est dispensatrice de joie, seule elle est en mesure de transmuter, d'enrichir et de hausser à un niveau existentiel l'indispensable production des biens matériels.

Mais pour « poétiser » la production et la consommation matérielle, il faut décrire l'acte même de poétisation. Il est porteur d'une joie nouvelle et spécifique qui pourrait être connue de tous, partagée par tous.

---

1. *Éthique, politique et bonheur*, op. cit.

Par la vertu de joie et d'alchimie je refuse le monde transcendant. Je saisis comme une faiblesse, une illusion, une habitude culturelle, cette référence à un autre monde, à un ailleurs qui serait situé de l'*autre côté* du monde où nous vivons. Je refuse cette nostalgie qui voudrait me persuader que tout l'or de la vie se situait en un monde ancien et perdu, ou se retrouvera en un monde futur et promis. L'ailleurs et le là-bas, le jadis et le plus tard n'ont pas sur moi les effets de la fascination puisque je sais bien que c'est *ici* même que je voyage, et que c'est *maintenant* que je déploie ce mouvement assez substantiel, c'est-à-dire consistant, permanent et joyeux, pour mériter la métaphore de l'être. Le voyage de l'être est pour moi, depuis le début, le voyage du sujet que je suis, dans l'ici et le maintenant constitués par moi, délimités par moi dans mon rapport à la vie et à la nature.

Mais c'est d'un voyage de l'être qu'il s'agit. Je ne puis donc me satisfaire d'une définition empirique et matérielle de ce domaine que je déploie comme le lieu de mon voyage : pour y prendre une joie extrême, pour ressentir la consistance et la permanence d'une joie qui nourrisse et comble mon voyage, je dois opérer une transmutation telle de mon regard que, sans prétendre quitter ce monde pour un illusoire ailleurs, je ne sois plus en présence, cependant, d'un simple outil, d'une simple banalité quotidienne et utilitaire.

Seul l'acte alchimique de la poésie, l'acte créateur du regard poétique, me permet de me rapporter simultanément à *ce monde-ci* et à un *tout autre* monde qui me livre ses richesses et sa splendeur. Alors je suis vraiment dans le Haut Pays, dans ce Domaine qui mérite d'être nommé l'être par le mouvement même que j'y déploie et le regard dont je le parcours. Que cet acte poétique soit en même temps une conversion, j'en suis persuadé. Mais c'est le monde qu'ainsi je convertis et non plus seulement l'autre ou moi-même.

Par ce regard poétique je subvertis le monde, j'en inverse la matérialité pour en faire une substance satisfaisante. Ce mouvement, cet acte alchimique de subversion poétique, j'en saisis la réalité par la *joie* extrême que, brusquement, me donnent certains spectacles naturels. Tels pics de calcaire blanc au flanc de collines boisées deviennent porteurs d'une lumière et d'un éclat si intenses, en certaines heures du matin ou du soir, que la nature, sans sortir de soi, se hausse à ce niveau où le rayonnement revêt à mes yeux le sens d'une plénitude. Alors par l'effet conjugué des choses, de la lumière et de mon regard, je me saisis comme étant au cœur même de l'être que je reconnais à la joie qu'il me donne.

Le monde a été subverti, supprimé dans sa matérialité dénuée de sens ou d'intérêt, et recréé, restauré dans cette forme lumineuse qui en fait pour moi (par moi) un *autre* monde situé *ici même*, un second monde devenu le lieu de mon voyage, l'objet de ma satisfaction, l'origine de ma joie. Un ailleurs mais ici même.

Chacun décide des contenus. Mais tous, qu'ils se disent touristes ou poètes, qu'ils se pensent philosophes ou écologistes, qu'ils valorisent le mot être, le mot environnement, ou le mot beauté, tous sont en mesure de susciter en eux ce regard poétique qui, en transmutant le monde, leur confère cette joie qui les exalte et les nourrit.

Parfois, cette alchimie n'est pas le seul fait d'une conscience individuelle qui, par un certain effet de la lumière, de l'heure, et de sa disponibilité, saisit l'*absolu même*, c'est-à-dire le rayonnement de la joie parfaite et l'autonomie de la plénitude dans un spectacle élémentaire : un enfant parlant à un autre enfant, d'un troisième étage, dans une rue de l'île Saint-Louis ; une phrase musicale des Beatles ; des coquelicots rutilants dans un champ de blé ; un lever de soleil sur un fleuve calme, parfait comme un lac, conscient comme un regard, vivant comme une présence ; le Groenland étincelant, vu d'avion un clair matin d'hiver en allant de Paris à Montréal ; telle rue parisienne ; tel village provençal. Mais aussi telle église italienne, en Toscane, telle colline de cyprès, tel château en Périgord, en Anjou ou en Bretagne.

Cette alchimie peut aussi bien être le fait de toute une culture ou être saisie par moi dans telle ou telle culture : c'est par moi que l'univers espagnol, en Cervantès, en sainte Thérèse, en

Balthasar Gracian se fait le signe de la quête infinie, me parlant d'un autre monde qui, dans sa rigueur flamboyante, existerait ici même comme ma Demeure et mon voyage. C'est mon regard qui anime poétiquement les déserts de la Bible pour y saisir la soif d'exister, ou la présence de l'Être, ou la force protectrice du Rocher. Que les cultures me proposent l'absolu, ou l'allégresse, ou le Graal, et je suis en mesure, par l'alchimie de mon imagination, de transmuter ce monde ici pour en faire cet *univers second* que je parcours ici même comme le Haut Pays Réel dont je fais le lieu de ma joie.

Je sais donc que l'acte poétique qui me livre un monde subverti et transmuté s'enracine d'abord en moi-même et manifeste d'abord le pouvoir que j'ai de conférer au monde cette irradiation, cette luminosité, ce rayonnement qui le font se dédoubler et se redoubler sur place pour devenir l'incarnation de son propre modèle, la figure individuée de l'absolu transformé en lui-même comme image resplendissante et comme modèle parfait.

La mutation que j'opère ainsi se fait sur place. Le spectacle précis de la nature se transforme en s'isolant de l'espace et du temps, en revêtant une espèce de luminosité ou d'intensité intemporelle par quoi se souligne la plénitude satisfaisante des choses et de l'instant qui les porte hors du temps. Le monde acquiert alors, par mon regard poétique, sa dimension d'être, qui est sa perfection formelle, la plénitude de la joie que j'en éprouve, l'intemporalité du sentiment de moi-même auquel j'accède (et que Rousseau dans ses promenades connaissait bien). L'acte poétique est toujours un acte présent : actuel et effectif. C'est par là que son alchimie peut susciter « la présence », c'est-à-dire non pas l'émergence d'un autre monde à travers celui-ci, mais la révélation éblouissante de la plénitude et de la puissance de joie inscrites ici même dans ce spectacle unique du monde.

La conversion subversive à laquelle je procède par l'acte poétique transforme ainsi le monde en absolu, puisque je saisis en lui sa beauté et sa perfection comme autonomie et plénitude qui, se faisant le reflet de ma propre autonomie, me livrent à la joie d'être dans l'être.

Sans doute s'agit-il là de lieux et de moments privilégiés. Mais la joie n'est pas seulement la jouissance actuelle de la « magie », elle est aussi la conscience d'une disponibilité permanente pour cette magie, qui peut toujours être produite par le pouvoir poétique et extatique de la conscience.

Écoutons un poète contemporain[1] :

> « Comment capter ce souffle, ce frémissement, ce soupir contenu, ce silence ineffable qui émane de mon âme lorsqu'elle passe dans son voyage au-dessus de tels et tels petits rassemblements fortuits, au-dessus de l'Inanimé ? Comment trouver des expressions pour rendre les élans qui me soulevaient quand le vent soufflait d'une certaine façon, tandis que je marchais sur les bords couverts d'herbe boueuse de la route d'Ely ou de la route de Londres ?... Comment le décrire, ce sentiment qui m'inondait d'un flot de bonheur à peine supportable simplement parce que, sur la route banale qui menait à la gare, j'avais entendu un commis de magasin tondre patiemment son petit bout de pelouse derrière une haie de troènes ?
>
> Je sais bien que chacun ici-bas a éprouvé les sentiments dont je parle. Je ne cherche pas du tout à faire entendre que je me distingue de l'espèce humaine sur ce point. Mais alors pourquoi diable révère-t-on tout, excepté les sentiments en question ? Pourquoi accorde-t-on une si haute importance à la politique, à la religion, à la philosophie, à l'ambition, aux affaires, aux plaisirs, et n'accorde-t-on à ces sentiments magiques pas d'importance du tout ? »

Et plus loin[2] :

> « Ce n'est pas une raison pour nous détourner de la source vive qui alimente en nous un mystère magique. Qu'importe le nom ! Ce qui compte c'est de posséder le pouvoir de re-créer l'univers en partant des profondeurs de notre être. »

Ce pouvoir que J. Cowper Powys appelle magique, je le nomme poétique, alchimique. Il est œuvre de l'esprit et œuvre du désir, œuvre de l'imagination par conséquent, si l'on veut bien définir celle-ci comme *le pouvoir spirituel du désir*. Cette transmutation,

1. John Cowper Powys, *Autobiographie*, trad. fr. de Marie Caravaggio, Paris, Gallimard, 1965, p. 178.
2. *Ibid.*, p. 326.

tous les poètes savent qu'elle n'est pas continuelle : c'est son pouvoir, sa possibilité qui est permanente et peut *toujours* nous hausser vers l'Absolu, nous conduire dans le Haut Pays, *qui que nous soyons.*

C'est bien d'Absolu qu'il s'agit. John Cowper Powys pense à l'Être total et un.

> « C'est en effet pendant que j'étais étudiant que j'ai pris conscience de ce mystère destiné à devenir *le secret des secrets*, l'essence de ma vie. Gooche me parlait des difficultés spirituelles qu'il éprouvait en s'efforçant de savoir en quoi consistait l'Absolu panthéiste, objet du singulier amour de Spinoza[1]. »

Pour moi, il ne s'agit pas de l'Être : spinoziste ou non, immanent ou transcendant, ce n'est pas un autre monde que je saisis dans ma joie alchimique, c'est ce monde-ci, mais après qu'il ait subi l'action d'une transmutation poétique dont je suis la seule source. Il reste qu'il s'agit bien, en chaque contemplation émerveillée, en chaque ravissement tranquille, en chaque étonnement admiratif de l'heure, du lieu, des choses, de la lumière et des êtres, d'une expérience si substantielle de la joie qu'elle mérite le nom d'être, et par conséquent d'absolu. Par cette joie poétique en effet je confère au monde et à moi-même qui m'y rapporte une plénitude intemporelle si justement délimitée, si pleinement satisfaisante qu'elle me confère cette joie qui à mes yeux définit l'être et le fonde à la fois comme activité.

Ma joie (ta joie, notre joie) se redouble de se savoir. Averti du pouvoir poétique qui m'ouvre aux richesses du monde, j'évite d'en être exclu par l'illusion d'un ailleurs. Si l'être était cet ailleurs, ce lointain dont les philosophes parfois nous disent que les poètes se font l'écho, alors je serais ici en exil. Je n'aurais plus dès lors qu'à me désespérer d'un désir qui me révélerait le vrai Pays dans le temps même où il m'en interdirait l'accès, je n'aurais plus, tristement, qu'à

---

1. John Cowper Powys, *Autobiographie, op. cit.*, p. 177. On sait que, pour Spinoza, la béatitude est, comme joie, un « *amour intellectuel de Dieu* », celui-ci étant la Nature même comme totalité unifiée. Et l'amour de l'homme pour « Dieu » est une partie de l'amour par lequel « Dieu » (c'est-à-dire la Nature et les hommes) s'aime lui-même (Spinoza, *Éth.*, V, 36). Il s'agit d'une joie cosmique et réflexive. Elle est en réalité une métaphore de l'amour parfait.

me nourrir d'une nostalgie qui m'indiquerait mon pays d'origine mais non la voie qui y conduit. Au contraire, saisissant en moi-même l'origine de mon pouvoir poétique, je me découvre capable de jouir du monde dans le temps même où je le suscite, et d'entrer ainsi dans le Domaine que mon désir déploie. Je me découvre au cœur de l'être parce que je suis l'origine du désir que j'en ai.

Non pas certes l'origine ontologique : dans sa réalité de matériau, le monde existe sans moi, avant moi, hors de moi. Et non pas certes l'origine affective : le monde ne prend sens et épaisseur que par l'autre conscience qui, se rapportant à moi comme je me rapporte à elle, me donne le goût de me mouvoir en ce monde et de m'en réjouir. Matériau ou sens, le monde ne l'est pas par moi seul. Mais, s'ils sont donnés comme tel, ce matériau et ce sens je puis les porter encore plus loin et, les transmutant par une alchimie qui m'est propre, en faire ce monde poétique d'où la splendeur peut rayonner.

Grâce à l'autre, grâce à la culture, il se trouve donc que je me fais moi-même l'origine de la splendeur ou la source de sa possibilité.

Voici que l'acte poétique je le saisis en lui-même : il est l'origine de l'origine. Par lui je me fais la source d'un monde qui, en chacun de ses spectacles éblouissants et singuliers, se pose devant moi comme l'origine même du monde, non pas sa cause mais sa fraîcheur, non pas son propre créateur, mais sa jeunesse. Mon alchimie poétique s'oublie comme source et suscite devant mes yeux émerveillés la plénitude d'une place de village, le soir, ou la splendeur des tours d'une ville, en un soir d'été. Plénitude et splendeur des choses se donnent alors comme l'innocence première du monde, comme l'état du monde en son commencement, en ce temps où le temps même n'existait pas.

Parce qu'il est situé, par moi, dans l'intemporalité de sa perfection et de sa beauté, le monde acquiert, avec sa jeunesse, son originellité, son originalité. Tout se passe dès lors comme si, par l'alchimie de mon regard poétique, il se libérait de sa pesanteur et de sa causalité, accédant ainsi à l'indépendance absolue de son être ; c'est cela que je nomme origine : par moi, par la perfection que je révèle en lui, le monde se fait sa propre origine parce qu'il se pose comme autonomie. Il devient le compagnon de son propre commencement. Certes il ne se crée pas, n'a pas commencé et n'exerce aucune action réelle sur lui-même. Mais ses lignes, sa plénitude et sa lumière, sa musicalité harmonieuse, la densité de la perception qu'il semble susciter de lui-même font que le sentiment que j'en ai me l'offre comme jeunesse intemporelle et plénitude d'être[1].

Le vrai monde, le Haut Pays me sont alors donnés une nouvelle fois sous un nouveau visage : une transmutation s'est opérée sur place, faisant que, sans se référer à un en dehors de soi, le monde s'est épaissi, s'est amplifié sur place, s'est haussé jusqu'à une espèce d'essentialité substantielle. Il est devenu, sans se changer, quelque chose de neuf qui est comme de l'être.

C'est pourquoi le langage de la poésie a toujours été saisi comme langage de l'origine[2] ; qu'on ait cru que la poésie parlait la même langue originelle que celle des dieux ou de Dieu, celle qui s'exprime indirectement par sa création[3], n'empêche pas qu'on ait finalement

---

1. C'est ce qu'exprime R. M. Rilke à propos de la poésie ou chant d'Orphée :
   « Là s'élançait un arbre, Ô pur surpassement !
   Oh ! mais quel arbre dans l'oreille au chant d'Orphée !
   Et tout s'est tu. Cependant jusqu'en ce mutisme
   naît un nouveau commencement, signe et métamorphose. »

   Les Sonnets à Orphée, Première partie, I,
   Œuvres, 2, Éd. du Seuil, 1972,
   trad. d'Armel Guerne, p. 379.

2. C'est le cas non seulement chez Rilke, mais aussi chez Hamann, Louis-Claude de Saint-Martin, Holderlin, Novalis, et, plus récemment, Yves Bonnefoy, Claude Vigée ou Saint-John Perse par exemple. Celui-ci s'exprime notamment ainsi : « Si la poésie n'est pas, comme on l'a dit, le "réel absolu", elle en est bien la plus proche convoitise et la plus proche appréhension, à cette limite extrême de complicité où le réel dans le poème semble s'informer lui-même » (Discours de Stockholm, in *Œuvres complètes*, Paris, Pléiade, 1972, p. 444). Et plus loin : « C'est évoquer dans le siècle même une condition humaine plus digne de l'homme originel » (*ibid.*, p. 447). Nous avons vu également (au chapitre II) que Joë Bousquet pense la poésie comme « langage entier » qui dit et constitue l'origine du monde en même temps qu'il se fait le « berceau » du poète.

3. Comme le pensent les kabbalistes juifs ou Jacob Boehme.

toujours bien saisi cette vérité : la poésie est cette langue qui exprime le monde (en ses spectacles ou en son système) comme cette réalité neuve, dense et absolue qui trouve en elle-même sa propre justification, sa propre plénitude suffisante, et par conséquent sa propre perfection. Tout se passe alors comme si l'« originel » du monde était exprimé par la poésie : en fait, celle-ci exprime l'acte poétique et l'alchimie par lesquels, en transmutant le monde, on se réjouit de la plénitude et de la perfection qu'on est en mesure de lui conférer.

La joie que je prends à saisir le monde comme origine, comme être et comme substance, je la prends également à le constituer comme unité.

L'alchimie de la conscience poétique est un acte d'unification. Le langage ou le regard, ici, se réjouissent de trouver les mêmes significations fondamentales dans divers éléments de la nature, assemblant les lieux, les directions, les couleurs, les pierres, les plantes et les êtres en divers univers systématiques, chacun étant l'unification originale d'un certain nombre de ces éléments : le sud, le feu, le tigre et le cuit s'unifiant par exemple en système positif, tandis que le nord, la glace, la hyène et le cru, par exemple, formeraient un autre système, négatif celui-là. De même que dans ces mythes, qui sont le langage poétique ne se sachant pas comme poésie, les systèmes poético-linguistiques comportent un principe unificateur : chez Saint-John Perse par exemple, les lois, les édits, les domaines et les sceaux formeront systèmes, s'exprimant et se réfléchissant les uns dans les autres par correspondances et analogies, tandis que les vaisseaux, les amants et les voyageurs se signifieront les uns les autres, formant un autre système en écho du premier, produisant sa propre euphorie et l'ajoutant à la première joie qu'avaient suscitée les actions, les combats et les décrets érigés en système.

Par mon regard alchimique, je me réjouis du monde en me réjouissant de la circulation des significations que je lui confère, le haussant par là au statut d'un cosmos exaltant.

Je changeais le monde en sa propre origine : je le change maintenant en sa propre unité. J'en fais le cosmos où circulent les sens et les lumières qui, indéfiniment réfléchis les uns dans les autres, me donnent sans cesse, simultanément ou tour à tour, la joie de saisir la fulguration des individualités uniques, et celle de saisir l'ampleur immense d'une seule signification modulée en mille reflets, en mille incarnations. Et cette joie que je saisis à la fois dans les êtres du monde et dans le monde des êtres, je la vis comme une jouissance. Par son alchimie, la joie que j'éprouve à la contemplation cosmique et poétique de la nature, je la vis aussi comme la jouissance de l'être : le double sentiment de me réjouir d'exister et de tirer du monde que je constitue poétiquement une jouissance qui est une joie, une joie qui est une jouissance.

Je disais que la connaissance où je suis de mon *activité* poétique de transmutation me sauve de la nostalgie et de l'illusion des arrière-mondes. Je sais bien que c'est ce monde-ci qui me réjouit et non un autre, et je sais bien que j'ai raison de m'en réjouir, puisque je suis moi-même l'origine de toutes les splendeurs que j'y découvre. Ce monde n'est originel et somptueux que par mon activité dynamique, mon regard et mon émerveillement.

Pourtant, ma jouissance se sait valablement jouissance du monde. Ce cosmos qui trouve en moi son origine poétique ou l'origine de son unité, de son éclat et de son intemporalité, je sais en même temps qu'il comporte aussi en lui-même la justification de ma joie : je veux dire que mon alchimie n'est pas seulement un actif travail d'invention poétique, elle est aussi la saisie imaginative des éléments qui, dans le monde, sont valablement les occasions de ma rêverie et les porteurs de mon imaginaire.

Je saisis maintenant que les éléments du monde se prêtent eux-mêmes à mon activité alchimique, offrent d'une façon quasi réelle un matériau à mon imaginaire, un support à mon admiration, une substance à mon émerveillement. Des réalités existent dans le monde qui se font l'écho de mon alchimie et se prêtent complaisamment à mes extases et à mes ravissements. C'est qu'il existe dans la nature des éléments qui peuvent objectivement recevoir une signification poétique et affective, une résonance, une sorte de parole. Tout se passe comme si mon activité alchimique et poétique consistait à la fois à projeter sur le monde pour m'en réjouir mon pouvoir de transmutation et d'interprétation, et à saisir en ce monde les puissances expressives et les significations d'où je tire également ma joie puisqu'elles sont le lieu et le Domaine où je voyage.

En fait, dans la spontanéité réfléchie de ma vie et de mon mouvement, je ne distingue pas les transmutations alchimiques que j'opère sur le monde, et la captation éblouie des significations qu'il comporte. Dans mes extases, mes contemplations ou mes rêveries, je ne souhaite pas distinguer l'alchimie et la captation, l'invention et la découverte poétique, le moi et les choses : je veux seulement savoir que mon désir se déploie dans un Cosmos qui est Chemin et Domaine, et que, dans ce déploiement temporel qui est un voyage, je me réjouis aussi bien d'exister que de recevoir, je m'émerveille autant du monde que je rêve que du monde qui se rêve en moi. Dans le Haut Pays, ce qui importe n'est plus de savoir qui dispense la joie, mais comment elle est dispensée, et reçue, comment l'être s'en réjouit, et comment il s'en nourrit pour accéder sans cesse à de nouvelles naissances, à de nouvelles splendeurs[1].

Pour qui sait voir, en effet, la Nature se donne en elle-même comme splendeur et beauté. Elle fait du sujet (qui l'a faite ce qu'elle est) une jouissance valablement fondée. Que le désir et

1. Novalis exprime merveilleusement cette connivence, cet accord, entre la nature et l'activité poétique : « Le pur commencement est la poésie de nature. La fin est le second commencement et c'est la poésie d'art » (*Fragments préparés pour de nouveaux recueils*, n° 48, in *Œuvres complètes*, II, Gallimard, 1975, p. 59). Novalis rappelle en outre que la poésie est référence à l'originel ; elle est second commencement.

l'imagination soient la source de la signification et de la beauté de la nature, ainsi que de la joie qu'elles produisent, je l'ai suffisamment constaté. Je veux dire maintenant la part de la nature et de ses éléments dans ce travail de l'esprit. J'y trouverai une assise supplémentaire à ma joie, une contingence extérieure qui pourrait valoir comme grâce (sinon comme don) ; certes la Nature n'est personne, elle n'est pas un Être, ni apparent ni caché. Mais qu'il y ait un accord, une sorte d'adéquation entre la matérialité brute des éléments (le feu, l'eau, l'océan, la lumière, les fleuves et les forêts, les minéraux, les coquillages) et mon travail d'alchimiste, c'est cela dont je puis me réjouir infiniment.

Cet accord entre la lumière et moi-même, par exemple, n'est certes pas un mystère : comme être naturel je suis fait par la lumière (certains êtres sous-marins n'ont pas d'yeux) et pour la lumière : je m'y exprime, je m'y réalise, je m'y complais, j'y trouve ma naissance et ma joie, mon plaisir. Mais que, au-delà de la pure naturalité qui m'accorde mécaniquement au cosmos (dont tout l'être est, rappelons-le en passant, lumière matérielle, énergie lumineuse), je puisse en outre découvrir un accord entre l'alchimie poétique que j'exerce imaginativement à propos de la lumière en l'élevant à ses significations symboliques, et la nature objective de la lumière qui est effectivement source de vie, de conscience et de joie, il y a là un événement absolu dont je puis me réjouir indéfiniment. Sans miracle, sans mystère et sans finalité, la nature se complaît à mes rêves, la naturalité s'offre à mes extases, me permettant ainsi de *fonder* sur un roc indestructible cette alchimie qui provient de moi-même et me fait me réjouir de ce qui n'est pas moi. Ma jouissance poétique du monde se redouble de la joie de se découvrir à la fois contingente et réelle. J'aurais pu n'être pas accordé à la lumière, n'être pas « sensible » à l'eau, à la forêt, à la mer somptueuse, aux jardins coralliens. Nulle volonté transcendante n'a décrété cet accord qui me comble entre la nature élémentaire et mon activité poétisante. Mais il se trouve qu'il en est ainsi : je suis vivant dans une nature qui se prête objectivement à mes contemplations et m'offre réellement le roc sur lequel j'appuie cette alchimie par laquelle je change mon activité de vivre en activité d'être[1].

Si je regarde bien, tous les éléments de la nature qui s'offrent à mon activité alchimique me disent la splendeur et contribuent ainsi à nourrir la joie qui me fonde et qui me justifie.

Le feu par exemple me livre des significations « originelles »[2]. Si je contemple un feu de bois, je perçois une activité paradoxale qui unifie toutes les réalités qui me procurent à la fois exaltation et satisfaction heureuse[3]. Choisissant les bois qui donnent de hautes flammes claires et dorées, je puis en les contemplant rêver de splendeur, saisir la splendeur et l'éclat de la vie dans l'éclat joyeux de ces flammes. Le feu est alors, dans mon alchimie, non pas tant le symbole de la purification et de la sublimation des désirs que la présence même de l'éclat perpétuellement renaissant du désir et de la joie. Le feu est alors toujours pour moi, comme dans les

1. Chez R. M. Rilke, la louange de la terre est à la fois sentiment, « métaphysique », affirmation poétique et rapport au réel :

> « [...] être ici est beaucoup
> [...]
> Pourtant, des pentes abruptes de la montagne, le voyageur ne rapporte pas seulement une poignée de terre inconnue à tous dans la vallée, mais aussi une parole éclatante, la gentiane jaune et blanche
> Peut-être sommes-nous ici pour dire : maison, fontaine...
> *Voici* le temps de ce qui peut être dit,
> voici sa demeure. Parle et reconnais.
> [...]
> Montre-lui combien une chose peut être heureuse,
> innocente, et combien nôtre ;
> [...] les choses attendent
> que nous les changions en notre cœur invisible
> – infiniment – en nous-mêmes ! »

Élégies de Duino, Neuvième Élégie,
(*Œuvres*, 2, Éd. du Seuil, 1972,
trad. d'Armel Guerne, p. 369-370).
C'est nous qui soulignons.

2. On sait que Jacob Boehme, par exemple, faisait du feu l'élément originel de la création. Le passage du feu noir au feu lumineux est le résultat d'un acte d'amour opéré par la déité sans fond.

3. Est-il utile de noter qu'on ne peut pas ne pas songer à la poétique de Gaston Bachelard lorsque l'on évoque les éléments ?

feux de la Saint Jean, présence de la fête et manifestation du paroxysme. L'été, dans ces feux, est à son zénith, la nuit resplendissante se métamorphose en ce grand midi où toutes choses renaissent, conférant au monde et la jeunesse et l'éclat.

La puissance poétique du feu lui vient de sa signification originelle : il parle à mon désir comme l'origine du désir et comme le désir de l'origine, il commence et il fonde effectivement, par son mouvement perpétuel et par sa chaleur, le monde à venir. Ce monde il le commence dans la splendeur, c'est-à-dire simultanément dans la lumière éclatante et dans la joie. Il est le langage de la joie lorsque celle-ci est le commentaire de l'origine et la compagne de la création. Le feu se fait danse de la conscience et signe de la splendeur en tant précisément qu'il est à la fois naissance et lumière, mouvement et chaleur, mobilité et permanence. Par la lumière, le mouvement et la chaleur, par la densité, la force et la cohésion, par la permanence et l'activité, par toutes ces dimensions portées par l'éclat doré de la lumière, le feu dit la joie et la vie, le désir et la splendeur[1].

Mais tout vient de la lumière. Elle seule est totalement vivifiante, alors que le feu, ambivalent comme de nombreuses images, peut être origine de la ruine et des cendres. Il peut être feu noir (comme chez les alchimistes) ou feu rouge, avant d'être l'or igné. Seule la lumière est par elle-même or igné, léger, matériel et spirituel à la fois, toujours source de vie[2].

La nature visible de la lumière est une bien étrange réalité. Elle n'est pas saisissable par elle-même, elle n'est jamais perçue que par ses somptueux effets. Elle est l'essence substantielle de toute la naturalité et cependant elle ne se laisse pas directement percevoir elle-même, ni en ce qu'elle est réellement (« ondes » ou « photons »), ni en tant qu'elle apparaît à nos yeux (comme luminosité). *Elle est en somme l'être invisible qui fait apparaître le visible.*

1. Les Byzantins l'ont bien compris : l'or de l'esprit, dans les mosaïques de Ravenne, est somptueux parce qu'il est la présence même du feu comme désir, comme joie et comme splendeur.

2. Toutes les mythologies solaires disent la lumière comme feu, comme vie et comme joie, des Égyptiens aux Aztèques et des Cathares aux Gitans.

La lumière n'est que la visibilité du monde, mais en tant que ce monde révèle sa splendeur. La lumière est la visibilité de la splendeur du monde. C'est par elle en effet que le ciel et la nature rayonnent, éclatent, ou que les spectacles du monde modèlent leurs perspectives, leurs nuances, leurs volumes.

C'est dire que la lumière (dans les choses et dans ma perception) est comme la conscience du monde, ou plutôt comme la condition invisible et resplendissante qui permet au monde d'accéder à la conscience que j'en ai et à la splendeur que j'y projette et que j'y découvre.

Par la lumière du soleil (en ce qui concerne la nature) ou des lampes (en ce qui concerne les villes et les demeures), le monde accède simultanément à la conscience de soi et à l'expressivité toujours, à la somptueuse beauté ou à l'éblouissante vivacité parfois. Cela certes est l'œuvre de l'alchimie poétique. Mais celle-ci se fait écho en même temps qu'elle est source : c'est le monde lui-même qui, par la lumière, passe de l'inexistence inquiétante et étrangère à l'existence expressive et joyeuse.

De cela je ne puis que me réjouir. Le spectacle de la lumière de la nature, qu'elle illumine de vastes étendues, qu'elle fasse scintiller rivières et sous-bois, jardins et chemins forestiers, ou qu'elle enflamme, dans les villes, les façades et les ponts, les tours et les terrasses, ou bien les toits en haut des rues, ce spectacle est source de joie, toujours, car il est physiquement satisfaisant et spirituellement originel. Il fait « participer » à l'essence originelle et permanente des choses ou à leur naissance intemporelle. Il est la matérialité du monde faite conscience et la conscience du monde faite matière et éclat.

C'est la fête, ici, à quoi l'on accède. Le voyage dans le Haut Pays est ce voyage dans le Domaine de la lumière, c'est-à-dire dans la multiplicité des fêtes qui surgissent dans les différents lieux du monde, selon les diverses nuances de la lumière, selon ses ors et ses rouges, selon ses clairs-obscurs et ses blancs éclatants, fulgurants, solaires. La fête ici provient de la présence permanente de l'origine comme joie contingente de la naissance, comme joie dynamique du mouvement. Qu'un voilier blanc, sur la mer, capte l'or de la lumière, et c'est la splendeur extrême de la joie qui s'incarne dans le visible.

La lumière est la possibilité en même temps que l'offrande de la jouissance du monde : c'est qu'elle est simultanément la conscience et l'éclat.

Le visible devient éclatant comme un miroir frappé par le soleil, et éclatant comme un moment extrême qui porte brusquement l'être au sommet de l'être pour un instant d'éternité qui peut toujours reparaître parce que le soleil ni le désir n'ont de fin. Le visible, par la lumière, devient le phénix comme éclat et comme fête, la nature se complaît à sa propre visibilité toujours renaissante et toujours resplendissante[1].

Le Voyage de l'être devient le voyage au Pays Réel où naît la lumière. Toutes ses régions, toutes ses provinces captent différemment l'unique lumière du monde et colorent différemment les heures et les consciences, les paysages et les objets, les océans et les campagnes. La joie devient multiple et unifiée, la lumière module et rythme le temps, structure l'histoire de l'être, procède à la création perpétuelle du visible par le voyant qui se réjouit de le voir et de le créer.

C'est une joie charnelle, accordée au désir, qui est ici perpétuellement produite par la lumière dans la nature.

Cette joie est aussi une conscience : non pas seulement en moi, la visibilité du visible, mais encore la présence de moi-même. Une joie naît de là. Une pure joie d'être au cœur de l'être qui se révèle à moi-même par la joie qu'il me donne.

J'accède une nouvelle fois au bonheur d'être. Je déploie comme jouissance charnelle du spectacle du monde ce bonheur d'être et d'exister que donnent déjà et l'amour en son paroxysme éternitaire et la pensée dans son activité fondatrice.

1. Novalis, que l'on croit n'être l'auteur que des *Hymnes à la Nuit*, écrit cependant : « Qu'y a-t-il de plus que la vie ? Le service de la vie comme un culte de la lumière » (*Fragments préparés pour de nouveaux recueils*, n° 444, in Œuvres complètes, II, Gallimard, 1975, p. 137).

Ce charnel bonheur d'être auquel j'accède parfois par la lumineuse splendeur de la nature, je sais aussi qu'il est une conscience. La lumière du monde se fait métaphore de ma joie et de ma conscience, fussent-elles produites par d'autres éléments que la lumière même, et sans référence au visible en sa matérialité. La lumière naturelle devient dès lors le miroir et le reflet d'une conscience en moi qui n'est pas de l'ordre du visible, mais qui n'en est pas moins accordée à une certaine espèce de « splendeur » : la joie vive et consciente d'une satisfaction heureuse, la conscience à la fois charnelle et spirituelle d'une jouissance de l'existence, d'une pure jouissance d'être.

Ma joie, si elle s'exprime par les ors et les cuivres de la lumière du monde en tant qu'elle est une substance active et dense, une perpétuelle et éclatante naissance, s'exprimera aussi par un autre élément pour dire sa conscience et sa substantielle réflexivité : l'eau.

Si la lumière de la nature dit en ses extrêmes la substantialité active de ma joie, l'exprimant en même temps qu'elle la produit, c'est l'eau des fleuves, de l'océan et des rivières qui en dira la double dimension de perfection et de réflexivité. Par le fleuve et les lacs, la joie que je prends au spectacle du monde se redouble de se savoir, se renforce de se réfléchir.

Certes, l'océan, la mer me fascinent par la profondeur diaprée de leur substance. La lumière la rend au visible mais, dans le même temps, révèle en cette eau l'insondable profondeur d'une substance originelle où toute vie trouve sa source. L'océan, par là, me comble et me réjouit, m'accorde à l'évidente origine de l'être qui est l'eau et la nuit. En cette eau primitive, originelle, et que j'aimerais dire mystique, je sais bien quel étonnant plaisir j'éprouverais à m'y fondre, à m'y enfouir, annulant dans un plaisir excessif les limites de mon être et la forme de ma finitude. Peut-être en renaîtrais-je purifié, exalté, transmuté en moi-même et autre cependant, plus vif et plus actif, accordé à ma finale destination et à ma primitive origine[1].

1. Heide, Herminien et Albert, les héros d'*Au château d'Argol* de Julien Gracq, fondent leur réconciliation et leur unification sur un long et dangereux parcours à la nage dans l'Océan. De même le héros de *Thomas l'Obscur* de Maurice Blanchot

Plus fortement encore me fascine et me bouleverse la plage désertique qui a capté le soleil en ses tons de coquillage et de blé, et qui entretient avec la mer l'infini rapport du mouvement et de la jouissance. Que la lumière se fasse pure chaleur de bleu et d'or avec la fraîcheur maritime comme hypothèse proche, et l'absolu prend son visage de réalité, la Plage se fait éternité de la jouissance calme et intense, excessive et permanente. Que le vent soit absent, et c'est l'image de l'être qui émerge peu à peu sur l'infini mauve, bleu, éclatant de lumière et de perfection, circulaire et dense à la fois, infini par sa respiration et bien délimité dans son ampleur et son éclat.

Mais ces fêtes sont exceptionnelles pour moi. Il me faudrait être marin ou plongeur : j'en ai le goût, non le savoir ni la force.

Aussi, est-ce plutôt à l'eau des rivières et des fleuves que mon alchimie s'adresse. C'est en elles que se trouve pour moi le germe de l'être, le germe de ce langage cosmique de la beauté qui se dit par moi, me porte en son mouvement et me nourrit de se mouvoir.

J'accède à l'ampleur, à la substantialité paradoxale, à la joie extrême et calme par la fréquentation du fleuve de plaine. Mon imaginaire qui n'est que la formulation de mon désir en tant qu'il est être et désir d'être, s'exprime en écho par la vision du grand fleuve qu'il fait parler, et dont il exprime les évidences, les significations, les bonheurs. Parce qu'il est fleuve, l'imperceptible et vaste mouvement de l'eau se donne comme incessant, continuel, inépuisable, conférant à la matérialité substantielle la vie éternelle d'un courant calme et sans fin. J'y peux lire le symbole de la vie comme mouvement irréversible et vaste, comme dynamisme profond, enveloppé, et surtout orienté d'un amont vers un aval qui est la vaste mer comme splendeur de l'infini bien délimité, tranquille et parfait. Mais le plus souvent, c'est par sa propre présence que, dans l'ici même, le mouvement

tente de renaître par la fusion dans l'Océan. Mais ces auteurs sont hantés par la mort. Seul Saint-John Perse, dans *Amers*, connaît l'infinie richesse de l'Océan et son pouvoir de palingénésie.

d'un vaste fleuve me comble et me ravit. C'est qu'il est à la fois l'orient, la vie et la substance.

Pour accéder à ce bonheur, à ce sens, à cette paradoxale plénitude, le fleuve exige la lumière et le soleil. Sa substance alors, qu'elle soit apparemment de bronze ou d'ardoise, de ciel mauve ou de frondaisons, d'ocre brun ou de calcaire, se met à flamboyer, à scintiller, à irradier ses diamants et ses aigues-marines.

Le paradoxe alors se fait plus éclatant et plus visible, me conduisant chaque fois à une conscience plus vive de cela que je suis et que je désire : dans l'incomparable présence du moment présent, le fleuve (et l'existence avec lui, dans son intériorité la plus substantielle) se donne à la fois comme mouvement et comme repos. L'éternelle continuité de son mouvement le constitue comme une substance immobile et vivante, comme une espèce de repos dynamique. Je comprends alors ce qu'est l'être : *un mouvement orienté mais une substantialité actuelle*. Le mouvement du fleuve (celui de mon désir avec lui) ne disperse pas sa réalité hors de lui-même, il est au contraire toujours là, le même fleuve, la même splendeur somptueuse des matins et des soirs, le même scintillement mobile-immobile qui le constitue dans la matière même d'une eau qui serait à la fois substance et lumière, énergie et stabilité, plénitude et direction, palpitation sereine. Haute respiration.

Le vaste fleuve, qu'il s'agisse de la Seine ou de l'Orénoque, de la Garonne ou du Nil bleu, comporte toujours en lui ces significations[1]. Mais bien évidemment, chaque fleuve incarne à sa façon l'amplitude, le mouvement orienté, et la présence substantielle. Je voudrais, dans mes rêveries, construire et préparer un voyage où je les découvrirais tous, de la Chine à l'Amérique. Mais parce que je veux aussi que mon voyage au cœur de la splendeur

1. Victor Segalen avait le culte du fleuve et il décrit merveilleusement une navigation mouvementée, et certaines significations essentielles du fleuve dans Le Grand Fleuve, (*Imaginaires*, Rougerie, 1979). Henri Bosco, par ailleurs, nous livre le côté nocturne, initiatique et inquiétant du Rhône en hiver, avec ses épreuves (in *Malicroix*, Gallimard, « Folio », 1979). On sait que Julien Gracq (*Les Eaux étroites*, Corti, 1976) découvrait la signification symbolique de l'embellie dans une promenade solitaire en barque, sur une petite rivière du Maine.

du monde, soit réel, je le délimite et l'affirme par la référence à la Seine, à la Dordogne, ou à ces lochs écossais qui, lacs allongés ou profonds estuaires, ont toujours eu pour moi la signification de fleuves « ontologiques ».

Rhône ou Orénoque, Seine ou Fleuve bleu, le cosmos se fait fleuve unifié, fleuve unique pour me dire la *plénitude active*. La joie s'oriente alors à l'extrême, dans la saisie d'un être qui n'est pas une chose mais un mouvement, dans la vision d'un mouvement qui n'est pas un morcellement mais une substance.

L'alchimie qui est ici mon œuvre me dit synchroniquement et moi-même et le monde, ma jouissance d'exister se nourrissant de la somptueuse nature, se connaissant par elle, tandis que les vastes fleuves me disent et mon orient et mon repos, et mon activité et ma présence.

Mais, comme la lumière qui l'anime, le fleuve dit et la vie et la conscience. Par lui ce désir se saisit lui-même comme savoir de soi et comme miroir. Il y faut certes des fleuves bien singuliers, ceux dont le cours profond est scandé par des écluses qui, à certaines heures du jour, lorsque nulle voile, nul cargo, nulle barge de commerce n'en agitent la surface, le rendent à sa vérité profonde qui est celle d'un lac immobile, actif et parfait. Alors, pour peu que la lumière soit à la fois vive et indirecte, le fleuve profond, se transformant en lui-même, apparaît comme une surface de perfection et de lumière. Acquérant au plus profond, mais après l'avoir épurée et sublimée, la substance même du paysage qu'il traverse, devenant ainsi collines, frondaisons, demeures et ciels, rendant au monde, mais en leur perfection, ses nuances lumineuses de bronze ou d'or, de nacre ou de cuivre, le grand fleuve se fait miroir. Il se fait perfection et réfléchissement. Parce qu'en lui, comme en un lac de montagne ou comme en ces fabuleuses baies du nord de l'Écosse, somptueusement lumineuses, le monde se réfléchit, je découvre en moi-même la substance même de la conscience. Je me complais dès lors à la saisir, en moi et dans les choses, comme l'origine d'une transmutation si radicale qu'en inversant l'image du monde elle le restitue à sa splendeur. L'image inversée révèle le monde lui-même, le monde droit et debout, comme substance immobile, parfaite et calme. Le monde apparaît alors, dans l'émerveillement tranquille, comme ce qui est susceptible de se réfléchir et comme ce qui, du même coup, comporte en soi l'éclat qui me comble.

La substance immobile et active dont le calme orient me réjouissait, voici qu'elle se révèle à moi et me révèle à moi-même comme le pouvoir de dédoubler le monde en libérant la beauté qu'il comporte. Mon regard alchimique, accordé à la substance liquide qui fait le sens, la profondeur et le mouvement des grands fleuves, je le découvre et le déploie désormais comme le révélateur d'un monde qui se réjouit de sa beauté, qui se réfléchit en lui-même dans et par le mouvement même où il se pose.

Alors je sais que cette substance du monde, faite harmonieuse jouissance de soi, est un fleuve delphique. Il est, comme monde et comme nature, l'être qui se connaît soi-même. Se connaissant ainsi dans sa réjouissance et dans sa substantialité, il me réfléchit la joie que je prends à le constituer comme splendeur lumineuse et comme immobile mouvement, il me confère le sens, l'amplitude et la sereine allégresse que je lui prête en le réfléchissant. Il devient miroir de l'être, sagesse et conscience de soi, sagesse et plénitude d'être, mouvement initiatique et repos calme en son orient.

b) *Le sens du plaisir*

> « La volupté de la chair est une chose de la vie des sens au même titre que le regard pur, que la pure saveur d'un beau fruit sur notre langue, elle est une expérience sans limites qui nous est donnée, une connaissance de tout l'univers, la connaissance même dans sa plénitude et sa splendeur. »
>
> R. M. Rilke, *Lettres à un jeune poète*, IV, *Œuvres*, I, Seuil, p. 324.

*J*E VOUDRAIS poursuivre la description des perspectives et des spectacles que je puis saisir dans la nature pour m'en réjouir. Je voudrais disposer de la place nécessaire pour décrire tous les éléments qui, dans la nature, me comblent et me ravissent, tous ces éléments qui, par le pouvoir poétique de la conscience, me permettent de jouir du monde en le parcourant. J'aimerais pouvoir, après le feu, la lumière et les fleuves, décrire la mer somptueuse, la forêt comme profondeur ou comme clairière, le désert fécond et flamboyant, les ciels de toutes nuances, de toute substance, de la nacre à l'émeraude et de la moire au corail. Et les terres, montagnes ou plaines, les chemins qui les traversent, les parcourent, les délimitent et les ouvrent, les scandent et les justifient. Mais la place me manque. Et d'ailleurs j'indique une direction, un sens, et non pas un voyage total. J'esquisse seulement quelques chemins du Haut Pays.

Parmi ces chemins, les plaisirs.

Et d'abord le plaisir paroxystique, l'extrême de la jouissance. Il convient à ma joie que, à partir du calme repos substantiel qui m'accorde à l'être, je puisse passer à l'extrême de la conscience qui, dans l'orgasme, se saisit elle-même comme volupté. J'ai déjà évoqué ce haut plaisir en décrivant l'amour. Aussi ferai-je simplement ici quelques remarques concernant le plaisir sexuel considéré pour lui-même, en lui-même, d'une façon forcément un peu abstraite puisque je le sépare ici de l'amour dont j'ai parlé précédemment et qui est la véritable réalité intégrale de la jouissance. Mais il faut bien parfois pour être plus clair, séparer les choses pour en parler successivement.

Le paroxysme du plaisir est l'incarnation de tous les paradoxes qui forment la conscience. Appuyé sur la double structure biologique, masculine et féminine, le plaisir des amants se saisit en chacun d'eux comme expérience charnelle de la conscience dans laquelle celle-ci est simultanément présente à soi-même et à l'autre, tandis qu'elle s'éprouve comme corps total heureux et comme ponctualité paroxystique. Ce qui importe ici c'est que le plaisir participe à la joie : cela n'est possible que parce que, simultanément, le plaisir est conscience et jouissance. Il est l'éclat de la sensibilité charnelle, l'apogée d'un rythme temporel du désir et du corps, la conclusion progressivement annoncée, préparée et conduite d'un sourd mouvement profond qui se saisit comme rythme et ascension, comme direction pénétrante et comme marée montante, comme sortie extatique de soi-même hors de soi-même dans l'autre qui nous confère l'être par son excès. L'éclat est charnel. Le rythme déborde cependant toute clarté, toute délimitation, il intègre tous les jeux du corps à l'érotique généralisée qui emporte le temps. C'est ce temps qui est devenu charnel et dynamique, conduisant la jouissance du stade diffus de l'annonciation à la détermination toujours plus vive de l'excès et de la réalité. Et le plaisir de l'autre accompagne mon plaisir, l'appelle et le commente, le crée et le comble, le confirme et le redouble.

Mais l'éclat érotique, le paroxysme de la sensibilité sont aussi une fête : ce sont les sujets tout entiers qui s'y engagent. Le plaisir se découvre comme la conscience faite chair : mais la chair, dans le plaisir, se découvre comme la conscience faite jouissance.

Il n'est pas vrai que les moments qui suivent l'orgasme soient tristes : il n'en est ainsi que lorsque la relation du sujet à sa sexualité n'est pas d'adhésion mais de résignation. Au contraire, que la sexualité soit voulue et désirée, et le plaisir se révèle alors comme une certaine espèce de splendeur. Le corps charnel (et non pas biologique) est porté à l'extrême de lui-même, et ce qu'il saisit, en ce moment ponctuel, c'est l'adhésion comblée et heureuse au fait même d'être chair et corps, présence. Et parce que l'autre, dans la complémentarité des deux désirs, éprouve la même adhésion exaltée à son corps et à son plaisir, chacun des deux sujets, sous le regard de l'autre, se saisit lui-même comme douceur exaltante et paroxystique, comme fête de la conscience en son apogée corporelle. Je me saisis alors comme parole et comme corps et je recommence à exalter la chair de l'autre, à la faire conscience par mes caresses[1], à la porter au-delà

---

1. Et non pas contingence obscène comme le dit Sartre dans *L'Être et le Néant*. Il appartient d'autre part à la psychanalyse de décrire en son langage les significations parfois impliquées dans la relation de plaisir. Notre propos, fort différent, est de développer une phénoménologie de la positivité. À propos de la caresse, on évoquera aussi les pages de Levinas dans *Totalité et infini* et, surtout, *De la caresse*, de François Solesmes (éd. Phébus, 1989).

d'elle-même vers son plaisir et notre joie, vers mon plaisir et notre fête.

Ce qui me comble, dans ce plaisir extrême du corps, c'est que la sensualité s'y donne comme une conscience, une réflexivité de premier niveau, toute concrète et spontanée mais fort présente à elle-même, tandis que la conscience de soi, la parole érotique et le regard valorisant sont en même temps saisis comme activité charnelle, comme corps exalté, comme sensualité substantielle. Le plaisir me révèle à moi-même comme ce que je suis, c'est-à-dire paradoxale synthèse de sensualité et de conscience, unité charnelle qui est à la fois conscience et substance, présence et plaisir.

De là naît une grande joie. Le plaisir n'est pas une concession faite à la partie corporelle du sujet, une place faite au corps par l'âme, mais bien au contraire l'expression de la vérité du sujet qui est d'être chair : corps exalté, glorieux, substantiel et charnellement conscient d'être porté aux plages de l'être, à l'extrême du temps.

Ainsi le plaisir est de l'ordre de la conscience et cela en tant précisément qu'il est de l'ordre de la chair.

La joie que le plaisir me donne ne consiste donc pas dans la satisfaction d'un besoin, mais dans l'exaltation d'une réalité unitaire, moi-corps-esprit, qui exprime sa condition et son adhésion à l'être en se portant elle-même, grâce à l'autre, au paroxysme du plaisir d'être.

Le plaisir n'est certes pas le bonheur à lui seul : celui-ci implique la fondation préalable de soi-même, le déploiement de l'amour et la jouissance du monde.

Mais il est clair que, dans cette jouissance du monde, la jouissance sexuelle peut avoir une part considérable, exaltante. Elle est comme le commentaire heureux de notre unité « psychophysique ».

Elle n'est en rien le colmatage d'une angoisse : le désir n'est pas, pour nous, le perpétuel report de la satisfaction et le mouvement perpétuel du manque. L'orgasme, comme satisfaction heureuse, comme plénitude et comme éclat, manifeste au contraire que le désir, et aussi le désir sexuel, est un dynamisme à la fois orienté vers l'avenir, l'objet, l'expérience non encore donnés

pleinement et une capacité à vivre la satiété heureuse, la plénitude en acte, l'adhésion charnelle au temps comme présent et
comme présence[1].

C'est pourquoi l'adhésion à soi est une adhésion au plaisir :
celui-ci est le commentaire concret du temps, de l'unité du sujet
et de son accord à lui-même. Il est l'un des éléments de la joie
parce qu'il est l'un des éléments de l'être, l'être lui-même porté
comme « magiquement » au paroxysme de lui-même, à la jouissance éclatante, lumineuse et aquatique, qui le fait jeu pénétrant
et plage somptueuse.

Parce que le plaisir est libre adhésion à soi-même, à l'autre et
au plaisir, parce qu'il est à la fois chair et conscience, corps et parole,
il implique toujours la possibilité du libre jeu. Les jeux érotiques
sont le libre commentaire de la chair entrant dans le domaine
flamboyant de l'exaltation. Ces jeux, nous n'avons pas la place ici
de les décrire[2]. Notons seulement qu'ils sont une possibilité intrinsèque de l'érotisme, c'est-à-dire du choix délibéré du plaisir comme
l'un des modes momentanés de l'existence positive. Parce que le
plaisir est expérience totalisatrice, il se rapporte au « partenaire »
non comme à un objet ou un instrument, mais comme à un corps
qui est une conscience. Dans le plaisir le sujet se rapporte à l'autre
comme à une chair, c'est-à-dire une liberté heureuse qui a le désir
de se faire pleinement chair, et en qui le sujet trouve librement un
écho et une source. C'est donc par essence que l'*éros*, la conduite

1. R. M. Rilke adhère, lui aussi, au mouvement du désir : « Étrange de ne plus
désirer ses désirs » (*Élégies de Duino*, Première Élégie, in *Œuvres*, 2, Seuil, 1972,
trad. d'Armel Guerne, p. 349). On sait que pour Spinoza « le désir est l'essence de
l'homme » (*Éthique*, III, Déf. des Affects, 1). Chez Rilke et chez Spinoza, ce qui
est visé est le Désir fondamental : mais le désir sexuel n'est qu'une modification
de ce Désir.
2. La littérature dite érotique tente cette description, sous la plume par exemple de
Bernard Noël ou de Georges Bataille. Mais pourquoi faut-il que cette littérature
soit dramatique et qu'elle s'appuie systématiquement sur les perversions, la violence et la servitude ? Notre temps est-il incapable d'inventer une littérature érotique heureuse ? Comprendra-t-il que la transgression n'est pas le moins du monde
l'essence de l'érotisme ?

érotique et charnelle, peut toujours, par un commun accord, se faire jeu et jouissance, jouissance de jeu, réalité ludique de la jouissance, véritable plaisir subtil et charnel, dynamique et orienté. C'est parce que le plaisir est liberté qu'il peut éventuellement se faire jeu ; c'est pourquoi, en même temps, le jeu érotique est toujours une libre invention, langage et commentaire de la connivence, adhésion distanciée à l'imaginaire, jouissance réelle de l'imaginaire et du réel, jeu imaginaire autour, par et dans la réalité du plaisir et le mouvement de la joie. Cette libre invention érotique produit le plaisir et se constitue elle-même, en même temps, comme plaisir, comme libre adhésion au langage qu'elle invente, comme fondation joyeuse de sa propre démarche, de ses propres modalités de préparation et d'accès au plaisir. Dans leurs jeux érotiques, dans leurs langages et leurs paroxysmes, dans leurs plaisirs et dans leurs joies, les libres amants ne s'autorisent que d'eux-mêmes.

D'autres plaisirs existent qui sont moins extrêmes, moins exaltés ; ils portent la conscience à des hauteurs moins vertigineuses, à des expériences moins éclatantes. Tels les plaisirs conférés par certaines nourritures, l'accès à la qualité de certains vins, de certains alcools, au charme de certains thés, à la saveur du café préparé de certaine façon. Ces plaisirs de moindre éclat n'en sont pas moins des éléments réels et précieux dans la construction d'une vie heureuse. Ils sont des médiations à la fois calmes et intenses pour la jouissance du monde.

Le toucher, le tact comme sens, devient ici saveur, et c'est par la saveur que le monde alors m'apparaît comme qualité, comme donation libérale et gratuite, comme intériorité plaisante et allègre, fort peu sérieuse certes, mais réjouissante cependant. La saveur des choses me livre légèrement le monde dans sa substance, dans sa profondeur.

Pour saisir cette saveur je dois m'incorporer des substances singulières, miels ou fruits, viandes grillées ou pâtisseries, alcools d'Écosse ou d'Amérique, thés de Chine ou des Indes, cafés aromatiques, vins subtils. Ce n'est pas le monde en sa totalité mais en certains de ses éléments qui se livre ainsi à moi : mais mon attention charnelle et imaginative me concentre sur tel ou tel élément, et c'est par lui que, pour un moment, j'éprouve et je goûte le monde.

Chacune des saveurs, à la fois étoffe et parfum, arôme velouté, suavité, délicieuse amertume, feu doré, rubis exaltant, vins ressentis comme des fruits ou des chairs, pâtisseries pleines d'humour et d'inventions, couleurs incomparables, chatoiements des tables et des liqueurs, tous ces éléments, pour un moment, dans une perspective, disent la saveur extérieure du monde lorsque, dans le cadre de l'amitié ou de l'amour, les nourritures légères et les boissons subtiles s'en font les souriantes médiatrices.

Si j'aime alors saisir ainsi le parfum et la saveur du monde, c'est qu'il me plaît de symboliser par les plaisirs du goût la jouissance générale que je prends à exister et à être au monde, dans ce monde-ci que j'ai constitué comme mon Domaine, comme notre Domaine. Pour que les mets et les vins se fassent ainsi médiateurs il y faut certes la présence des autres, la complicité des désirs et des imaginations ; c'est la convivialité qui est le lieu de naissance des savoureux plaisirs, la source et la destination de tout leur sens. Mais la saveur ainsi intégrée par les convives libère sa vertu auprès de chacun d'eux : elle est une expérience, une heureuse jouissance intérieure.

C'est l'intériorité de chacun qui se fait goût et chair subtile, tact spirituel, conscience palpable. Le délice ou la succulence d'un mets, le corps ou le fruité d'un vin sont, comme le plaisir sexuel, mais à un moindre niveau certes, cette paradoxale synthèse entre la conscience et le corps, synthèse qui ne se donne pas comme connaissance mais comme sensibilité. Et lorsque je constitue cette sensibilité à la fois comme adhésion immédiate qui se réjouit de soi (plaisir), comme symbole de mon rapport au monde (incarnation) et comme choix explicite d'une manière d'être et d'agir (éthique), alors mon expérience intérieure, je puis la nommer sensualité[1].

1. Le mot a un autre sens chez John Cowper Powys : son livre *Apologie des Sens* est une véritable métaphysique sensuelle. Seul nous en sépare le parti pris du « végétatif ».

La sensualité n'est pas un trait de caractère, elle est un choix éthique qui s'intègre (à son niveau et dans ses limites) au choix global du bonheur d'être, qui est d'accéder à la jouissance du monde. Elle est, en ce qui concerne les mets et les boissons, le goût du goût. C'est à ce titre qu'elle est symbole, certes limité, de l'incarnation lorsqu'elle adhère à elle-même, d'une façon à la fois réflexive et charnelle, comme plaisir.

Ni le plaisir et la satiété qu'apportent les mets choisis, ni la légèreté, l'allégresse et l'ivresse que confèrent les vins ou les liqueurs, ni l'agrément et la lucidité que produisent les cafés et les thés, ni l'extase et le « voyage » auxquels, dit-on, conduisent les drogues, ni la suavité provoquée par les pâtisseries[1], ne sont le résultat de la simple satisfaction d'un besoin. C'est le désir entier, ici, qui est actif et voulu, c'est lui qui, à travers les diverses qualités du plaisir auxquelles il accède, exprime son être et son mouvement, sa joie et son adhésion au monde comme corrélat, précisément, de ce désir qu'il est. C'est pourquoi les plaisirs en général, et non pas seulement ceux du goût, ont un sens : ils disent à la fois l'unité totalisée, dynamique de notre être, l'adhésion joyeuse, l'affirmation que l'être est simultanément chair et esprit, et l'allégresse tirée de cette constitution de l'être comme accord de la jouissance avec elle-même.

Le plaisir n'est donc pas un phénomène biologique : il est un acte de la conscience, un fait de signification, une manière d'être et l'élément d'une éthique, au même titre que l'amour, au même titre que la réflexion philosophique et la fondation de soi-même.

Je n'ai guère le temps, en ce voyage, d'élucider toutes les significations des saveurs, toutes les puissances de l'ivresse. Je dirai seulement que chaque saveur, chaque ivresse implique trois significations : l'unité de l'esprit et de la chair comme être de sensualité, l'intériorité de l'expérience comme intériorité qualitative des choses en moi, et la relative universalité des qualités non certes

---

1. Les Allemands les appellent *Delicatessen*.

quant au jugement qui les apprécie, mais quant à l'impression qui les constitue. Tous savent et reconnaissent le goût de l'agneau ou du raisin, du bordeaux ou du thé de Chine. Mais tous n'apprécient pas les mêmes qualités, les mêmes plaisirs : c'est qu'ils sont l'objet de choix éthiques et existentiels, l'occasion de donner telle ou telle saveur, tel ou tel parfum, telle ou telle substance à cette manière d'être qu'est la jouissance et l'allégresse qu'elle implique.

c) *La joie musicale et la perfection*

> « *La poésie ne serait-elle rien que musique*
> *[…] en dedans ?* »
>
> Novalis, *Fragments des dernières années, Œuvres*, II,
> Gallimard, 1981, p. 402.

Les saveurs, fussent-elles celles des fruits, les parfums, fussent-ils ceux de la nature, les ivresses, fussent-elles légères, produisent tous les plaisirs qui, sans être spatiaux, se produisent néanmoins à l'intérieur de moi-même ; c'est en moi-même que j'éprouve la substantialité d'une saveur ou d'un parfum, l'exaltation d'une ivresse. De ces substances je puis certes colorer le monde puisqu'elles en sont des éléments et que je puis y projeter mes impressions, mais je sais bien que ce ne serait là qu'une interprétation indue de la totalité extérieure, à partir d'une qualité intérieurement vécue et partielle. Certes le parfum des pins, dans une forêt estivale, océanique ou méridionale, animée par le vent, me livre comme l'intériorité de la substance forestière du monde en cet instant, sous ce ciel vif. Mais c'est là un simple savoir : je *sais* que le parfum des pins provient du monde. Mais ce que j'éprouve, et qui est la qualité singulière de l'odeur de résine, je le saisis bien comme se déroulant en moi-même, je le saisis comme un événement qualitatif et délicieux *interne*, comme la qualité de mon être sensible à ce moment-là.

C'est seulement par la musique que je saisis une qualité me donnant un plaisir sensible simultanément intérieur et extérieur.

C'est au plus profond de moi-même que je ressens l'effet musical (que je décrirai plus loin), c'est le tréfonds de mon intériorité qui est affecté, ému, impressionné, c'est dans ma tête auditive que se situe cette appréhension musicale de moi-même, comme chair impalpable et comme esprit sensible ; mais en même temps la musique a pour moi une source et une origine qui sont intuitivement, matériellement localisables par moi à l'extérieur de moi-même, en un lieu précis de l'espace. C'est de cette source que provient « visiblement » la musique que j'entends, issue d'une enceinte acoustique, d'un instrument ou d'un orchestre. Cette source, située là-bas, dans l'espace comme volume, transmute cet espace d'une façon quasi magique en un espace sonore qui n'est pas un simple volume mais un vecteur, une direction, une orientation. La musique est cette impalpable réalité objective qui provient de *là-bas*, traverse instantanément l'espace, ou plutôt occupe instantanément l'espace en le vectorisant, en l'orientant vers moi, et se donne simultanément comme cet événement intérieur, sensible et spirituel, qui m'impressionne.

La musique, ou plus exactement ici l'audition que j'en effectue, est l'événement charnel le plus paradoxal et le plus étonnant. Plus intérieur en moi que la sensualité (simplement « périphérique »), il me confère un corps glorieux et spirituel, un corps musical qui est moi-même au tréfonds de moi-même, aussi intime à moi-même que le plaisir ; mais dans le même temps (et de là proviennent sa résonance « ontologique », son poids, sa profondeur et sa « gravité ») cet événement est un éclatement du monde lui-même, la révélation d'une qualité du monde, la vibration, le volume, l'orient et la profondeur signifiante du monde lui-même.

Aussi, lorsque je sais faire en sorte que la musique soit l'origine en moi d'une très haute joie, c'est le monde lui-même que je saisis comme la source et l'origine qualitative de cette joie plus intérieure à moi-même que moi-même. Je ne suis plus simplement plaisir et saveur subjective, mais chair spirituelle, à la fois intérieure et extérieure, je suis vibration et perception, amour et

connaissance, enveloppé dans le monde lui-même et l'envelop-
pant dans mon être. Je suis en moi-même et hors de moi-même,
éprouvant le même événement que le miracle de la parole qui
m'unissait à l'autre par le son même de nos voix. Certes, dans la
musique, je ne suis pas uni à quelqu'un qui serait la musique :
celle-ci est la médiation d'une union à l'autre, qui aime et écoute
avec moi telle ou telle musique, qui opère avec moi le voyage de
l'amour et de la vie ou, plus simplement, a les mêmes préférences
musicales que moi-même. Mais ce n'est pas à la musique que je
m'unis : elle produit seulement en moi une joie et un bouleversement exceptionnels. Cette joie repose d'abord sur cette paradoxale
jouissance qui est à la fois jouissance intérieure de soi-même
comme musique et jouissance du monde comme substance et
qualité musicales. C'est pourquoi la musique est (pour moi) un
art privilégié : il est le plus intérieur et le plus spirituel des arts, le
moins visible, et il est en même temps le plus extérieur, réellement objectif, occupant tout l'espace comme il occupe et bouleverse éventuellement toute l'intériorité du sujet. C'est cette
structure qui le définit à mes yeux, et non pas le fait qu'il soit un
art du temps, fût-ce d'un temps irréversible ; la qualité temporelle de la musique se relie plutôt à mes yeux à la qualité de la joie
qu'elle procure.

Quel est le sens de cette joie ? Quand la joie musicale se
produit, elle est extrême en raison d'abord du fait évoqué à l'instant : la musique est l'entrée au fond de l'âme de la qualité même
du monde, en sa propre intériorité objective : la résonance, la
musicalité. Le plus profond fait vibrer au plus profond, qu'il s'agisse
de mélodie ou de rythme, de phrase ou d'orchestration.

Mais la raison principale de cette joie extrême est le contenu
ou plutôt le sens qu'incarne en moi le fait musical comme mélodie, harmonie et rythme : la musique fait être une forme nouvelle
de l'être, et cet être est à la fois la substance, le temps et l'intemporel : la perfection même et la splendeur.

Écoutons l'un des mouvements d'un concerto de Mozart
pour violon ou piano. Soit un allegro, soit un andante. Avant de

dire les implications affectives ou thématiques, je veux m'arrêter à la forme même de ce que je saisis, là-bas et en moi, là-bas et ici, comme musique, comme jouissance musicale.

Je suis d'abord dans l'émerveillement de la pure musicalité. Le son des instruments, quand il est parfait, quand il est parfaitement adapté au propos de l'exécutant et du compositeur, réalise quelque chose comme un miracle : totalement sensible et totalement spirituel est le plaisir que j'éprouve, ou l'espace musical que je perçois comme plaisir. La qualité du son, de sa vibration est certes indicible directement, mais tout auditeur un peu informé se référera aisément à l'intuition qualitative sonore évoquée par les noms de Paul Badura-Skoda ou Alfred Brendel, pour le piano, de Yehudi Menuhin ou Isaac Stein pour le violon, ou bien encore de Narcisso Yepes pour la guitare, Jean-Pierre Rampal pour la flûte ou Maurice André pour la trompette. Ces remarques sur la joie musicale produite d'abord par la qualité même du son valent évidemment pour les ensembles orchestraux, qu'ils soient symphoniques, populaires, modernes ou traditionnels.

Le plaisir produit par la sonorité musicale n'est qu'un élément de la joie : celle-ci se déploie à l'écoute d'une totalité qui est la phrase musicale, le « mouvement » ou l'œuvre entière. Certes la totalité musicale est une structure[1], il est à peine besoin d'y insister. Mais ce n'est assurément pas comme structure qu'elle produit l'incomparable joie que procure l'écoute d'une messe de Mozart ou des grands airs de *Don Juan* ou des *Noces*. Un tableau de Renoir est aussi une structure, la qualité de la joie qu'il procure n'est évidemment pas la même. Voir et entendre ne sont pas identiques. De plus, un texte parlé ou codé (comme le morse) est aussi une structure : la simple écoute d'un ensemble organique ne produit pas forcément une joie musicale. Celle-ci est parfaitement spécifique : elle provient à mes yeux du fait que la structure sonore, outre le plaisir qualitatif inscrit dans ses éléments, produit un plaisir, une joie globale issus de la signification portée par

1. Boris de Schlözer fut l'un des premiers à le montrer et à insister sur l'idée que la musique est une forme.

la totalité temporelle qu'est cette structure sonore. Cette signification est celle de la perfection : entre la première et la dernière mesure, un temps total est dessiné, qui se suffit à lui-même et porte en lui-même toutes les significations et toutes les joies qu'il veut induire. La perfection ici réside dans l'autosuffisance et la plénitude de la totalité musicale.

Il s'agit d'une plénitude de sens et de structure inscrite dans un temps et une forme bien délimités, achevés, parachevés, parfaits. Cette plénitude n'exclut pas mais implique au contraire la succession organique des « affects » : tristesse et joie, nostalgie et jubilation, souffrance et ravissement. C'est d'ailleurs par la présence de ces contenus affectifs, ou plutôt de l'effet des structures musicales sur nos affects et nos sentiments, que la musique revêt son caractère concret, existentiel et dramatique. Mais ce qualitatif concret d'ordre affectif ne fait que rehausser la perfection de la temporalité musicale, l'originalité de sa structure.

Dans un air de Mozart, dans un mouvement de concerto ou de symphonie, dans un motet ou une sonate, les mouvements affectifs (ou dits tels) sont intégrés à une structure qualitative si parfaite que la *durée* de l'œuvre accède à une espèce d'intemporalité. Le temps du récit musical, qu'il soit dramatique ou thématique, s'enlève hors de la temporalité réelle et matérielle pour accéder, par la disponibilité d'une ré-exécution toujours possible, à une autre espèce de temps. Dans la musique, tout est porté à sa quintessence, à son essentialité : l'intuition sensible, l'affect, la signification sont intégrés en un nouvel être qui est l'œuvre comme substance musicale. L'être de l'œuvre est un temps dramatique dont la substance est la qualité musicale en même temps que la progression du récit et de l'affect fondamental, la totalité intemporelle de la figure musicale en même temps que l'enchaînement orienté des moments et des affects.

La joie musicale provient de l'accès à cette forme sensible paradoxale et de la résonance en nous du sens global porté par un qualitatif en mouvement. Tout se passe comme si l'œuvre dans son ensemble était immobile et en repos (dans un autre monde, dans un autre temps) et comme si, en même temps, elle valait pour nous par l'accord si exceptionnel entre sa structure temporelle et notre temporalité.

Mais parce que les affects et les significations concrets du temps musical (anxiété, jubilation, allégresse, désespoir) sont essentiels, épurés, universels et singuliers à la fois, impersonnels et profondément subjectifs, notre propre temporalité dramatique est comme épurée, libérée. Accédant aux affects fondamentaux en ce qu'ils ont d'universel et par conséquent d'intemporel, de non daté, de non anecdotique, nous accédons nous-même à une manière d'être qui est comme l'intemporalité du temps, l'éternité du sujet qui, par l'écoute et le ravissement, entre dans une espèce de substantialité.

La matière de cette substantialité est le plaisir musical : des notes « fausses » ou mal produites par l'instrument ne parviendraient pas à susciter ce miracle qu'est l'être musical, dans l'œuvre entendue par nous, en nous, écoutant l'œuvre. Si bien que cet être substantiel auquel nous parvenons durant la durée de l'œuvre et avec son temps, est l'existence même de la joie.

C'est pourquoi la joie musicale est exceptionnelle, miraculeuse : elle résulte de l'élévation de notre être à une temporalité essentielle dont la matière est le plaisir, et dont le sens global est la perfection.

L'œuvre musicale en effet est la forme même de la perfection : totalisée, elle est achevée, marquée par son style et sa loi, elle est autonome, signifiante et sensible, elle est intégrale, temporelle et intemporelle, elle est suprêmement réelle. De là provient la joie si singulière que produit la musique : elle est la jubilation de l'intégration du plaisir à la perfection.

Jusqu'ici j'ai surtout tenté de dire les raisons générales, structurelles et formelles, du caractère privilégié de la jouissance musicale. On peut aussi évoquer des raisons plus concrètes, plus particulières, tenant aux « contenus » mêmes des œuvres musicales, comme sens et affect.

Je suis tenté de croire que le seul contenu que la musique se propose de dire, de transmettre et de produire, est la *haute joie*.

Certes, toutes les modulations de la vie affective ou spirituelle sont exprimées par la musique, à travers toutes ses formes et toute son histoire. Mais, en ce qui concerne au moins la musique d'origine européenne (populaire ou symphonique), on peut faire l'hypothèse que l'ampleur du clavier expressif est destinée à rendre possible, par dramatisation et contraste, l'expression de la joie et parfois même de la jubilation.

Il me semble même que c'est la destination et la vocation singulières de la musique[1] : puisque, quelles que soient les circonstances, les styles et les intentions, la musique est la mise en forme d'un matériau qui induit (et veut induire) par lui-même du plaisir, on peut penser qu'elle accède à sa propre perfection, à sa pleine cohérence, lorsqu'elle se propose d'exprimer la joie, sinon même la très haute joie. Que les conditions psychologiques d'écoute exigent l'utilisation des contrastes et des discordances, les passages de la méditation à l'exaltation pour mieux dire celle-ci, ou de l'anxiété à la jubilation pour mieux rehausser cette dernière, cela est évident : mais l'essence ultime qui veut être transmise et produite est bien la joie elle-même.

Peut-être est-ce après tout la seule définition possible de la beauté : elle est cette réalité sensible et spirituelle qui, à travers un matériau qui produit par lui-même du plaisir, offre l'image réelle et réellement perçue d'une perfection qui, en nous, se réjouit de soi.

Nulle dimension transcendante en tout cela. La musique est *par elle-même* l'être qui permet de définir la perfection, et, en outre, elle est par elle-même (puisque son essence est de s'entendre) consciente de sa propre perfection. Mais une perfection dont le matériau est le plaisir, et qui est totalement faite de ce matériau (la musique n'est que son) ne peut se saisir que comme joie.

De là provient la « divinité » de la musique, la divinité de Mozart. Elle est l'offrande de la joie en sa forme parfaite, où la joie qui résulte de l'écoute et de l'aperception de la perfection même.

1. Et notamment de la musique dite religieuse.

La plus haute joie musicale, la plus bouleversante jubilation sont de Mozart. Mais les formes les plus originelles de la musique disent peut-être aussi la joie sensible et non végétative d'exister : les chants originels sont ceux qui accompagnent d'abord la poésie religieuse, mythologique ou monothéiste, puis la poésie comme telle. Les Psaumes par exemple sont louanges et jubilations. La musique accompagnant la poésie grecque, apollinienne ou dionysiaque, est danse, plaisir et joie. De même les musiques populaires plus récentes qui disent les travaux et les joies transposées dans la haute joie du rythme musical collectif.

On pourrait de même montrer que la musique religieuse en Europe, de Monteverdi à Mozart, en passant par Vivaldi et Bach, n'a pas d'autre objet, en réalité, que de dire la forme de la joie lorsqu'elle est le commentaire du Haut Désir, l'accès à la plénitude active et bouleversante de l'existence lorsqu'elle se sait joie d'exister, intemporalité substantielle, réconciliation.

On ne s'avancerait pas beaucoup en disant que la musique est la forme la plus adéquate et la plus éclatante du commentaire de la joie opérée par l'humanité lorsqu'elle accède à sa plus haute existence, lorsqu'elle se sait être en un lieu qui est comme le Haut Pays. C'est pourquoi toute musique se réfère en fait à l'amour.

Mais la joie est le qualitatif suprême de chaque conscience : voilà pourquoi Mozart n'est pas Beethoven, Vivaldi ou Schubert. Les formes de la joie qu'ils expriment sont singulières, mais ce qu'ils se proposent d'exprimer, c'est la joie même, avec ses modalités et ses cheminements multiples.

Peut-on décrire la modalité singulière produite par la musique de Mozart ?

Il n'est certes pas question ici de faire une étude de l'œuvre mozartienne[1]. Je veux seulement dire mon sentiment, l'admiration

---

1. D'une bibliographie considérable, citons seulement l'ouvrage tout à fait exceptionnel de Pierre-Jean Jouve, *Le Don Juan de Mozart* (Christian Bourgois, 1986), et le très important *Mozart* de Brigitte et Jean Massin.

absolue et sans réserve que j'éprouve pour cette musique qui me comble et me bouleverse à la fois ; je ne crains pas de dire, avec Kierkegaard, que Mozart est le plus grand parmi tous les musiciens[1], et avec Pierre-Jean Jouve, qu'il est « l'absolue Source de la Musique »[2].

Mozart réussit l'adéquation parfaite entre son propos, qu'il soit religieux, dramatique, érotique ou purement existentiel, et l'organisation de la substance musicale. Mais cette adéquation se réalise toujours à travers l'incomparable phrase mozartienne : elle est bouleversante par la joie lumineuse, aérienne et forte qui la constitue d'abord, et cela dans la forme temporelle de la perfection, et par la subtile, discrète ou insistante nostalgie dramatique qui se saisit au second plan, ou parfois dans la substance même de l'allégresse. On pourrait dire que la mort et la nostalgie sont toujours présentes dans les airs les plus tendres et les plus érotiques qui soient, tels les duos de Zerline et Don Juan, ou de Pamino et Tamina, dans *La Flûte enchantée*. Mais cette présence du déchirement ou de la tristesse n'exprime pas l'ambivalence de certains affects ordinaires : elle exprime au contraire la tension que produit en nous *l'évidence visible de la perfection*, dans la mesure où notre existence réelle n'accède jamais à cette plénitude et à cette intensité du sentiment évoqué par la musique. C'est en vérité la force trop intense de la joie d'amour, par exemple, qui nous bouleverse à la mesure de notre propre limitation, et non pas le fait que l'amour serait inexistant dans le monde, possible seulement dans l'irréel musical. C'est l'excès qui nous émeut en Mozart et non l'irréel. Seul un préjugé fait croire que le vécu exprimé par Bach ne concerne pas notre expérience. Mozart dit trop bien l'éclatante jubilation de l'âme pieuse, ou le feu tendre et exalté de l'âme amoureuse, l'affect est trop parfaitement évoqué, pour que nous n'éprouvions pas en même temps que l'allégresse intuitive et musicale, la souffrance légère du « trop », le secret déchirement de l'exil, parfois. En vérité, parce qu'il est le musicien de la plus

1. Kierkegaard, *Ou bien ou bien*, Gallimard, 1965.
2. Pierre-Jean Jouve, *op. cit.*

haute joie, Mozart est peut-être aussi le plus pudiquement tragique de tous les musiciens. Mais la présence sourde de la mort derrière la vie étincelante (songeons au *Don Giovanni*), le déchirement de la solitude ou de la nostalgie derrière l'évidence non trompeuse de la tendresse bouleversante ou de la glorieuse allégresse ne sont pas laissés à eux-mêmes. Toujours ils sont transmutés par l'*acte poétique* du divin Mozart, toujours ils sont intégrés à ce tout autre domaine créé par l'œuvre musicale au cours de son déroulement, par son propre mouvement, dans sa propre substance quasi ontologique, tendre et bouleversante, émouvante et parfaite. Aussi, tout se passe avec le divin Mozart comme s'il opérait par sa musique le miracle perpétuel d'une conversion, et la mise en évidence du secret le plus profond et le plus caché de l'existence : sa force de vie, la puissance de joie de son adhésion à l'être et à la lumière.

Tout se passe donc comme si la vérité de l'existence, mais aussi la vérité ultime de Mozart résidaient, éclatantes, dans *La Flûte enchantée*. Ici, la substance musicale s'accorde pleinement à soi-même puisqu'elle organise le temps comme une quête progressive de la joie, puisqu'elle transmue cette quête en un voyage initiatique vers la plénitude de l'amour et de la sagesse, voyage où la ferveur et la détermination traversent victorieusement toutes les épreuves ; puisqu'enfin ce voyage vers la justice et vers la joie construit lui-même son propre itinéraire dans la matière musicale de l'allégresse et de la gravité, et par la médiation de tous les symboles solaires si exactement accordés à l'éclat somptueux et tendre de cette musique. Quelles que soient les épreuves traversées, qu'elles soient dramatiquement figurées comme dans *La Flûte enchantée* ou qu'elles soient le sens des médiations musicales en « mineur » dans les autres œuvres, elles se transcendent et se convertissent toujours, chez Mozart, en cette matière musicale si poétique, si enchanteresse et grave qu'elle nous livre à la fois la présence de la jubilation intérieure la plus vive, et la transmutation de l'ici musical en un tout autre lieu. Celui-ci se donne en effet comme l'éloignement absolu de l'être et comme sa proximité la plus immédiate, la plus évidente.

En lui, l'acte poétique, l'expérience de la joie et la jouissance de l'être sont portés à leur paroxysme.

L'enchantement et le bouleversement mozartiens proviennent de cette matière musicale qui, produisant son Lieu en déployant son itinéraire, fait surgir, par une transmutation poétique miraculeuse, un monde absolu se réjouissant absolument de lui-même.

Parce que cette transmutation magique, qui opère non seulement dans *La Flûte enchantée* mais aussi dans le *Don Juan* et dans le reste de l'œuvre, est aussi notre propre opération, à nous qui nous réjouissons simplement à l'écoute attentive et réitérée de cette musique étrangement belle, familière et tout autre, nous y saisissons aussi notre propre pouvoir poétique : *La Flûte enchantée* dit l'essence de la musique mozartienne, l'essence de l'entrée initiatique dans le monde musical, l'essence de la jouissance qui en résulte pour le voyageur initié, mais aussi, en même temps, la révélation que ce Voyageur de l'être, s'il renaît à une nouvelle vie par cette joie paroxystique et calme, c'est à son propre pouvoir qu'il le doit. C'est nous qui faisons renaître et la vie et la joie et la divinité de Mozart chaque fois que nous l'écoutons et consentons à entrer avec lui dans l'éclatant Pays qu'il nous découvre en le construisant, l'éclatant Pays Réel que nous ne découvrons que de le bien entendre, sur le chemin de notre propre temps.

d) *Le lieu, la demeure et l'expérience d'être*

> *« Et toujours neuve, la musique,*
> *avec les plus palpitantes des pierres*
> *en l'espace inutilisable érige sa maison*
> *d'apothéose. »*
>
> R. M. Rilke, *Sonnets à Orphée*, Deuxième partie, 10,
> *Œuvres*, 2, Seuil, p. 399, trad. Armel Guerre.

Cette musique dit à la fois une expérience de l'être, et la constitue. C'est pourquoi j'aimerais bien appeler ontologiques ces

musiques intemporelles et qualitatives, « spirituelles » et charnelles, rythmées et harmonieuses, chacune à leur façon. L'être, en
moi et par cette musique, se révèle d'une façon particulièrement
forte comme étant à la fois ma propre alchimie et le déroulement
quasi intemporel d'un temps qualitatif heureux. Ici s'incarne le
symbole d'un monde se réjouissant de soi-même et de son propre
déploiement. Le voyage au Pays du Réel est par excellence, en
certaines circonstances, le voyage au pays musical.

Mais je dois bien reconnaître que ces circonstances ne sauraient être qu'exceptionnelles. La musique ne saurait occuper
pour moi la totalité du temps : je dois l'inscrire dans un temps
plus vaste qui l'enveloppera. Ainsi, quand la musique apparaî-
tra, elle révélera l'essence cachée dans le silence d'un monde :
mais, en retour, l'ampleur infinie du monde silencieux conférera
une valeur cosmologique, une solidité de roc, à l'éclat temporel-
intemporel des musiques. L'éphémère musical passe à l'éternité
non seulement parce qu'on peut réentendre certaines musiques,
certaines voix, non seulement parce que le temps musical, non
daté, est intemporel en lui-même, mais encore parce que cet
éphémère s'inscrit dans un monde non musical plus vaste qui a
déjà fait l'objet et qui fait sans cesse l'objet d'une transmutation
alchimique[1].

C'est pourquoi je veux inscrire l'écoute musicale au cœur
d'une alchimie plus vaste qui puisse lui conférer cet appui, cette
architecture, ce roc non musical qui nourriront la musique de
leurs significations « ontologiques ». La jouissance du monde, par
la médiation musicale, doit s'inscrire dans une jouissance non
musicale qui ait valeur, par rapport à celle-là, de structure enveloppante et fondatrice.

Cette jouissance enveloppante non musicale, cette plus vaste
jouissance du monde en une figure nouvelle, je vois bien qu'elle
aura la même action fondatrice à l'égard des plaisirs, et de la sensualité, à l'égard aussi de l'action poétique de mon regard sur les

---

1. La musique n'a pas à être et n'est pas la « consolation » d'une vie triste ou terne. Elle
est, dans une vie signifiante, l'expression paroxystique de la joie d'être.

éléments du monde, les substances, les paysages et les pays : la même fonction de rocher.

Il s'agit de la jouissance d'un lieu.

Le Domaine que je déploie par le mouvement même de ma vie et par mon cheminement, je veux l'appuyer sur un lieu qui soit à la fois métaphysique et réel, totalement réel et totalement transmuté. Le Haut Pays auquel nous avons accédé et qui s'est fait le domaine où se déployaient les jouissances, ce Pays du Réel qui est l'œuvre de la réflexion, de l'amour et de l'alchimie, je veux qu'il s'appuie sur un Lieu réel qui en sera le centre à la fois matériel et métaphysique.

La jouissance du monde s'appuie sur la jouissance d'un lieu qui en est à la fois le support et le symbole. *Le Lieu, est, dans l'ordre du visible, ce que la Musique est dans l'ordre de l'invisible.*

Le lieu, pour chacun d'entre nous, ne saurait seulement être situé dans une Ville. Certes, lorsqu'elle est traversée par un fleuve et constituée en son centre signifiant par une architecture somptueuse et belle de palais publics, de jardins et de terrasses, de demeures et de tours, de places réjouissantes et de commerces vivants, une Ville peut faire l'objet d'une transmutation telle qu'elle devienne pour ses habitants un Lieu magique et véritable. Plus précisément, certains quartiers, en certaines villes, peuvent devenir Lieux de rêverie, telles par exemple la Cité impériale, Venise ou Dubrovnik.

C'est dans ces Lieux magiques que se déploie le plus heureusement cette forme quotidienne et rêveuse de l'alchimie itinérante qu'est la promenade. Comme le dit un sage chinois, il existe des promenades parfaites[1]. Elles accèdent selon moi à la joie et à l'être, elles sont même parfois le commentaire tranquille de la joie et de l'être, la présence discrète et enveloppée de la splendeur.

Mais le lieu citadin n'autorise que cette présence enveloppée.

1. Le maître Lie-Tzeu lui dit : « Promène-toi, mais parfaitement… je ne t'ai pas interdit toute promenade ; je t'ai conseillé la promenade parfaite » (cité par Jean Grenier, *La Vie quotidienne*, chapitre sur « La promenade », Gallimard, 1968, p. 50).

Seule la nature peut se prêter à mes yeux à la naissance d'un lieu qui soit quelque chose comme le réceptacle, en un feu plus central, en une lumière plus vive, de toutes les alchimies qui m'ont déjà enchanté et constitué. Le Lieu est la synthèse spatiale et microcosmique de toutes les transmutations que j'ai pu opérer sur l'eau et la lumière, la forêt et la mer, la terre et la pluie. Le Lieu est à mes yeux, dans le parcours que j'y opère par mon regard et ma promenade, l'univers à ma mesure qui est pour moi le jardin[1]. Les parfums et les heures, les musiques et les voix parfois, animent ce monde que j'anime, lui donnent la substance qui peut se faire le support de mon alchimie. Le Lieu est dès lors une délimitation spatiale du cosmos lorsqu'il est transformé en jardin habitable et magique. Le ciel vaste et l'espace ouvert doivent envelopper le jardin où se déploie l'être du sujet, où le sujet déploie son être en l'habitant et en l'animant.

Le Lieu n'est évidemment pas réductible à la matérialité du confort et de l'habitation, c'est-à-dire à la matérialité de ce bien-être et de cet espace qui sont certes des éléments irrécusables de la jouissance du monde ; c'est parce que l'espace manque souvent aux Villes et aux appartements citadins qu'ils ne peuvent accéder entièrement à leur propre substantialité réjouissante. Au contraire, le Lieu de nature, le paysage aéré et bien délimité cependant quant à sa forme et son sens, offre tout naturellement les conditions sur lesquelles le bien-être peut s'appuyer, accordé au corps, au visible et à l'utilité matérielle. Mais là n'est pas encore le Lieu véritable. Sur la base d'un espace magiquement animé et structuré, il se déploie autour du sujet comme la synthèse de quelques paradoxes apparents répondant au désir et non pas seulement au besoin.

Le Lieu véritable est le pays, le paysage, le lieu-dit ou l'habitation lorsqu'ils sont poétiquement transmutés en Demeure[2].

1. R. M. Rilke sait bien que là est le symbole du bonheur et de l'être : « ... Conduis-le au jardin » (*Troisième Élégie de Duino*, in *Œuvres*, 2, Seuil, 1972, trad. Armel Guerne, p. 343). On sait qu'en hébreu *pardes* (d'où vient paradis) signifie verger, jardin.
2. On sait que ce terme acquiert sa signification existentielle et métaphysique dès les textes poétiques bibliques, notamment dans les Psaumes. Demeure se dit *beit* (maison, habitation) ou *mishkenoth* (les tentes, les demeures). Il existe à Jérusalem un

La *maison* (plus que le château qui est aujourd'hui un lieu symbolique, ou s'il est réel et public, le contraire même de son essence) est la Réalité susceptible d'intégrer tout un paysage autour d'elle et de capter toute la puissance alchimique qu'il recèle. Cette haute Réalité, cette maison qui centre, anime et capte un paysage alchimiquement perçu devient alors une Demeure. Quand le paysage se rassemble autour du sujet et de sa maison comme un cosmos animé qui est source et jouissance du monde, quand, en ce lieu, le sujet perçoit la splendeur par le regard et par les sens, par la musique et par l'amour, par l'activité alchimique et par le travail réflexif, alors la maison devient Demeure, le temps, la lumière et la jouissance se métamorphosent en être.

La demeure n'est donc pas[1] un lieu privilégié du monde dans lequel apparaîtrait ou transparaîtrait, résiderait, ou se dévoilerait un être qui serait l'Être, et dont l'essence serait différente de celle du monde où il s'inscrirait. La Demeure est tout lieu du monde empirique que le sujet a su transformer en un espace poétique et structuré, suffisamment expressif et significatif pour que ce sujet y lise le moment où la nature se fait jardin, et où l'habitation, en son espace magiquement animé, se fait le réceptacle d'une jouissance du monde et d'une permanence[2].

La Demeure devient alors le pays et la maison lorsqu'ils sont transmutés en réceptacle de l'être, c'est-à-dire en ce Lieu où le sujet, par son propre pouvoir et son propre regard, se fait lui-même jouissance extrême du monde, c'est-à-dire jouissance de

lieu de résidence nommé « *Mishkenoth sha'ananim* », « Les demeures de la sérénité », selon un texte d'Isaïe. *Beit* et *mishkenoth* ont acquis à partir de là, progressivement, une résonance universelle : sainte Thérèse comme Heidegger évoquent la Demeure (mais seule Thérèse se réfère à cette source que sont les Psaumes).

1. À la différence de ce qu'il en est dans les Psaumes de David ou dans la pensée de Heidegger.
2. R. M. Rilke l'exprime aussi :
            « ... la marche du temps
            tenez-là comme rien
            au sein du permanent toujours ».

Sonnets à Orphée
(Première partie, n° 22, *op. cit.*, p. 391).

l'existence même. Le sujet continue alors de déployer son allégresse par et dans le mouvement même qui déploie musicalement la nature comme paysage et comme jardin, et fait du monde une Demeure et de l'habitat une Maison. Une plénitude active est atteinte. Surgit alors une modalité de l'être, c'est-à-dire l'être même comme activité qualitative d'un sujet qui se réjouit d'être. L'être n'est plus un substantif mais un verbe : l'acte et *l'expérience d'être*, opérés et déployés par le sujet.

La jouissance du monde se fait alors *jouissance d'être*, jouissance de l'être, à la fois sentiment d'exister et accord de ce sentiment avec lui-même. En même temps qu'il se réjouit d'être et d'exister, à travers une perception poétique et alchimique de sa vie et de son univers, le sujet se reconnaît en cet univers. Le Lieu comme être et comme demeure est dès lors infiniment plus vaste que la simple maison ; il est le cosmos en tant qu'espace animé par un sujet et où le sujet se reconnaît lui-même. Le Lieu est toujours neuf en sa substance qualitative, mais il est identique à soi dans sa forme et dans son sens ; c'est en ceux-ci que le sujet se reconnaît comme étant dans le lieu même qui est le sien : c'est ce lieu qu'il anime et où il effectue toujours de nouveau le même acte alchimique de transsubstantiation qui en fait l'espace et le temps privilégiés où se déploient avec le plus grand bonheur son sentiment de soi et sa jouissance du monde.

Je me reconnais dans le Lieu restreint que j'habite comme ma Demeure parce que j'y saisis à la fois la permanence du vaste univers que j'ai constitué, et la permanence de cette activité alchimique par laquelle je l'ai constitué et qui me définit en retour[1].

1. Ceci vaut aussi bien pour une maison, quels que soient son volume et son espace, que pour tout autre habitat qu'un sujet aurait voulu et su transmuter ; par exemple, une péniche. Il existe de telles péniches-demeures à Amsterdam par exemple, mais aussi sur la Seine. Tout bateau, tout navire, toute chambre, peuvent ainsi être demeure de l'être. Et pourquoi pas un grand voilier ou un château-navire comme à Bonaguil ? Pourquoi pas une roulotte, une caravane ou une tente ?
Quoi qu'il en soit, c'est à ce lieu et à cette Demeure, que se rapportent confusément des expressions médiatiques comme racines » et « repères » (prises hélas dans une perspective strictement objectiviste et chosifiante).

Je le reconnais comme m'étant « familier », comme étant l'extension cosmique de mon espace et de ma sensibilité ; je le reconnais aussi comme étant sans cesse la même origine qui me porte et que je porte.

Et cependant, dans le temps même où ma jouissance du monde se reconnaît elle-même dans le Lieu et la Demeure qu'elle a constitués pour s'y épandre, elle éprouve comme un étonnement ; j'éprouve, dans la plus extrême familiarité avec ce paysage transmuté, un sentiment non pas d'étrangeté mais de chance. Une autre sorte de reconnaissance se développe alors en moi : la joie de reconnaître en tout cela une sorte d'ultime contingence dont c'est une chance que j'aie pu en faire ma joie. J'aurais pu ne pas rencontrer ce lieu pour en faire ma Demeure ; l'ayant rencontré, j'aurais pu ne pas savoir le voir et le transmuter pour en faire cette Demeure. Tout est à la fois une grâce et mon œuvre, une absolue contingence et une certaine espèce de « nécessité » musicale.

Alors, me réjouissant de pouvoir me réjouir, ma joie se redouble de se savoir à la fois contingente et active.

Ce redoublement de ma joie me rappelle à moi-même *le sens de l'être* : vivre dans une beauté, dans un amour, dans une pensée dont on est à la fois la source active et le bénéficiaire contingent ou chanceux. Qu'un Lieu soit pour moi, par moi, la demeure de l'être comme jouissance et plénitude, me renvoie à mon activité, à ce pouvoir simplement humain de l'alchimie dont, par mon effort et ma patience, j'ai fait un pouvoir en première personne. Alors de se bien connaître en sa source et en sa qualité, ma joie se déploie encore au-delà d'elle-même et se découvre comme le plaisir de jouir d'un monde non pas seulement en le constituant par le regard et la jouissance mais en le déployant par l'action. Celle-ci aussi est une jouissance.

3. La libre activité

« *Le chemin qui mène au repos ne passe pas ailleurs que par le* temple [par le domaine] *de l'activité embrassant tout.* »

Novalis, *Grand répertoire général*, 205.

*L*E HAUT PAYS ne se réduit pas à ma Demeure et au Lieu que je constitue concrètement comme l'espace privilégié et significatif de ma vie. C'est toute ma vie qui, désormais, à travers les jouissances et la joie que j'ai décrites, se déploie comme le Domaine de l'être, comme le Haut Pays réel de la splendeur.

Aussi n'est-ce pas seulement la Promenade et la Musique parfaites, le plaisir sensuel, l'acte poétique de mon regard sur le monde, ou, au niveau suprême, l'amour, qui me confèrent cet être et cette joie d'être que je suis en train de dire et de déployer. C'est aussi mon activité. Non pas seulement mes attitudes contemplatives (qu'elles soient charnelles ou spirituelles, elles sont toutes poétiques) mais encore mes activités, mon action.

La pure activité est aussi un bonheur. Pour certains, elle est même le bonheur, mais une telle exclusive, écartant la poésie, l'amour et la réflexion ne saurait que décevoir un sujet exigeant qui se verrait réduit au pur passage temporel et éphémère de l'activité : celle-ci ne prend sens et substance que si elle s'intègre à une vision d'ensemble qui unit la réflexion, l'amour, la poésie et la jouissance.

Je dois me souvenir, tout d'abord, que j'ai déjà réfléchi sur les problèmes éthiques et politiques de la liberté[1]. Elle est la forme et le contenu du désir, quels que soient cette forme et ce contenu ; d'autre part elle peut être spontanée, déchirée, « aliénée », dans des œuvres ou des institutions : elle n'en est pas moins libre. Elle peut cependant se reconstruire comme liberté seconde,

---

1. Cf. *Éthique, politique et bonheur*. Cf. également mes ouvrages *Existence et démocratie* (P.U.F., 1994) et *Le Travail de la liberté* (Éd. Le Bord de l'eau, 2008).

comme autonomie neuve, comme seconde fondation de soi : alors elle est la liberté heureuse[1]. C'est de celle-ci uniquement que je traite ici pour dire les différents contenus qualitatifs de son déploiement, les différentes nuances de sa joie.

a) *Le plaisir d'agir*

> « *Si votre quotidien vous paraît pauvre, ne l'accusez pas. Accusez-vous vous-même de ne pas être assez poète pour appeler à vous ses richesses. Pour le créateur, rien n'est pauvre, il n'est pas de lieux pauvres, indifférents.* »
>
> R. M. Rilke, *Lettres à un jeune poète*, I, Œuvres, I, Seuil, p. 318.

> « *"Avez-vous bien travaillé ?" telle est la question par laquelle il salue tous ceux qui l'aiment ; car si l'on peut répondre oui à cette question, il n'y en a point d'autre à poser et l'on peut être rassuré : quiconque travaille est heureux.* »
>
> R. M. Rilke, *Auguste Rodin*, Œuvres, 1, p. 444.

Le Haut Pays n'est pas seulement constitué par les Terrasses de l'être, par la splendeur alchimique des substances et des éléments, par l'éblouissement de la rencontre, par l'autonomie d'un merveilleux domaine qui se réjouit du mouvement même qui le découvre en l'instaurant. Il n'est pas seulement acte poétique et émerveillement du monde.

Il est aussi l'activité quotidienne. Elle est faite de tous les chemins creux de la liberté, banals en apparence, mais originaux et plaisants pour qui sait les emprunter avec l'allégresse légère de la promenade. Il ne s'agit pas seulement de ces activités modestes, telles que lire, fumer, marcher, que l'on peut transmuter par un acte poétique pour les hausser à une espèce de signification ontologique ; cette transmutation en fait des actes contemplatifs importants que nous avons déjà rencontrés. J'évoque bien plutôt ici

1. Cf. ici même notre Introduction, § 2, « Le désir et les deux libertés ».

les tâches matérielles de la vie quotidienne ainsi que les travaux salariés qui permettent, directement ou indirectement, d'assurer l'existence matérielle. Travaux et tâches, je les appellerai : travail ou activité quotidienne. Il s'agit du métier et de la fonction, qu'on *exerce*, du travail qu'on accomplit, qu'on assume.

Si les problèmes politiques ne sont pas trop extrêmes (comme dans le cas de l'esclavage, du colonialisme, ou de conditions d'horaires, de rémunération et d'organisation trop injustes), le travail peut être une activité heureuse. Tous ceux qui aiment leur métier le savent et le disent : il reste à en tirer cette conséquence que le travail est *par lui-même* un plaisir.

Dans mon métier, par mon activité plus ou moins régulière je transforme le temps. Au lieu de ne songer qu'à cet étrange élément qui me constitue sans être lui-même quelque chose, je songe à l'organisation successive et réfléchie de mes tâches : mon temps devient ce monde que j'organise, il revêt dès lors et un sens et un contenu. N'étant jamais « oisif » dans les moments ordinaires et empiriques de mon existence, je m'y saisis toujours à travers le monde sur lequel s'exercent mes tâches et mon travail, comme un temps scandé, rythmé par divers moments et divers « temps », et orienté par le but que je souhaite réaliser au terme d'une heure, d'une journée ou d'une année de travail.

Orienté et rythmé, le temps de mon existence est encore éclairé par mon travail : celui-ci est son sens comme but et comme destination. Non certes que je songe à une mission : l'édition, l'écriture, l'enseignement, l'agriculture, la médecine ou le droit, la métallurgie ou l'électronique, le secrétariat ou l'administration ne sont certes pas des missions ou des sacerdoces ou des devoirs[1]. Ils ne sont des « vocations » que par façon de parler, si je sais que c'est moi-même qui m'appelle à une responsabilité que je déploie comme ce qui me réjouit, et non une

---

1. Dans la *Lettre à un jeune poète*, VI, R. M. Rilke évoque, à propos du métier, le « devoir tout nu ». Nous préférons le terme de responsabilité, qui est tout entier positif et libre. Cf. également *Le Bonheur d'entreprendre. Collectif préfacé et dirigé par R. M.*, (Éd. Encre marine, 2003).

tâche qui m'appellerait à elle en raison de mes vertus singulières. Ni mission, ni vocation *a priori*, le métier est pourtant ce
qui confère à la matérialité de mon temps vécu direction et
signification.

Pourquoi dès lors ne pas reconnaître que, pour moi, travailler
est un plaisir ? Je pense qu'il en est ainsi pour tous ceux qui ont pu
choisir leur métier ou qui ont décidé à la longue de l'adopter et de
le « choisir », même si au début ce métier fut d'abord un hasard.

Mon métier, parce qu'il scande et substantialise le temps de
ma vie, se déploie comme un plaisir, le plaisir d'agir. Outre qu'il
structure le temps que je vis, il m'ouvre évidemment au monde.
Tous le savent : que je sois « à mon compte » ou que je fasse partie d'une entreprise, d'une administration, j'aime dans mon métier sa signification sociale. Non pas son « utilité publique » mais
le fait qu'il s'exerce en relation aux autres, dans une substantialité
sociale. La vie sociale ainsi déployée dans la perspective du métier
peut être plus ou moins intense, elle peut être rythmée de mille
façons diverses, elle peut être celle du gardien de phare ou du
médecin, elle n'en est pas moins toujours une vie sociale : c'est
aussi en elle que se complaît l'homme qui travaille.

Parce que le travail est l'objet ou le tissu de la vie quotidienne, le niveau de mobilisation psychique est le plus souvent
« moyen » : le rythme temporel et social du métier est le plus
souvent un « rythme de croisière ». Plus ou moins régulier, dynamique mais tranquille s'il est choisi et autonome, le métier qu'on
exerce quotidiennement produit le plus souvent un plaisir continu et non pas des joies extrêmes.

Il s'agit du pur plaisir de l'activité. Tout, dans le métier, con-
tribue indirectement à en permettre l'émergence. Relations sociales
(et par conséquent échanges de compétences et de responsabilités),
temps organisé (et par suite orienté et signifiant), rémunération (et
donc motivation apparemment première), ces trois éléments sont
présents dans le métier d'une façon un peu paradoxale : ils sont
présents pour disparaître comme finalités propres, et pour laisser
librement apparaître comme plaisir la pure activité définie par le

métier. Au-delà de la rémunération, du statut social et du temps bien structuré, le médecin, par exemple, s'adonne essentiellement à ce goût de soigner qui est le sien, à la recherche et à l'activité qui font partie de ce goût. Au-delà des éléments adjacents (sociabilité, temps, rémunération) et grâce à leur présence effacée, le médecin peut alors prendre plaisir à l'exercice de son métier, prendre un plaisir spirituel-charnel au déploiement quotidien d'un rapport à la maladie. Non payé, ou travaillant dans un désert, tel ou tel médecin renoncerait à son métier ; et pourtant c'est ce métier qui est pour lui la seule activité matérielle-temporelle lui conférant plaisir et gratification. Il en va de même pour l'artisan : l'ébéniste tient à son niveau de vie et à son statut social, mais ceux-ci sont les simples médiations destinées à permettre le déploiement du seul plaisir spécifique de ce métier : le travail artistique du bois.

Que chacune des activités quotidiennes, avec le plaisir qui lui est propre, puisse faire l'objet d'une analyse approfondie des motivations et des significations qui les portent, cela est certain. Les contenus et les visées du désir sont chaque fois originaux. Le plaisir de travailler le bois ou le fer, la pierre ou les tissus, de soigner les maladies mentales ou les névroses, d'enseigner la philosophie ou de construire des maisons, n'a évidemment pas la même signification, en chaque cas, ne manifeste pas le même désir. Le charpentier et le marin n'ont pas le même rapport spontané, profond, imaginaire, aux substances et aux éléments du monde. En chaque métier, qu'il soit matériel ou culturel, s'exerce un rapport spécifique aux éléments du monde, aux autres consciences et à soi-même ; en chaque métier, par conséquent, est vécu un plaisir qualitativement différent : vaincre, séduire ou convaincre, transmettre ou fabriquer, respirer amplement ou voir de près, changer d'environnement ou créer l'être et le bien, « obéir », « commander » ou être autonome, s'affirmer ou se nier, être son maître ou coopérer. À chaque activité son plaisir, à chaque métier, une figure singulière du désir, l'expression d'un être et par conséquent d'un plaisir d'être, différents.

Je n'étudierai pas ces plaisirs infiniment divers, ces multiples « psychologies », ces motivations profondes ou manifestes. Je veux seulement dire que, en des circonstances démocratiques de justice, tout métier comme activité structurée est à la fois une expression constructive de soi et un plaisir pris à cette expression. Même l'écrivain pessimiste est heureux de dire que le monde va mal ; même l'ouvrier marxiste est heureux, après avoir été licencié, de trouver un emploi chez un capitaliste et d'en réclamer la garantie.

Parce que tout métier (démocratiquement exercé) est l'expression d'un rapport permanent et significatif au temps, au monde, aux autres et à soi-même, il est l'occasion d'un déploiement de plaisir.

C'est que, par le métier heureusement choisi ou assumé, l'individu déploie son être comme activité, et c'est cette activité qui se donne à elle-même comme pur plaisir. Par l'activité signifiante (et non pas certes par l'agitation absurde ou la pure convoitise) l'individu se dévoile à lui-même comme ce qu'il est et il y prend un plaisir spécifique : un être qui n'est pas une chose, mais un mouvement à la fois énergétique et signifiant. Non pas une substance (au sens littéral) mais une existence, c'est-à-dire une énergie spirituelle et pratique qui se déploie dans le temps sans être extérieure à soi-même. Ni chose en soi fermée sur elle-même et l'instant, ni existence perpétuellement dépossédée d'elle-même, l'individu est le mouvement temporel d'une activité qui se synthétise en se déployant et en se voulant elle-même. C'est parce qu'il est essentiellement activité, que le sujet « travaille » toujours et qu'il peut prendre plaisir à ce travail : il prend alors simplement plaisir au pur fait d'exister, puisque pour le travailleur, exister c'est agir.

Or, c'est là l'essence fondamentale de l'homme et de son désir : *être c'est agir*.

C'est pourquoi l'adhésion libre à soi-même est une adhésion à sa propre essence, c'est-à-dire à sa propre activité. La libre activité se saisit elle-même comme plaisir d'exister parce que l'essence de l'existence est justement l'activité orientée.

Si l'activité qui me réjouit dans sa permanence et son expressivité n'est pas un métier, elle est une occupation, un loisir ou un sport. Au lieu de l'*exercer*, je dirai que je la *pratique*.

Pratiquer une activité est un plaisir, au même titre qu'exercer un métier.

La pratique d'un loisir ou d'un sport (comme la plongée sous-marine par exemple) est un plaisir : tous le savent, tous le sous-entendent. Pourquoi ne pas le dire et en tirer la conséquence majeure : il y a une joie d'exister qui consiste à prendre plaisir à la pratique d'un loisir ou d'un sport.

D'où vient ce plaisir ?

D'une attitude synthétique qui, dans le rapport quotidien au monde, sait unir l'action et la contemplation, le plaisir d'agir régulièrement et de rêver d'une façon volontaire.

La gratuité accroît une forme de gratification : le plaisir de l'autonomie absolue. À certains sports s'ajoute la jouissance poétique du monde, le rapport aux substances et à la beauté[1].

Par ailleurs, dans la pratique non professionnelle d'un sport, c'est la liberté sociale qui prend plaisir au déploiement de sa propre activité. Le loisir (ou le sport) est bien souvent le symbole du métier qu'on aurait aimé exercer si les circonstances avaient été plus favorables. Quelles que soient les motivations sociales d'une pratique sportive (tauromachie ou cyclisme), l'essentiel réside cependant ailleurs : dans le pur plaisir d'une activité heureuse, dans le pur bonheur d'une activité constante où le désir déploie sa rêverie sur les substances qu'il s'est choisies pour s'y réfléchir et s'en nourrir.

Toutes les « pratiques » sont de cet ordre. Yoga, musique, danse, artisanat sur bois, céramique, terre ou fibre, natation, voile, cyclisme. Une qualité d'effort constant, une compétence, une substance fondamentale font de ces pratiques de libres activités où le sujet se confère à lui-même une substantialité active permanente, une substance temporelle et charnelle qui se réjouit de se déployer et de se reconnaître dans un monde substantiel qu'elle informe en s'y projetant. Le plaisir d'agir peut ainsi, dans les meilleures circonstances, accéder à une forme de l'être. L'être est en effet l'action

1. Tel que le rapport à l'élément marin dans la plongée ou la navigation, qui révèlent des mondes transmutés.

continue d'un sujet qui se réjouit de se déployer selon sa propre substantialité et sa propre loi.

Car le sujet, pour accéder au plaisir d'être par la médiation d'une pratique ou d'une activité, choisira celle-ci selon son propre désir : je serai activité joyeuse lorsque je déterminerai moi-même la nature, la qualité, l'intensité et le sens de mon activité quotidienne ou fréquente. C'est précisément dans les « loisirs », les sports, les pratiques et les métiers librement choisis que le sujet découvre avec évidence que la joie d'être est aussi la joie de se fonder soi-même dans et par l'activité de son choix, délimitée dans la forme et la substance qui expriment le mieux son fondamental désir de la joie.

À un certain niveau d'intensité, de signification et d'efficacité sociale ou personnelle, l'activité devient action.

Le sentiment de l'être se donne alors comme la joie de l'action. Le sujet est à la fois plus distancié et plus investi, par rapport à la simple activité quotidienne ; il considère son efficacité sur de plus longues périodes de temps, il la considère avec patience et distance puisqu'il sait bien qu'elle ne se réduit pas aux gestes quotidiens mais à la signification que revêtent ces gestes rassemblés et unifiés sur une période plus ou moins longue.

Faire admettre et réaliser le projet d'aménagement d'un port ou d'un quartier, faire fonctionner une station de radio, une université ou une maison d'édition, créer des industries ou des théâtres, des revues ou des orchestres, voilà quelques exemples de ce que l'on peut appeler action. Il est clair qu'elles donnent à ceux qui les accomplissent joies et satisfactions, quels que soient, bien entendu, les difficultés et les combats empiriques. Toutes les actions qui transforment et créent le monde quotidien sont sources de joie : le paradoxe réside dans le fait qu'on reconnaisse rarement cette évidence.

Trop souvent, en effet, l'action a été présentée comme une agitation aventureuse destinée à surmonter l'angoisse et à masquer l'ennui ou la mort[1]. En fait, l'action n'est pas forcément l'aventure,

---

1. Cf. par exemple André Malraux, *La Voie royale*, ou Vladimir Jankélévitch *L'Ennui, l'aventure, le sérieux*.

et je veux reconnaître avec simplicité la joie que confère le déploiement d'une action ou d'une suite d'actions organiquement liées. Certes, une forme de sociabilité et de « pouvoir » est atteinte ; elle ne constitue pourtant pas la spécificité de l'action.

Elle consiste pour moi dans l'élévation du sujet au-dessus et au-delà de la sphère immédiate de sa vie quotidienne ; par l'action j'accède à un niveau et à une ampleur de conscience qui dépassent et transcendent le niveau corporel et perceptif ; parce que je vois plus loin dans le temps et l'espace, parce que plus d'êtres sont concernés, mon être acquiert comme une réalité à la fois plus vaste, plus substantielle et plus réflexive, spirituelle, que celle qu'il atteint par la simple activité quotidienne, celle du métier ou de la pratique.

La joie naît de cet approfondissement et de cette amplification de l'être. Celui-ci s'inscrit dans un monde orienté et signifiant dont la respiration est plus vaste, les ondes et les rythmes plus ouverts.

Cette joie inhérente à l'action et qui provient de l'*amplification* de l'être agissant (et non pas de son pouvoir comme on le croit souvent) est un sentiment universellement répandu : c'est parce que très souvent les hommes sont heureux de leurs actions et de leurs entreprises que l'humanité existe effectivement comme histoire, c'est-à-dire comme suite d'ensembles localement orientés d'actions et d'entreprises. Sans la joie d'agir, ni les sociétés ni les individus n'existeraient.

Mais la joie à laquelle je songe, cette jouissance de la vie et du monde digne de se constituer comme un élément de ma joie, exigent que mes actions me confèrent un être plus vaste et plus substantiel non pas seulement par leur forme et le simple fait que ce sont des actions, mais également par leur contenu. Elles doivent à mes yeux revêtir le sens des finalités qui les justifient et des buts qu'elles poursuivent : je retrouve ici la nécessité que mes actions comportent une direction éthique, et je connais cette direction : les buts prochains et lointains de mes actions doivent à mes yeux se définir par l'être et par la joie : par le Préférable[1].

1. Cf. notre *Éthique, politique et bonheur*, ainsi que l'Introduction du présent ouvrage.

Alors le choix concret des motivations de l'action sera fondé, et par conséquent aisément déterminable : je ne construirai pas n'importe quelle ville n'importe où, je ne diffuserai pas n'importe quel enseignement, je ne travaillerai pas au rayonnement de n'importe quelle entreprise, ni à la naissance de n'importe quelle société. Mes choix éthiques et politiques seront fondés et nourris par ma vision globale : *un eudémonisme substantiel.*

Ainsi motivée, l'action se distingue clairement de l'aventure. Et la joie qu'elle induit par sa propre forme d'activité temporelle unifiante se redouble d'être une action eudémoniste. Elle produit d'abord une joie parce qu'elle est une action, et elle produit une seconde joie parce qu'elle s'oriente sur la joie, parce qu'elle s'assigne comme but la naissance et la jouissance de la joie. Dans mon action je me réjouis doublement du monde : d'abord par le simple fait de me structurer en m'exprimant par elle, et ensuite par le fait de construire des significations qui me satisfont puisqu'elles sont des valeurs eudémonistes[1].

b) *La création et le contentement*

> « *Il se peut que vous portiez en vous le don de former, le don de créer, mode de vie particulièrement heureux et pur.* »
>
> R. M. Rilke, *Lettres à un jeune poète*, IV, *Œuvres, op. cit.*, p. 325.

Il y a certes là comme un cercle, mais c'est le cercle même de la conscience. Elle se crée par l'avenir qu'elle pose et qu'elle invente. Ce qu'elle se propose d'être et d'instaurer est un avenir qu'elle n'est certes pas encore mais qui, agissant par cette conscience même et se

---

1. Nous connaissons bien ces valeurs désormais : réflexion fondatrice et conversion, amour et relation tout autre à autrui, jouissance du monde poétique, sensuelle, musicale et ontologique, action et voyage.

réfléchissant sur son être présent, lui confère un être et une substantialité *actuels* dont elle ne jouissait pas avant de se projeter vers cet avenir qui est à la fois son œuvre, son but et son origine.

Si cet avenir est un système eudémoniste de finalités, alors l'action rétroactive de l'avenir du sujet sur son présent est un redoublement par effet de cohérence : je jouis de l'existence par le fait d'agir, et d'agir dans une perspective qui est justement la jouissance de l'existence. Ma joie première se renforce d'agir d'une façon cohérente comme joie d'agir et comme action pour la joie. Ma joie actuelle (écrire, par exemple : c'est une forme de l'action) se renforce de se savoir comme désir de s'amplifier par un avenir qui sera joie eudémoniste, par la réalisation actuelle d'un ouvrage qui justifiera la joie et se justifie déjà par elle.

Je rencontre ici (au-delà de moi-même) le problème général de la création d'une œuvre.

Tous savent que la création est une joie, un élément fondamental du bonheur d'être. Pourquoi ne pas le dire et le reconnaître ? Pourquoi ne pas admettre que l'humanité ne se maintient et ne se développe que par la part de joie qu'elle instaure non seulement par son activité même, mais aussi par ses créations et ses œuvres ? Pourquoi ne pas admettre que, physique ou spirituelle, la création librement laissée à son essence, est une joie ?

Je voudrais réfléchir un peu sur ce fait. À quoi tient-il ?

Je vois bien, tout d'abord, comme une lumière poétique : comme la musique et l'amour, la création est la « divinité » de l'existence en l'homme. C'est que toute création émerge, éclatante, d'une espèce de nuit qui la précédait ; ou, mieux encore, toute création, toute œuvre cernable est un événement radicalement neuf par rapport à tout l'environnement matériel et culturel où elle s'inscrit et d'où elle se détache. Qu'on prenne conscience de l'œuvre et de sa nouveauté après un temps plus ou moins long n'importe pas ici. Seule importe cette nouveauté radicale que tous s'accordent à reconnaître comme l'un des traits spécifiques d'une œuvre. Laissons même de côté la question de l'« importance » de l'œuvre et le fait qu'elle soit ou non de premier plan comme celle de Shakespeare ou de Mozart. Il reste que toute œuvre est une invention, une production neuve non explicable par de pseudo-causes et non réductible à ses sources. Elle est toujours un commencement, quels que soient l'importance, le rayonnement ou l'efficacité réelle de ce commencement[1].

C'est en cela que l'homme est « divin » et qu'il y a du « divin » en tout homme : il crée. Mais il est homme : il crée à partir d'un réel préexistant qu'il transcende.

De là aussi provient la joie inhérente à toute création, de là provient l'intensité de la joie inhérente à la création d'une œuvre dont le sens est la joie. Et cette intensité aussi est « divine » : elle est métaphoriquement comme la joie d'un dieu qui prendrait plaisir à cet acte pur qu'est la contemplation de lui-même[2]. Il serait joie de contempler, et joie redoublée de se contempler et de se vouloir comme joie.

C'est pourquoi les plus grandes œuvres d'art (Shakespeare ou Vivaldi, Cervantès ou Beethoven, Proust ou Mozart) nous réjouissent à la fois par l'ampleur de leur invention, et par la joie qui est le contenu manifeste ou latent de leur sens et de leur appel. La référence au tragique n'exclut pas mais implique au contraire le savoir et le désir de la joie.

L'accomplissement et la création d'une œuvre (fût-elle mineure) réjouissent le sujet par d'autres aspects que le pur fait de commencer (qui est aussi la joie de fonder)[3] ou le fait de se réjouir de la joie et pour la joie. Le sujet se réjouit aussi de se créer lui-même par son œuvre.

1. R. M. Rilke, s'adressant au jeune poète : « Ne voyez-vous pas que tout ce qui arrive est toujours un commencement… Il est tant de beauté dans tout ce qui commence » (*Lettres à un jeune poète*, VI, *op. cit.*, I, p. 333). Heidegger écrit à propos de Schelling et de la méconnaissance où fut longtemps son œuvre : « C'est là le signe du surgissement de ce qui est tout autre, l'éclair annonciateur d'un nouveau commencement » (Heidegger, *Schelling. Le traité de la liberté humaine de 1809, sur l'essence de la liberté*, Paris, Gallimard, 1975, traduction de Jean-François Courtine, p. 17).
2. Comment ne pas songer à Aristote, *Éthique à Nicomaque*, chap. X.
3. Cf. notre chapitre Ier.

Trop couramment (chez Hegel notamment), les rapports de l'œuvre et de son auteur sont conçus d'une façon exclusivement négative. Après que le moi ait reconnu qu'il n'est rien en lui-même mais seulement par son œuvre qui est l'objectivation de son être, un renversement « dialectique » s'opérerait : le sujet serait aliéné dans son œuvre et nié par elle. Il ne s'y reconnaîtrait plus, elle lui échapperait, elle se retournerait même contre lui : elle serait désormais le lieu et la source de son aliénation. Le sujet, dépossédé par et de son œuvre, serait renvoyé à son néant, et par conséquent au vain désir de s'objectiver à nouveau dans une œuvre[1].

Ainsi en ce qui concerne notamment la littérature, l'œuvre serait le lieu et le déploiement d'un insurmontable paradoxe : pour les théoriciens modernes, elle tenterait de dire l'impossibilité d'écrire valablement et elle utiliserait, pour le dire, l'écriture !

Je ne lis pas ainsi l'activité créatrice. Pour moi, s'il paraissait impossible, illusoire ou vain de créer, il conviendrait d'entrer dans la détermination ainsi délimitée et de se rendre autonome par le silence : au contraire j'écris parce que, pour moi, il est réjouissant d'écrire et significatif de construire une œuvre fût-elle moyenne pourvu qu'elle soit mienne[2].

Par la création, le sujet (qu'il l'avoue avec simplicité ou qu'il le nie contre l'évidence) accède à une qualité de contentement qui amplifie sa joie d'être et d'agir et lui confère sérénité et certitude. Le contentement est la joie constante et réfléchie qu'un sujet prend à la considération de sa propre existence lorsqu'il la saisit à la fois comme son œuvre et comme sa joie ; mais il n'y a pas d'autre façon, pour une existence, d'être sa propre œuvre et d'en être assuré, que de la rendre substantielle par une œuvre objective. Tout le travail de fondation de soi et de délimitation de son propre

---

1. Un rapport négatif à l'œuvre et à l'écriture se lit également dans l'œuvre de Maurice Blanchot (par exemple, *L'Écriture du désastre*, Gallimard). Il n'en poursuit pas moins son activité d'auteur, sans jamais se référer à la joie qu'à l'évidence elle lui procure.
2. Le *je* ici utilisé est à la fois universel et singulier, désignant et moi-même et tout sujet.

domaine existentiel ne trouve son ultime réalisation que par cette objectivation qui est l'œuvre. Avant l'œuvre, l'individu est certes en mesure de se déterminer d'une façon singulière et réelle, déployant selon son désir le domaine de son existence et de sa jubilation. Il n'est pas indispensable d'écrire pour être. Il n'en est pas moins vrai que l'ultime prise de conscience d'une personnalité et d'un désir se fait par cette expression objective qu'est l'œuvre qu'il est susceptible de créer. Mieux : parce que le Domaine du Haut Désir se dessine par son propre cheminement, parce que l'individu n'est pas une chose mais la création de lui-même par son activité et son temps propre, l'œuvre n'est pas seulement l'*expression* de ce qui serait le sujet sans elle, mais la construction de ce sujet par lui-même, dans et par le mouvement de création de son œuvre.

Le sujet se crée de se savoir et de s'anticiper lui-même : déjà, dans l'activité et l'action ce mouvement s'esquissait. Avec la création d'une œuvre il accède à sa propre plénitude, à sa propre vérité : c'est l'essence de l'individu humain de se créer en s'anticipant, et la plus entière réalisation de ce mouvement de la conscience réside dans la création. C'est par l'œuvre objective, jalonnant le temps d'une vie par les actes successifs de la création, que le sujet se confère (la dévoilant et la créant à la fois) cette réalité substantielle qui transcende le temps discontinu et transforme en Haut Pays significatif et ouvert, le temps existentiel qui, sans cette opération, risquerait de n'être que la succession insignifiante des plaisirs et des peines[1].

Ce passage d'une conscience à un être substantiel n'est pas l'effet de la création par sa seule forme, c'est-à-dire le pur fait qu'elle produit dans l'espace culturel cet être objectif et signifiant qu'est

---

1. R. M. Rilke :

> « Sur ce qui passe et qui s'en va
> avec plus de largesse et plus de liberté
> ton chant inaugural reste et persiste
> ô dieu de la lyre. »

Sonnets à Orphée, II, 19, *op. cit.*, II, p. 389.

une œuvre. Il ne résulterait pas de là un véritable contentement, assuré de soi.

Ce passage au substantiel est aussi l'effet du contenu même de l'œuvre : son sens et sa finalité. Seule la signification et la validité internes de l'œuvre permettent l'émergence d'une joie qui, pouvant se juger et se réfléchir, est en mesure d'accéder au contentement, qui est la forme intemporelle et non émotive de la joie. Seul un tel contentement est accordé à la joie d'être et à la jouissance du monde qui sont ici visées ; c'est que le contentement dans la création ne saurait être entier que si l'œuvre est *entière*.

Cela signifie à mes yeux que l'œuvre doit intégrer en elle, comme un de ses principaux éléments, la motivation même qui rend compte de son apparition : parce qu'une œuvre est, comme création et comme construction rétroactive du sujet qui la crée, la source d'une double joie, elle doit pour être *entière* (c'est-à-dire cohérente et authentique) intégrer cette joie au désir qui la suscite, la révélant ainsi elle-même comme l'une des expressions du désir de la joie. Fruit du désir de jouissance du monde, elle doit être elle-même jouissance de l'être et réflexion sur cette jouissance. Les plus grandes œuvres sont toujours *circulaires* parce qu'elles sont *entières*, comportant dans leur être même la justification de leur naissance et de la joie qu'elles apportent, qu'elles appellent et qu'elles expriment.

En se construisant ainsi selon des finalités auxquelles il s'accorde, le sujet transcende le temps. Non qu'il devienne immortel par son œuvre, non qu'il dure un peu plus longtemps que son œuvre dans l'esprit de ses contemporains. C'est l'amour et non l'œuvre qui crée une certaine espèce d'éternité. Il n'en reste pas moins que, par l'œuvre, et pour son auteur à coup sûr, le temps est transcendé.

Il s'intègre comme élément fécond à l'activité créatrice et il en tire une joie nouvelle. Non seulement le sujet se crée par son œuvre, mais encore, par elle, il dépasse cette structure du temps qu'est le pur passage. Sans angoisse de mort, on peut constater tranquillement que, sans œuvre, le sujet est réduit à son pur présent, à sa pure présence ; certes une joie peut naître de là ; mais il faut que cette présence soit partagée et qu'elle soit le lieu de la joie d'amour ou d'amitié. L'amour, l'amitié sont capables de transcender le temps et de permettre l'affirmation permanente, substantielle, de chaque conscience par l'autre, indépendamment de la présence physique. Seule cette joie substantielle est la plus haute joie.

Mais sans cet amour ou cette amitié, la conscience en effet n'est rien que la perpétuelle succession des instants. *L'œuvre ne se substitue pas à l'amour, puisqu'elle en est au contraire l'effet* : c'est lui, nous l'avons vu, qui est la condition et l'objet du voyage de l'être. Mais dès lors que l'amour a rendu l'œuvre possible, celle-ci réalise objectivement ce que l'amour déjà réalise existentiellement : un dépassement de la temporalité discontinue, l'instauration d'un temps unifié parce que créateur et fécond, et la manifestation d'un être temporel-intemporel : l'œuvre elle-même devient désormais *la métaphore du sujet*. L'œuvre est temporelle-intemporelle : elle se lit, s'écoute ou se regarde dans le temps, et cependant elle existe (comme partition, livre ou tableau) hors du temps. L'œuvre est alors l'image mobile de sa propre éternité. C'est sans relation à la date, à l'heure ou à l'époque que l'œuvre existe, c'est dans une espèce de temporalité intemporelle qu'elle nous fait entrer, devenant ainsi l'éternité que nous sommes ; et cependant c'est à travers notre durée et notre temps concret que nous accédons à cet intemporel qui nous exprime.

De là provient la plus haute joie : la contemplation d'une œuvre d'art avec l'être aimé. Toutes les qualités de l'éternité et de la joie temporelle-intemporelle s'expriment alors dans la substance de la communication, dans la resplendissante substance de la joie d'être. Alors la joie d'amour, la joie de la contemplation et le contentement de la création échangent leurs qualités et leurs vibrations, s'échangent de l'un à l'autre des sujets et induisent peu à peu l'émergence d'une manière d'être qui, par sa plénitude, sa substantialité et son harmonie, mériterait d'être nommée musicale. Le contentement de la création provient de là : il est la vibration d'une existence que l'amitié, l'amour et la création ont rendue proprement musicale.

c) *Le sens du voyage*

> « *Un Maître Peintre, sous le temps de Song, avait coutume d'aller aux pentes des coteaux, muni d'un flacon de vin, et de passer le jour dans un peu d'ivresse, en regardant et en méditant... Les commentateurs ont traduit :* "Qu'il cherchait le lien de lumière unissant enfin à jamais joie et vie, vie et joie", *et ils se sont moqués comme d'un ivrogne et d'un fou. Et pourtant, cette vision enivrée, ce regard pénétrant, cette clairvoyance peut tenir lieu pour quelques-uns – dont vous êtes ? – de toute la raison du monde et du dieu.* »

Victor Segalen, *Peintures*
in *Stèles, Peintures, Équipée,*
Paris, Club du Meilleur Livre, 1955, p. 169.

Dans notre mouvement qui est voyage de l'être, nous établissons donc le Haut Pays en le parcourant. Les paysages de sa splendeur sont multiples, divers et nuancés. Nous connaissons la joie et la jubilation, le contentement calme, la satisfaction profonde, les hauts mouvements paroxystiques de la tendresse du plaisir et du bonheur d'être, nous parcourons les jouissances et les éléments alchimiques de la nature, nous nous réjouissons de tous nos pouvoirs de transmutation, de création, de fondation. Nous renversons les mondes vermoulus, sans violence, en construisant le nôtre.

Ce sont fonds sous-marins et hauts plateaux, campagnes et fleuves profonds que parcourt et exalte notre regard. Les sables de la mer, l'océan éclatant et somptueux, les très hauts sommets désertiques ne nous sont pas étrangers, tous les ors de la terre, toutes les nacres du temps forment ce Domaine dont nous jouissons, qui est le nôtre et qui appartient à tous.

Certes nous connaissons aussi les passages difficiles, les chemins rocailleux, les parois à pic, les garrigues et les marais. Mais
les gorges escarpées, les défilés angoissants, les ravins vertigineux,
que sont-ils d'autre sinon les lignes à franchir constamment pour
redécouvrir constamment que le Haut Pays est là, ici même, nous
entourant de ses splendeurs évidentes ou voilées ?

Mais des franchissements aussi nous faisons notre joie puisqu'ils sont marches et parvis[1].

Notre Voyage se justifie donc non seulement de ses buts mais
de son développement même : il est la fabrication alchimique et
progressive d'un plus haut Réel, par le pouvoir réalisateur de notre imagination et de notre désir. Le Haut Pays que nous découvrons en l'inventant est le Pays du Réel : mais ce Réel a franchi
bon nombre de médiocrités, d'abstractions, d'agencements cou-
tumiers, de combats inutiles. Il a exhaussé la matérialité du monde
à sa vérité profonde qui est poétique, sur-réelle.

Ce franchissement alchimique qui nous permet d'accéder à
l'autre face du monde sans le quitter nous introduit dans un Lieu
qui est celui de l'être. Et l'être, ce tout autre lieu qu'est le Haut
Pays, est pour nous, je le vois bien maintenant, le Substantiel.

J'aimerais me complaire à déjà le définir, à dire déjà ce qu'est
cette Substance, fruit de l'alchimie, du franchissement et de la
conversion.

Mais pour être plus clair pourquoi ne pas voyager encore un
moment dans le Voyage ? Je veux dire qu'il peut être bon d'évoquer cela même que tous connaissent comme l'une de leurs joies :
le voyage ! Le simple voyage matériel, apparemment empirique et

1. R. M. Rilke :
> « L'éloge seul offre un espace où puisse entrer
> la plainte… »
>> *Sonnets à Orphée*, 8.
> « Rien que celui qui a déjà levé sa lyre
> aussi parmi les ombres,
> est apte à rendre avec divination
> la louange infinie. »
>> *Sonnets à Orphée*, 9.

prosaïque : je veux reconnaître que, par son évidence et son universelle diffusion, il forme un noyau assez lumineux pour être la métaphore du Voyage vers et dans le Haut Pays. Ce n'est plus celui-ci qui est métaphore : c'est l'autre, par un mouvement de dédoublement et de réfléchissement.

Le voyage empirique est un plaisir, une joie : tous le savent, tous ceux qui peuvent le pratiquer, le pratiquent, tous ceux qui peuvent faire un long voyage, un voyage profond, lointain, durable, sacrifient tous leurs biens et leur temps à sa préparation et à son accomplissement.

Quel est donc le sens du voyage concret, la nature de la joie qu'il confère ? Pourquoi le voyage est-il l'une de ces libres activités susceptibles de compter comme élément de la jouissance du monde et de la joie d'être ?

C'est qu'il est en premier lieu l'activité la plus manifeste de transmutation du regard : avant d'effectuer par lui-même son alchimie poétique, le voyageur change la matérialité du monde par son propre mouvement. C'est un autre monde qui est recherché dans le voyage et c'est effectivement un autre monde qui apparaît : la forêt qui sépare Stockholm des villages de l'intérieur est plus profond ; plus haute, que celle que je connaissais en France avant de me rendre en Scandinavie pour quelques conférences. Les villages blancs de l'Andalousie, éclatants de lumière, de chaleur et d'étrangeté, placés là au centre de l'être, au sud de Séville, plus loin que Cordoue, n'avaient à mes yeux rien de comparable ailleurs. Il en est de même de tous les lieux du monde pour le voyageur qui s'y rend : l'étonnant musée anthropologique de Mexico, et, non loin, les pyramides du Soleil et de la Lune à Teotihuacan, la très extraordinaire ville-château qu'est le port de Dubrovnik, somptueux avec ses palais Renaissance devenus maisons communales, troublant par l'incessante évocation de Venise, ce merveilleux port sur l'Adriatique d'émeraude et de calme, avec les plus beaux navires du monde, prenant au soleil toute lumière et la transformant mystérieusement en cette lumineuse blancheur qui se fait le symbole de l'être, cette ville de fontaines et de ferronneries, ces rues dallées parcourues de remparts et de roses, quel voyageur n'a pas été sensible à son charme bouleversant, quel voyageur, passant en cette ville et la parcourant lentement d'une promenade exaltée et silencieuse, n'en a pas été ébloui ? C'est que Dubrovnik est un *autre* monde, comme Mexico et ses lacs aux barques fleuries, Jérusalem et sa pierre de lumière, et l'Écosse, la méconnue, la très peu fréquentée Calédonie, si métaphysique avec ses grandes baies lumineuses et parfaites, avec ses forêts plus originelles, plus oniriques et plus somptueuses que partout ailleurs, pins et bouleaux d'avant le temps, avec ses lacs qui sont fjords et fleuves, ses collines qui sont de bruyère exaltante, de lumière et d'éclat…

Certes, certes… Mais pourquoi pas Paris, les ponts sur la Seine et les promenades dans les îles ?

En fait, les *autres* mondes que tous les voyageurs découvrent éblouis et qui justifient la joie qu'ils prennent à voyager sont des mondes *réels* : Dubrovnik et Mexico existent, Jérusalem et Édimbourg sont des villes vraies, l'éblouissement étonné devant le Nouveau Monde avec ces vastes étendues canadiennes, ou ces fabuleuses montagnes de rocher rose et ocre qui forment la Cordillère des Andes, entre l'Argentine et le Chili, à la hauteur, par exemple, de Mendoza, ou devant la bouleversante campagne anglaise dans le Sussex ou dans la région des Lacs, cet éblouissement étonné correspond à des mondes réels, vivants, accessibles. Dans les rues de Paris, c'est le voyageur du Nouveau Monde qui s'étonne et se réjouit : mais Paris est réel.

Je vois mieux maintenant ce qu'est un voyage et à quoi correspond le goût des voyages : ils disent que la jouissance du monde est celle d'un autre monde, mais que cet autre monde est réel, c'est celui d'ici, et c'est le nôtre, le plus apparemment quotidien et prosaïque. Mais cette banalité exprime notre sommeil.

Le voyage énonce au contraire ce qui est requis pour que le réel devienne tout autre, et digne de nourrir notre joie par sa beauté, son éclat et sa nouveauté : il faut que notre regard ait été transmuté.

Mais la transmutation n'est pas facile : cet acte d'alchimie, de réflexion et de poésie qui peut renverser le cours et le sens du monde en nous introduisant dans un univers à la fois somptueux et réel, il doit s'apprendre et se cultiver. Le voyage matériel est précisément la première forme de la modification absolue de notre regard, la première forme de notre conversion à la vraie vie et au vrai monde : c'est la forme certes la plus facile puisqu'au lieu de changer le regard, elle change la perspective prise sur l'espace, elle change la matérialité du visible ; mais cette facilité n'est pas superficielle. Elle comporte au contraire toutes les puissances et tous les germes de l'acte poétique : en effet, ce que voit le Voyageur dans son voyage, ce sont des mondes réels, des lieux existants que les habitants ne voient plus ; sans y réfléchir, il a opéré une telle transformation de son regard que les mondes nouveaux dont il s'émerveille sont les mondes réels que leurs habitants, enfoncés dans leurs activités habituelles et fonctionnelles, ne voient plus. Mais c'est eux qui ont tort, et c'est le Voyageur qui a raison : la beauté qu'il découvre est la vérité même du monde qu'il traverse, son passage fait lever, comme un vol de mouettes sur une plage, les qualités et les substances originelles qui sont l'être même du monde traversé.

L'ailleurs est donc ici même, l'originel est dans la présence, et c'est de cela que nous avertit le voyage. Là est son sens.

À partir de ce noyau fondamental, les révélations du voyage sont multiples. Il dévoile par exemple une tout autre structure du temps, et, ainsi, une des raisons qui attachent l'humanité à la joie des voyages. La jouissance, ici, est très étrange : le temps devient merveilleusement ce qui à la fois passe et reste immobile. *Comme la musique*, le voyage est une synthèse du mouvement et du repos par la forme du temps qu'il instaure : mais son matériau est l'espace et le mouvement, non le temps.

Voyager n'est pas émigrer ou s'expatrier : c'est quitter sa ville ou son village pour un certain temps, à peu près délimité, et après lequel on se propose de revenir à son village ou à sa ville. Le voyage délimite ainsi un temps original, neuf et singulier, à l'intérieur du temps prosaïque de nos occupations. C'est à l'intérieur du temps du voyage que s'opéreront les découvertes et les rencontres empiriques des paysages, des cultures, des mondes et des êtres nouveaux pour le voyageur ; ce temps interne au voyage sera actif, riche, varié, rythmé et scandé par les difficultés, les extases, les ravissements, les plaisirs, les contemplations ; il sera mouvement animé et coloré, pouvant comporter les incertitudes de l'attente, les impatiences des départs, l'éblouissement des découvertes, la sérénité des grands fleuves calmes ou l'agitation des torrents de montagne ; tout sera actif et intense, même les attentes et les contretemps : le temps du voyage est pur mouvement, il est magie et réjouissance, quels que soient les obstacles et les difficultés.

Mais en même temps il est pur repos : c'est à l'intérieur de la période entière du voyage que s'enchaînent les péripéties, les étapes et les parcours, les rencontres et les découvertes. L'ensemble de la période est saisie comme une vaste réalité quasi immobile et sereine, homogène, tranquille et passionnante. Quand j'étais en Grèce ou en Israël, à Londres ou à Rome, en Espagne, au Mexique ou au Canada, en Argentine ou en Suède, toutes mes activités (comme celles de la plupart des voyageurs aujourd'hui) se déroulaient plus ou moins animées, entre deux dates précises, celle de l'aller et celle du retour, qui donnaient à l'ensemble du voyage une sorte d'immobilité quasi intemporelle, rassurante et claire. Le contenu empirique du voyage s'intégrait à la vaste période d'ensemble qui lui conférait un statut de parenthèse active. De toute façon, quoi qu'il advînt au fil des jours, je savais que j'étais « en vacances », ou « en mission », ou en « voyage d'études ». Le quotidien était dépouillé de ses pesanteurs et de ses agitations, le pur mouvement s'estompait, s'absorbait peu à peu dans la vaste période immobile, intemporelle, constituée par les jours ou les semaines de mon voyage. Celui-ci devenait alors comme le repos d'une unité synthétique, immobilité joyeuse ou sereine, doucement active, qui enveloppait de ses soies et de ses plages l'agitation exaltée des étapes et des jours. Il en irait de même, je crois, d'un voyage par l'*Orient-Express*, entre Paris et Istanbul, l'ancienne Constantinople, somptueuse et solaire sur la Corne d'Or, avec ses vivants quartiers populaires que sont Hascueil et Galata. Ce seraient des jours et des jours d'activité, de découvertes, d'émerveillements et de fatigue, mais aussi un grand temps serein, très lentement mobile, m'autorisant à la jouissance du monde dans une espèce d'intemporalité. Je n'ai pas fait ce voyage vers Sainte-Sophie et la Corne d'Or : mais tout se passerait ainsi, j'en suis persuadé. L'imprévisible serait intégré à l'unité globale d'un voyage hors du temps. Et le Réel serait plus beau, plus riche, que ce que j'en imagine d'abord[1].

Dans le temps, hors du temps : je vois brusquement que le voyage réalise charnellement cela même que la musique réalise spirituellement. Le voyage, comme la musique, réalise d'abord une transmutation poétique du regard qui découvre, sous l'apparence prosaïque, la somptueuse réalité originelle ; puis, comme la musique encore, il réalise par son propre mouvement la synthèse paradoxale et pourtant bien réelle de l'intemporel et du temporel, changeant qualitativement la temporalité du détail par la quasi-intemporalité de l'ensemble.

Et enfin, comme la musique, le voyage qui en offre une image, permet à tous d'accéder à une certaine espèce de substantialité.

Ne peut-on pas, à partir de là, nommer le sens profond du voyage ? N'est-il pas la modalité active et pratique de cet acte poétique qui nous introduit à la splendeur du monde et nous permet de jouir de son être en accédant ainsi à notre propre réalité secrète, au bonheur même de l'être, à la splendeur de l'*ici* ?

Je le vois bien : le voyage empirique est la métaphore ou la première forme de ce voyage de l'être que la conscience accomplit en sa vie lorsqu'elle a le sens des choses qui importent vraiment, lorsqu'elle a le souci de sa plus haute joie. Un autre fait le confirme : tout voyage empirique est un itinéraire. Il organise le temps pour en manifester la fécondité progressive, et cette organisation est celle du mouvement et de l'espace. Choisissant le point de départ et l'ordre de succession des différentes étapes, dans une

---

1. Ce voyage à Istanbul, je l'ai réellement fait par la suite, après la première édition du présent ouvrage. Je donnais un enseignement de philosophie sur le bonheur à l'Université Galatasaray, sur la rive du Bosphore.

progression de la découverte et de l'émerveillement, le voyageur qui invente son voyage en découvre la vertu la plus secrète, la plus profonde, la plus efficace : tout véritable voyage peut changer un itinéraire en initiation, tout Voyageur exigeant peut transformer son voyage en mouvement initiatique.

Chaque passage, chaque parcours, deviennent la condition et l'annonce du parcours suivant, la marche qui permet l'accès au stade suivant, plus élevé, plus éloigné du départ et plus proche du but, plus facile et plus difficile à la fois à atteindre et à traverser ; la succession organique des étapes se fait suite d'épreuves et apprentissage, entrée progressive au cœur toujours plus profond d'un pays. Le voyage, alors, initie peu à peu le Voyageur au pays qu'il parcourt ; peu à peu, le voyage conduit le Voyageur comme par la main et le fait progressivement entrer toujours plus avant vers le centre du Pays, vers les secrets de sa population, de son histoire et de son génie. Peu à peu, lentement, progressivement, par cette initiation que produisent dans le cœur du Voyageur le mouvement et le temps, les découvertes et les épreuves, les ravissements et les admirations, par l'apprentissage que subit son regard grâce à la suite des extases et des jubilations, des enthousiasmes et des étonnements, le Voyageur est initié à la Magie. Il saisit peu à peu, intuitivement, d'une façon toujours plus approfondie, la magie centrale, la vertu éblouissante d'un pays ou d'un lieu. Alors le Voyageur découvre l'alchimie : celle du monde et la sienne propre. Il découvre le pouvoir des sites et des lieux, la vertu des substances, la magie des rencontres. Tout à ses yeux se fait jardins et châteaux, palais et musique, beauté et splendeur, secret, paroxysme et nouveau monde. Cité Violette, Sainte-Sophie, Temple de Jérusalem, prairie ontologique, rivière parfaite, jardins.

Mais le voyage le plus libre, le plus heureux, le plus ébloui de lui-même, n'est-il pas celui où le Voyageur procède lui-même à sa propre initiation, à son propre travail de libération, de création et d'enchantement ? Le voyage le plus étonnant et le plus fécond à la fois n'est-il pas celui qui dessine son itinéraire en le déployant et qui l'invente par le voyage même ? Celui-ci devient alors sa propre finalité et il trouve son fondement dans le mouvement même qui le définit : il trouve alors en lui-même et sa jouissance et sa justification. N'est-ce pas la structure même du voyage de l'être ?

D'autres lumières sont diffusées par le voyage, fût-il le plus empirique, pourvu qu'il réjouisse le voyageur et qu'il soit un libre voyage, et non pas une émigration, une fuite, un devoir, une expulsion, une déportation ou un exil. Tout voyageur expérimenté sait que, parvenu dans le pays qui sera l'objet du voyage, il n'est pas possible de « tout voir », il n'est pas possible d'explorer, de connaître et d'aimer la totalité des aspects d'un pays, la totalité des visages d'un monde. Concrètement, cela signifie que l'invention de l'itinéraire au cours même du cheminement consiste aussi, dans un voyage empirique, à délimiter par exclusions et par choix, le monde nouveau qui fait l'objet de la dilection du voyageur. Or là aussi, le voyage nous éclaire sur la vie : le bonheur d'être et la jouissance du monde semblent bien résulter de l'organisation synthétique d'un certain nombre d'éléments à l'exclusion des autres, ou de tous les éléments possibles selon des intensités et des rythmes différents pour chacun. La transmutation poétique semble bien devoir être toujours présente ; semblent également nécessaires et premiers la fondation de soi et l'amour tout autre. Mais à l'intérieur de ce que nous avons appelé la jouissance du monde, il est clair que chaque couple ou chaque groupe de voyageurs de l'être décidera d'une façon contingente de déployer le Haut Pays simultanément comme poésie, plaisir, musique et demeure, ainsi que comme activité, création, combat, et voyage, ou seulement comme la synthèse élective de quelques-unes de ces activités et de quelques-unes de ces contemplations. Et chacun décidera de l'intensité respective et du lien réciproque des activités et des contemplations qu'il aura choisies comme expression de ce Pays où il se reconnaît et dans lequel il trouve sa joie.

Parfois, le Voyageur de l'être pourra choisir un seul des éléments qui constituent les figures de l'être, et y faire réfléchir et cristalliser tous les autres éléments : le voyage réel peut être voyage, transmutation poétique du monde et jouissance de ses splendeurs, plaisir de l'activité et de l'action, œuvre de découverte et de création, plaisir et sensualité, amour et haute joie, fondation de soi-même. Je songe aux grands voyageurs du passé, mais aussi à Victor Segalen. Ce dernier exemple est unique : le voyage effectif devient Voyage de l'être sans cesser d'être voyage réel, il devient découverte et admiration sans cesser d'être parcours et travail, il devient œuvre d'art, écriture, poésie, imaginaire sans cesser d'être réel, scientifique et situé.

Sans doute peut-il en être ainsi de toutes les grandes activités dont nous avons dit la joie qu'elles procurent. La pensée et la recherche fondatrice chez un Faust, se font voyage, plaisir, amour, magie, tandis que l'amour, chez un Kierkegaard, se fait recherche, pensée, voyage, poésie, plaisir, conversion. Chacune des figures de l'être peut ainsi se faire miroir de toutes les autres et diamant lumineux qui rassemble en une seule forme tous les scintillements de l'être.

Oui, en vérité, le voyage empirique est riche d'enseignements : il implique transmutation du regard, synthèse du temps, et libre construction élective de lui-même par le choix de son itinéraire, des régions qu'il explore, et des réalités qu'il approfondit en chacune de ces régions. Il s'annonce déjà à nos yeux comme ce voyage de l'être qu'il nous a aidé à comprendre tout au long du présent parcours. Ce Voyage aussi est transmutation poétique, organisation fondatrice de soi-même, amour profond, jouissance contemplative du monde et libre activité joyeuse.

Mais ce n'est pas seulement à nos yeux que le voyage empirique est déjà la préfiguration d'un voyage de l'être : c'est également à ses propres yeux. Car les courts voyages que connaissent les contemporains ne sont pas les plus désirés des voyages ; le « vrai voyage », le « voyage véritable »[1] est un long voyage : lointain,

1. Expression utilisée par Lévi-Strauss dans son introduction à *Tristes Tropiques*, chap. « Carnets de route ».

durable, prolongé, unique ; lui seul est conçu comme pouvant changer radicalement la vie du voyageur, en profondeur, jusqu'au tréfonds de lui-même, en lui faisant découvrir le vrai Pays Réel, la vraie vie, le monde authentiquement nouveau : Segalen et Gauguin cherchent (*et trouvent*) quelque chose de cet ordre-là. Et tous les émigrés, tous les Nomades, qui fondent au loin des Mondes fabuleux et réels.

On peut donc le dire : par le voyage aux antipodes qui dure des années et s'organise autour d'une création ou d'une découverte, autour d'un grand travail, le voyageur montre que son exigence est extrême, « métaphysique » ; par ces longs voyages l'humanité manifeste qu'elle sait très bien que voyager est une quête métaphysique, la recherche d'un absolu.

Or tout voyage est déjà transmutation, alchimie et jouissance : le sens du long voyage, mais aussi le sens de tout voyage semble bien être de jouer d'abord sur un plan modeste, empirique, ce voyage véritable et autrement décisif qu'est le Voyage de la vie, le Voyage de l'être dans la vie, au cours de la vie, selon sa Voie et son Désir.

Les Gitans accomplissent toujours leurs migrations, leurs voyages, selon le *sens* est-ouest, qui est le sens même du mouvement du Soleil[1]. D'autres peuples, d'autres individus voyagent dans le sens ouest-est, se dirigent *vers* le Soleil levant, dont ils sont parfois originaires. Ce sont des métaphores mythologiques importantes : elles disent en leur langage que le Voyage a toujours un sens.

Mais, pour nous, ce sens n'est plus spatial ou directionnel : il est symbolique. Il est le contenu d'une recherche métaphysique dont nous avons parcouru les étapes et les paysages, et que nous avons pu restituer à sa vérité qui est d'être réelle et réalisable. Cette recherche métaphysique est la recherche de l'être : mais cet être est la réalité même de l'expérience substantielle et transmatérielle de la joie. Le voyage empirique nous a ouvert au Voyage métaphysique,

1. Ce fait est établi par Mme Soledad Simon dans une étude philosophique non publiée.

mais en retour le Voyage de l'Être a intégré le voyage empirique comme l'un de ses éléments. Il convient seulement de ne pas oublier que les éléments concrets de la jouissance et de la joie doivent opérer leur transmutation d'une façon constante pour être susceptibles d'entrer comme éléments actifs, comme médiations valables, dans le seul véritable voyage qui est le Voyage de l'être. Alors seulement vient à l'être l'expérience substantielle de l'autre et de soi-même.

Conclusion

Le substantiel actif et l'intemporel

> « *L'Amérique eſt ici ou nulle part.* »
> Novalis, *Fragments préparés pour de nouveaux recueils*, n° 83,
> *Œuvres complètes*, II, *op. cit.*

> « *L'été vient.* »
> R. M. Rilke, *Lettres à un jeune poète,* III, *Œuvres*, I, *op. cit.*

> « *Bien des signes nous indiquent que c'eſt l'avenir qui entre en nous de cette manière pour se transformer en notre subſtance.* »
> R. M. Rilke, *Lettres à un jeune poète*, VIII,
> *Œuvres*, I, *op. cit.*, p. 339.

AINSI LE HAUT PAYS qui se dessine et s'établit par le mouvement même qui le désire est une manière d'être. Une façon d'exister qui est une façon de percevoir et le monde et soi-même et l'autre : le sens poursuivi, révélé et incarné par le voyage de l'être, est un sentiment substantiel de l'existence. Je l'éprouve comme acte et comme plénitude, comme sentiment et comme action. Je l'appellerai le substantiel.

L'être est. L'être est le substantiel.

Nous en connaissons les paysages et les parcours, ceux du moins que nous avons fait nôtres et réels par notre voyage et notre désir. Je voulais dès l'abord, dès le départ, accéder à une perception de moi-même qui accordât mon désir à son être ; j'ai alors parcouru et dessiné le mouvement de fondation. J'ai découvert la joie de fonder et d'établir la vérité de mon désir, son véritable paysage, sa détermination.

Nous avons vu alors que le substantiel était la possibilité même du réel : le temps de la conscience est comme un voyage qui crée lui-même son parcours et son but, le voyage a toujours un sens. C'était la première forme de la joie, la première conscience substantielle de soi-même : on n'a plus l'illusion de se croire une chose, et l'on n'en a pas non plus la nostalgie. On ne se désespère pas de n'être que pur désir, c'est-à-dire mouvement, dynamisme, activité présente vers son avenir. On n'est pas seulement un manque, mais aussi une instauration, une construction du monde et de soi-même, construction toujours ouverte, toujours activée et toujours actuelle : en délimitant soi-même non sa finitude mais son paysage et son être, on se réjouit de se découvrir mouvement temporel et créateur, on se réjouit à la fois de fonder son être et ses voies, et de se découvrir comme activité de fondation, de création.

Là ne réside sans doute pas la première nature du sujet. Il a à effectuer un véritable travail sur soi-même. C'est seulement en un second temps que le temps de sa conscience s'accorde à lui-même et que son désir se déploie comme sa propre loi, son propre mouvement. Il opère une conversion. Alors seulement le sentiment qu'on a de soi-même devient comme la conscience qualitative d'une substance, la joyeuse conscience de soi se saisissant et comme mouvement (activité, temporalité, dynamisme) et comme repos (sérénité, accord mobile-immobile à soi-même, intemporalité).

Le sens de mon voyage, de tout voyage, est précisément d'accéder à cette substantialité, à cette joie de se mouvoir, de se définir et de se saisir en même temps dans une sorte de permanence.

L'intemporel est cette permanence, l'éternité est le nom poétique que l'on donne à cette conscience de soi comme activité et comme permanence, à cette conscience de soi qualitativement heureuse d'être.

La poursuite du voyage confirme ce sentiment, cette découverte. L'appréhension de soi-même comme libre mouvement désormais substantiel (autonome et heureux) ouvre le sujet au désir le plus originel, la relation d'amour. Le voyage de l'être est le voyage de la conscience vers sa propre substantialité, il ne s'accomplit que d'être voyage de l'amour.

Par l'autre seulement la conscience entre dans la substantialité accomplie. Par-delà les conflits, les combats, les échecs, c'est-à-dire l'appréciation dogmatique de l'action et de la relation, un autre paysage s'offre et le sujet peut le parcourir dans le contentement. Une nouvelle forme de la substantialité se déploie alors comme le paysage de l'être. Le sentiment de l'existence intérieurement unifiée se double et se constitue désormais d'une nouvelle unité. Non pas que, par l'amitié ou par l'amour, les consciences s'absorbent et se nient, annihilées ensemble dans l'extase et le ravissement. Mais chacun s'accorde à l'autre par décision et par dilection, transcendant par la présence en lui de cet autre, ce que, de lui-même, il aurait pu vivre comme isolement. La présence de l'autre en chacun exalte sans la détruire l'unicité de chacun et son ouverture à l'autre. Le substantiel devient le qualitatif partagé, la joie commune dans la commune affirmation de l'autre. Ce sentiment qualitatif de soi-même est, selon la modalité de la relation, jubilation et joie amoureuse, proximité et respect amical, toujours intériorité décentrée, vif sentiment heureux de soi-même centré sur l'autre, la présence, l'activité commune, la parole offerte, les mondes construits, le voyage déployé.

Par la conversion de chacun en lui-même et de chacun à l'autre, l'harmonie devient l'essence de l'être ; le cheminement commun devient le mouvement de la substantialité. Chacun se réjouit et de l'autre et de lui-même, induisant de là un sentiment de l'existence où celle-ci, loin de se désoler, se réjouit au contraire d'être un mouvement, un désir, une recherche, une offrande, et de n'accéder à l'être que par l'autre. Là réside le bonheur d'être. Un acquiescement au mouvement même des désirs où chacun n'est substance que par l'autre, mais l'est réellement, et où chacun se saisit comme mouvement actif et se complaît assez à ce mouvement pour en faire sa joie.

La substantialité de l'amitié, de l'amour, ne réside pas seulement dans cette intimité ouverte où les libertés se réjouissent de leur personnalité affirmée et de la splendeur de l'autre. La relation vive est cette substance que, par la modalité du temps, les sujets constituent ensemble. La substantialité dans ce Haut Pays de l'être et de l'autre est le nom savant de la certitude. La fidélité, c'est-à-dire la permanence non pas de tous mais de certains engagements, ceux qui impliquent une réciprocité véritable, permet de dépasser le cours ordinaire du temps et de l'apparence. Une haute joie naît de là. La substantialité non chosiste apparaît alors comme l'essence de l'être : la vie se tisse dans la splendeur par le lien unifié et permanent de l'engagement véritablement réciproque. La conscience accède à la joie substantielle comme à la seule forme véritable de l'être, et cela par le dépassement du temps empirique de l'agitation vers le temps serein de la permanence. Deux temps, ceux de deux consciences, mais aussi le temps empirique immédiat et le temps permanent, global, en chaque conscience, contribuent à l'instauration de l'être comme mouvement et comme joie. L'être s'est révélé dans ce voyage comme ce qu'il est : accessible à la mesure du désir, actif à la mesure de l'invention, somptueux à la mesure de la joie.

Le voyage de l'être déploie ses paysages, le parcours du Domaine le dessine, le fonde et l'ouvre par la marche même des Voyageurs ; et ceux-ci se réjouissent de leurs découvertes comme s'il s'agissait d'inventions, ou de leurs inventions comme s'il s'agissait de découvertes. Ils sont toujours dans le Haut Pays : les couleurs et les formes, les musiques et les parfums, ils en font l'objet de leur jouissance. Le sentiment substantiel de soi-même et de l'autre se déploie dans le temps nouveau, dans le nouveau pays comme jouissance du monde. La substance, qui est jouissance de l'être, se révèle alors comme la joie d'être avec l'autre le mouvement même de la jouissance du monde. La vie, le voyage se font éclat, éblouissement, fête.

Le sentiment substantiel de l'existence découvre ainsi son propre pouvoir alchimique, découvre que le cheminement avec l'autre, dans l'unité joyeuse et l'affirmation réciproque, est non seulement substance mais pouvoir. L'alchimie, en chacun, est ce pouvoir qui lui permet de se réjouir du monde à partir de la joie qu'il prend à la présence et au mouvement de l'autre, à la joie de l'autre.

Poursuivant ce voyage de l'être, nous avons décrit la jouissance du monde, déployé ses couleurs, ses nuances, ses richesses musicales. Nous avons vu que tous se complaisaient à cette joie, nous avons voulu la dire pour l'accroître.

Et d'abord la joie poétique. Elle n'est pas la révélation, derrière le monde, d'un être qui ne serait pas lui, mais un pouvoir en chacun de percevoir dans le monde cela qui s'y trouve et qui s'y invente à la fois. L'alchimie est le pouvoir de lire le monde, dans ses éléments, ses paysages, ses substances, comme cela qui nourrit, réjouit et comble le désir d'être. Par la transmutation qui est l'œuvre de l'imagination, du désir et du pouvoir, le monde répond à notre joie, il se fait l'origine de notre jubilation en s'offrant lui-même comme la présence de l'origine. Au cours de ce voyage, nous avons ré-inventé les eaux et les océans, les fleuves et les collines, le feu et la lumière. Nous avons su que le monde se faisait somptueux par notre regard, mais découvrant en lui le support objectif et harmonieux de notre joie, celle-ci n'était pas diminuée de se savoir active. La lumière dit vraiment la forte joie d'être et de connaître, elle exprime vraiment la présence de l'autre, la vie de sa parole, même si l'on doit être inventif et exigeant pour apercevoir tous les sens et les pouvoirs de cette lumière. Le fleuve, par nous certes, mais désormais en lui-même, est réellement l'incarnation et la jouissance d'une sorte de substance qui serait temps immobile, permanence mobile, image originelle et présente de la substantialité.

Alors, nous nous réjouissons d'être, et cela d'autant plus que nous jouissons mieux de la contemplation active du monde, nous prenons à voyager une joie d'autant plus grande que nous jouissons mieux de la splendeur du monde.

Chemin faisant nous avons mieux vu les paysages du plaisir. Nous en avons mieux suivi le sens par où il nous révèle dans tout son éclat la somptueuse unité, déjà connue certes, de la conscience et du corps.

Au cours de ce voyage, nous nous sommes faits chair, sensibilité, proximité du monde et intériorité de la jouissance. Les saveurs et les parfums ne lui sont pas étrangers.

Mais ils ne sont que la confirmation d'une plus haute joie. La jouissance du monde se veut parfaite et totale, s'appuyant sur une alchimie assez subtile pour unir l'extériorité de la perfection et son intériorité : l'être se reconnaît dans la musique.

La substantialité se donne alors dans tout son éclat pour ce qu'elle est : le sentiment de soi-même dans le rapport à ce qui vient du monde, ce sentiment intégrant le plaisir qualitatif, la joie étrange d'une temporalité à la fois mobile et immobile, et la jubilation d'entendre l'expression même de la joie, quelles qu'en soient les modalités. La musique, comme sentiment de soi-même et jouissance du monde, nous dit qualitativement tout le récitatif de la vie affective, tous ses mouvements, toutes les orchestrations de la splendeur picturale du monde, toutes les manières d'exister par rapport à la vie, à la mort, au passé, à l'autre et à la présence : mais toutes ces voix, ces sens et ces formes sont construits, après transmutation, dans le matériau de la joie. La musique taille dans le matériau de la joie parfaite toutes les modulations de l'âme, sa « tristesse » et sa « gloire », sa mort et sa renaissance. Par la musique, on jouit du monde, de l'autre, et de soi-même à la fois comme mouvement et comme repos, comme existence et comme être.

Elle nous aurait jeté dans la nostalgie si nous n'avions d'abord été assuré de l'origine et de la nature de cet être : nous-même, ici même, lieu du désir et du voyage dans la présence.

Aussi, la musique se fait-elle l'accompagnement de l'être, la musicalité même, harmonieuse et troublante, du mouvement et du repos comme active jouissance du plaisir d'être.

Nous connaissons alors la joie profonde, paroxystique et douce, extrême et calme, de résider dans l'être et d'habiter comme une demeure. La jouissance du monde, en toutes ses figures, devient jouissance de la demeure, insertion active et lumineuse dans un Lieu singulier, magique et somptueux, vaste et délimité qui devient comme le lieu de l'être. Lieu et demeure de l'être, le monde lui-même se révèle alors autour des Voyageurs, comme l'origine et l'effet de la joie. Actifs et intemporels, contemplatifs et dynamiques, nous devenons l'être même du lieu qui nous donne l'être.

Le monde (et nous-même comme sentiment de ce monde et de nous-même) devient plénitude doucement active, immobilité orientée, parcourue de secrètes pulsations et de hautes respirations, résidant comme un lac lumineux et parfait dans l'immobilité intense de sa joie.

Le Haut Pays est là. Il se hausse en soi-même et s'étonne de sa jouissance. Il est le sentiment substantiel de soi-même, reposé en soi-même, légèrement ému d'un mouvement secret, plaisant, imperceptible apparemment et qui est la joie d'être offert à l'avenir, la joie de l'éternité présente qui se réjouit de s'anticiper, de se porter au-delà, sans quitter la plénitude bouleversante et calme de la jouissance.

Nous avons alors parcouru les paysages de l'activité, nous avons saisi dans l'alchimie du désir un pouvoir d'agir et de se réjouir de ce pouvoir. Sans qu'une opération poétique intervienne explicitement ici, l'activité quotidienne se hausse pourtant, par le nouveau regard, au-delà de sa pure matérialité ; l'activité comme dynamisme permanent et orienté vers des tâches se fait à la fois plaisir et organisation du temps. Celui-ci s'oriente mais aussi se rythme et se scande, introduisant la permanence d'une loi de succession des actes et des colorations du sentiment de soi. Les tâches, le travail (une position étant prise par ailleurs à l'égard des problèmes sociaux et politiques) deviennent structuration du temps intérieur, en même temps que du monde environnant, l'objectivation devient affirmation et allégresse. Nous nous ouvrons alors à la compréhension de l'action : elle est la joie de l'activité se haussant à la joie de l'instauration et de la transformation des formes du monde. Etendant l'amplitude des unités temporelles de notre activité et entrant ainsi dans le domaine de l'action, nous objectivant dans les figures du monde, nous accédons à un accord profond avec nous-même et notre dynamisme. Ici, aussi, nous saisissant comme efficaces à travers les unités de temps de vaste amplitude, nous saisissant comme l'unité permanente qui est à l'œuvre dans l'organisation du temps et l'agencement du monde, nous nous appréhendons nous-même comme une certaine espèce de substantialité. Nous sommes joie, temps et permanence. Nous sommes aussi, par l'action, sens et validité puisque nous l'orientons par la référence au Préférable, par rapport à ces figures ou ces actes de la joie d'être que sont la fondation de soi, la relation réciproque et la perception alchimique de la splendeur du monde. L'action n'est joie que comme action justifiée : elle ne se justifie que par l'absolu Préférable.

Assurée de sa joie et de son sens, l'action peut se hausser, s'étendre et devenir création. Un contentement naît de là. Une nouvelle forme de la joie.

Non certes que l'activité créatrice se déploie sans problème. Mais le Voyage ici se justifie par son sens, se réjouit de sa progression et de sa pure existence comme Voyage ; la traversée des déserts, le passage des gorges et des défilés, nous en avons fait le matériau de notre certitude, la matrice de notre naissance. Le mouvement du Voyage se réjouit toujours de lui-même, en son tréfonds, lorsqu'il se sait travail de création, temporalité orientée par l'œuvre. Nous avons alors consenti à reconnaître dans la création un libre engagement ; à en déceler les motivations (plaisir de l'activité, instauration du Préférable, objectivation dans l'œuvre et saisie constante du constant pouvoir de créer), nous en avons dévoilé, pour nous-même, la qualité substantielle : le contentement.

Tous ceux qui créent une œuvre, ponctuelle ou synthétique, matérielle ou artistique, le savent : quels que soient les difficultés, les angoisses ou les combats, le mouvement du sujet et la conscience qu'il a de lui-même en son tréfonds sont une sorte, de contentement, une forme de la joie d'être.

Le Voyage se fait accord de lui-même avec lui-même, patience et dynamisme, présence et anticipation. Il est certitude par-delà les doutes, sens par-delà les étapes, contentement d'être et d'agir en réfléchissant l'action dans une œuvre. Les émotions, les difficultés du combat pour une œuvre ou pour une cause, ne prennent leur sens que de cet ensemble, elles sont événements ponctuels. Seuls sont substantiels le contentement de créer, le plaisir d'agir, la joie d'aimer.

Nous avons donc appris à tout convertir ; nous avons appris à voir enfin le visible dans la splendeur de son éclat, qui est celui-là même de la Réalité. Nous connaissons le sens de notre Voyage.

Il s'éclaire par la lumière d'une réflexion optique qui fait du voyage empirique le miroir réel du Voyage de l'Être. Celui-ci se manifeste ainsi comme déploiement dans la vie réelle du mouvement symbolique du sens, instauration d'un Imaginaire sur-Réel qui est expérience de vérité : le sentiment substantiel de l'existence.

Le sens de ce Voyage est de déployer son itinéraire par son propre mouvement, d'instaurer le plus Réel par le plus exigeant, par le plus haut désir. Le Voyage est l'instauration du Haut Pays par l'acte même qui, en le désirant et en le pensant, le parcourt et l'établit.

Il est ainsi la mise en œuvre d'une conversion, d'une transmutation du regard ; par là, le Voyageur n'invente pas un monde fictif qui le conduirait hors du réel, il se rend capable au contraire de voir le Réel lui-même en sa splendeur.

Ce Voyage de l'être est l'appréhension active, perception et construction à la fois, d'un monde réel et transfiguré. Il est comme le mouvement d'une Alchimie.

Mais il ne se saisit pas de la totalité de l'être, qui serait la totalité de la joie. Son parcours est une appréhension sélective et synthétisante de diverses figures de la joie : non pas fondation, amour, regard poétique, création et action simultanément déployés et tous portés à l'extrême du possible, mais, selon chaque Désir et selon chaque Voyageur, tel ou tel de ces actes, selon telle ou telle organisation, selon telle ou telle intensité. De plus, la figure globale du Voyage de l'être effectué par chacun pourra comporter au long de sa vie les mêmes éléments dans des relations et des intensités différentes, selon les différents âges de la vie, selon les différents moments du Voyage. Mais le sens, l'approfondissement, la focalisation iront toujours croissant.

Le Voyage de l'être est une recherche créatrice : ce qui s'instaure est la joie d'être, ou Préférable absolu, comme modulation et harmonie sélective des différentes formes de la joie : satisfaction, contentement, joie, jubilation, sérénité, formant ensemble un sentiment substantiel ; le voyage de l'être est le pressentiment, l'approche, la découverte et la création, dans un même mouvement, de ce sentiment substantiel de l'existence. Celui-ci est la saisie de l'unité sensible et harmonieuse formée par les êtres qui s'aiment et s'affirment réciproquement ; il est aussi le sentiment de soi-même comme synthèse sur-réelle du temps mobile et de l'intemporalité. Une certaine espèce d'éternité est inscrite dans ce sentiment, dans cette joie.

Alors les Voyageurs de l'être savent qu'ils sont dans l'être et ils savent ce dont il est question : ils résident dans le Pays du Réel qu'ils ont suscité par leur imaginaire et par leur Désir. Et ce Pays du Réel, qualitatif et dynamique, substantiel et ouvert, est le mouvement même du *bonheur d'être*, l'être comme mouvement, comme repos et comme joie. L'être, ici, est l'expérience de soi comme activité d'être, et comme *bonheur du sens*.

Ce Pays imaginaire et réel, substantiel et actif, est à la fois action et alchimie, regard et construction. C'est pourquoi il est à la portée de tous, il ne vaut pour chacun que s'il vaut en droit pour tous. Et c'est pourquoi aussi il se situe dans la présence : ici même et aujourd'hui, dès aujourd'hui et pour demain encore.

Du même auteur

La Condition réflexive de l'homme juif, Julliard, coll. « Les Temps modernes », 1963.
Traduction de la *Correspondance* de Spinoza, in *Œuvres Complètes,* La Pléiade, 1954.
Spinoza. Introduction et choix de textes, Seghers, 1964.
Martin Buber, philosophe de la relation, Seghers, 1968.
Lumière, Commencement, Liberté, Plon, 1969. Réédité aux Éd. du Seuil, « Point-Essai », 1996.
Le Désir et la Réflexion dans la philosophie de Spinoza, Gordon and Breacht, Paris, 1972.
Marx et la Question juive, Gallimard-Poche, 1972.
Traité du Bonheur, I et II, Seuil, 1981 et 1983.
Les Actes de la Joie, PUF, 1987. Réédité aux Éd. Les Belles Lettres, coll. « Encre marine », 2010.
L'Éthique de Spinoza. Traduction, notes, commentaire et index, PUF, 1990, 2ᵉ édition 1993.
    Réédition aux Éditions de l'Éclat, 2005.
Spinoza. Le système du monde, la réalisation de soi et la félicité, Éd. Jacques Grancher, 1992.
Le corps et l'esprit dans la philosophie de Spinoza, Éd. Synthélabo, « Les Empêcheurs de penser en rond », 1992.
Le Bonheur. Essai sur la joie, Éd. Hatier, 1994. En préparation, réédition aux Éditions Gestalt +, à Rennes.
La Problématique du Sujet aujourd'hui, Encre marine, 1994, réédition 2002.
La Signification de l'éthique, Éd. Synthelabo, « Les Empêcheurs de penser en rond », 1995. Réédité sous le titre *Le Philosophe, le patient et le soignant,* 2006.
Existence et démocratie, PUF, 1995.
Construction d'un Château, Seuil, « Point Sagesse », 1995. Réédité aux Éditions Entrelacs, 2006.
Les Figures du moi et la question du Sujet depuis la Renaissance, A. Colin, 1996.
La Jouissance d'être. Le sujet et son désir. Essai d'anthropologie philosophique, Encre marine, 1996, réédition 2009.
L'Être et la Joie. Perspectives synthéthiques sur le spinozisme, Encre marine, 1997.
L'Enthousiasme et la joie au temps de l'exaspération, Rencontre avec Marie de Solemne, Éditions Dervy, 2000.
Un juif laïc en France, Éditions Médicis-Entrelacs, 2004.
100 Mots pour construire son bonheur, « Les Empêcheurs de penser en rond », 2004.
100 Mots sur l'Éthique de Spinoza, « Les Empêcheurs de penser en rond », 2004.
Spinoza, Éditions Médicis-Entrelacs, 2004, collection « Sagesses éternelles », 2005.
Le Travail de la liberté, avec une bibliographie exhaustive de l'auteur, Éditions Le Bord de l'Eau, 2008.
« *L'Ombre et le reflet, itinéraires photographique et philosophique* », Photographies de Minot-Gormezano, textes de R. M., Éditions Skira-Flammarion, 2008.

En préparation, *Les Îles Borromées. Chronique d'un voyage,* Pièce en quatre actes.

Robert Misrahi a également publié de nombreux articles sur Spinoza (dans diverses revues et encyclopédies), sur des questions concrètes telles l'antisémitisme, l'existence d'Israël, l'enseignement secondaire et universitaire, ou des auteurs comme Schopenhauer, Michel Foucault ou Jacques Lacan (dans des encyclopédies, des ouvrages collectifs ou des revues, notamment la revue de Jean-Paul Sartre *Les Temps Modernes*). L'auteur a aussi publié une Préface aux Discours de Salvador Allende *(La Voie chilienne vers le socialisme)* et une préface au *Traité Politique* de Spinoza (*Éthique philosophique et Théorie de l'État*, Gallimard, Folio, 1994). Il a également donné des articles sur l'utopie et la ville (Revue Prétentaine), sue l'économie et l'éthique (Revue du Mauss), sur la joie (Revue Thauma). Signalons enfin une étude critique sur Sartre : Questions à l'œuvre de Sartre (dans le n° spécial des *Temps Modernes*, « Témoins de Sartre », oct.-déc. 1990).

Achevé d'imprimer en avril 2010
sur les presses de la Tipografica Varese,
Societa per Azioni, Varese
pour le compte des éditions Les Belles Lettres
collection « encre marine »
selon une maquette fournie par leurs soins.
Dépôt légal : avril 2010
ISBN : 978-2-35088-029-7
Imprimé en Italie

catalogue disponible sur :
http : //www.encre-marine.com